VOYEZ CLAIR DANS VOS RÊVES

MARIE COUPAL

VOYEZ CLAIR DANS VOS
RÊVES

Éditions de Mortagne

Édition:
Les Éditions de Mortagne
250, boul. Industriel
Boucherville, (Québec)
J4B 2X4

Diffusion:
Tél.: (514) 641-2387

Réalisation du dessin couverture:
Céline Tremblay

Dépôt légal:
Bibliothèque nationale du Canada
Bibliothèque nationale du Québec
2e trimestre 1984

ISBN: 2-89074-157-5

4 5 6 7 8 — 84 — 93 92 91 90 89

Imprimé au Canada

Table des matières

Pourquoi j'ai écrit ce livre?

J'ai écrit ce livre pour tous ceux que j'ai rencontrés dont l'emballement et la passion pour les rêves m'ont convaincue de la nécessité d'une telle démarche. Écrire n'est pas mon métier, mais j'ai tenu quand même à relever le défi.

La présentation se veut une légère documentation sur l'histoire du rêve, son rôle dans l'évolution et le développement de l'âme en collaboration avec l'infini qui est en nous et dans l'univers cosmique, en ce sens que nous ne faisons qu'un. Je donne également des renseignements en ce qui concerne l'interprétation du rêve. Il y a deux façons de voir les symboles: à travers vos projections personnelles d'abord, et ensuite les symboles tels qu'interprétés dans une clef des songes.

Mes croyances ont aussi une part dans la présentation. Je suis née en terre occidentale, mes croyances vont de pair; je parle de la religion catholique, mais je ne suis pas sectaire. Quelles que soient nos croyances, l'important c'est l'ardeur, la passion devant l'Éternel, car ces deux facteurs conduisent irrésistiblement vers la Lumière. On ne peut parler du phénomène du rêve, sans parler de ce qu'il y a de plus profond dans les remous de la psyché humaine, donc du développement harmonieux de celle-ci. Le subconscient vient créer cette harmonie à partir de nos certitudes, de nos perceptions personnelles influencées par la religion, nos coutumes, nos moeurs, notre éducation, nos expériences de vie personnelle et notre philosophie. Aussi, on ne peut parler de l'évolution de l'âme sans parler des suites de vie, et on ne peut parler de véritable justice sans parler de réincarnation.

Dans le monde actuel, il y a une telle révolte devant l'injustice humaine que vis-à-vis de ce problème nous sommes devenus des obsédés et des révoltés. Ce faisant, nous sommes encore plus malheureux et meurtris, puisque l'injustice est dans la nature même. Il vous arrive comme à moi, en marchant dans la rue ou ailleurs de constater cette flagrante inégalité. Vous pouvez voir des individus plus ou moins avantagés physiquement, des infirmes, des malades chroniques, des déficients mentaux, à côté de gens beaux, surdoués ou simplement d'une intelligence normale. Il y a aussi les pauvres, ceux qui sont à l'aise et les riches, sans oublier cette catégorie de gens qui manquent du nécessaire et meurent de faim tous les jours dans le monde. Comment bénir Dieu à travers ces constatations si nous nous en tenons seulement à cette vie présente.

Récemment, je rencontrais une jeune femme dont le bébé était décédé à deux mois. Elle me disait ne plus croire à la bonté de Dieu. « Je ne prie plus, je suis complètement révoltée (contre Dieu). » Pour la réconforter, je lui dis « toutes les souffrances, les meurtrissures, l'inacceptable épreuve ont un but unique, celui de l'avancement vers la maturité. » Et je rajoutai: « C'est vous qui avez demandé, entre deux vies, cette expérience douloureuse, la jugeant nécessaire à votre avancement spirituel. Dieu n'a fait que permettre cette épreuve. À vous de savoir quelle force vous développerez à partir de l'acceptation de cette peine inhumaine. »

Comment se fait-il que certains meurtriers reconnus sont parfois honorés publiquement sans jamais subir le choc en retour de leurs crimes? Comment se fait-il que certaines personnes n'ayant commis aucun crime meurent sur l'échafaud, punies publiquement à cause d'une erreur judiciaire? Faites le lien entre ces deux questions et vous comprendrez que la vie antérieure déteint sur la vie future de l'âme réincarnée; d'où l'expression « on finit par payer dans une autre vie ». Voici une conception personnelle qui m'a apporté beaucoup de paix intérieure vis-à-vis l'inégalité et l'injustice: tous les efforts que nous faisons à nous développer ne sont pas vains et nous pourrons apporter ces richesses intérieures dans nos suites de vie. Je sais qu'en parlant ainsi, je vais inquiéter pour ne pas dire choquer certains croyants et pourtant la Bible parle de la réincarnation à maintes reprises. Quand les apôtres demandèrent à Jésus-Christ s'il était Élie, c'est-à-dire le précurseur Jean-Baptiste, Jésus leur répondit: « Élie est venu et vous ne l'avez pas reconnu. » Les apôtres à ce moment doutèrent que Jésus fut le véritable Sauveur. Jésus voulut les rassurer en parlant de la réincarnation d'Élie dans le corps de Jean-Baptiste. Pendant trois cents ans après la venue du Christ, on parlera ouvertement de la réincarnation dans la religion catholique. C'est l'empereur Constantin qui changea ces croyances; par l'Édit de Milan, en 313 après J.-C., il permet la liberté religieuse et remet en question la valeur de cette croyance.

Je voudrais rapporter ici les paroles de Demis Roussos, ce chanteur populaire, lors d'une interview: « Je ne veux pas parler de mes grands succès ni de mes échecs, tous les deux ont la même valeur à mes yeux, puisque mes insuccès ont été une motivation à apprendre et mes succès un stimulant au travail. » Sage monsieur Roussos, je trouve votre philosophie admirable. J'ai la conviction que le rôle de nos ennemis est de nous instruire de nos faiblesses et qu'ils deviennent ainsi nos meilleurs informateurs sur nous-mêmes.

Comme nos rêves nous expliquent nos véritables relations avec notre entourage, j'ai voulu parler de nos frustrations sur divers plans en y ajoutant le principe de l'acceptation rationnelle du meilleur et du pire parce que c'est un moyen de garder l'harmonie intérieure, la révolte et la vengeance créant un arrêt de l'évolution.

Je ne pouvais pas écrire sur le phénomène du rêve sans parler de la paix que vous devez créer en vous d'abord. Je rapporte dans ce livre le fruit de mes expériences oniriques depuis huit ans mais je ne veux pas vous fournir les outils nécessaires à la compréhension des rêves sans la parfumer d'un peu de spiritualité. Ce livre est avant tout un livre d'amitié et d'amour parce que, comme moi, vous avez saisi l'importance du message de l'inconscient par le rêve. À partir de cette prise de conscience, vous voulez aller plus loin dans l'approche de ce dialogue entre le conscient et l'inconscient. Ce phénomène extraordinaire et infiniment puissant a su créer entre vous et moi une amitié d'une dimension profonde et illimitée.

Soyez assurés que j'accepte toutes les philosophies de l'ardeur, de la passion amoureuse vers l'Infini. Je suis large d'idées et même si vous ne pensez pas comme moi, peu importe, nous sommes en parfaite harmonie sur le plan cosmique.

Marie Coupal

Les rêves et les peuples de l'Antiquité

À travers l'histoire, l'homme a toujours voulu avoir ses spécialistes du rêve. Depuis Freud, on les appelle couramment des psychanalystes.

Le rêve n'est pas seulement du domaine médical, il appartient aussi à l'homme mentalement bien équilibré. Par exemple, on ne rêve pas seulement parce qu'on a des complexes, on rêve parce qu'il y a une évolution qui se fait en soi.

L'histoire du rêve a commencé avec la création de l'homme. Déjà en Mésopotamie, on notait une philosophie profonde concernant le rêve. On a pu le constater par des écrits importants, sur des tablettes d'argile. Cette philosophie se rapprochait de celle de Freud qui implique le rôle de la sexualité. Les Babyloniens avaient recours aux « sailous », prêtres oniromanciens. Ces derniers avaient un statut officiel. Ils faisaient les cérémonies d'incantation pour protéger du mauvais sort. Les Assyriens nous fournirent la première Clef des Songes. On retrouva ce document dans les archives du roi Assurbanipal qui vécut au VIIe siècle av. J.-C. Chez les Égyptiens, ce furent les scribes qui eurent officiellement la responsabilité d'expliquer les songes. Hommes savants, ils possédaient des notions sur la médecine, l'astrologie, l'oniromancie et la théologie. Ils basaient leur interprétation sur les Clefs des Songes qui existaient à cette époque. Les malades étaient invités à provoquer des rêves thérapeutiques dans une atmosphère de méditation et de prières.

Les Hébreux ont laissé dans la Bible maints songes qui s'avérèrent justes à travers l'histoire. La grande sagesse de Joseph, fils de Jacob, est mise en valeur dans l'explication des songes du Pharaon, lequel l'ayant fait prisonnier, eut ouï, par l'entourage de Joseph, de sa version des songes. Après avoir fait deux songes inquiétants et ne leur trouvant aucune explication valable, le pharaon fit venir Joseph et lui dit: « Cette nuit, je vis en songe sept vaches grasses sortant du fleuve, venir brouter dans la prairie, suivies de sept vaches maigres qui les assimilèrent. Je me rendormis et vis sept beaux épis de blé qui étaient mangés par sept épis maigres et affamés.» Joseph lui expliqua que ses deux rêves n'en faisaient qu'un et qu'ils annonçaient une période de grande abondance qui durerait sept ans et qui serait suivie de sept années de disette. Stupéfait, le pharaon reconnut le talent de Joseph et l'éleva au rôle de conseiller.

Les Hindous nous parlent des rêves dans le Atharva-Veda. Dans cette collection écrite de 1 500 à 500 ans avant Jésus-Christ, on note des découvertes qui se rapprochent de nos croyances actuelles. Ils avaient conclu que le tempérament joue sur les sortes de rêves. Les rêves qui se suivent s'attaquent au même problème, jusqu'à la découverte d'une solution.

Au Xe siècle av. J.-C., on avait acquis la méthode de diriger ses rêves. Beaucoup de personnes renseignées la pratiquent de nos jours. C'est plutôt un conditionnement à l'état de veille, prévu par le sujet pour déterminer le travail du subconscient en ce sens, une fois endormi. Le subconscient, l'agent le plus docile de la personnalité, obéit sûrement.

La philosophie bouddhiste, empreinte d'un scepticisme marquant, se montra méfiante quant à la véracité des songes. Pour les Bouddhistes, certains rêves étaient vrais et d'autres faux, car leur forme de pensée se mêlait peut-être trop mal à la réalité du rêve.

Les Chinois du troisième siècle avant Jésus-Christ perdirent des documents scientifiques d'une valeur inestimable. Le premier empereur TS' IN' Cheu Wang Ti fit détruire tous les livres sérieux de culture chinoise et ainsi fit reculer la civilisation chinoise. Il préféra un peuple moins instruit, moins savant afin de le diriger plus facilement. On peut constater que les Chinois avaient une philosophie profonde. Ils prétendaient que les rêves sont produits par un esprit inconscient. Ils étaient déjà assez avancés pour l'époque. Ils ont écrit beaucoup de livres de symbolismes concernant le rêve. En Chine, on pratique encore le sommeil rituel. Il paraît que les Clefs des Songes qui existent aujourd'hui seraient basées sur une authentique Clef des Songes chinoise.

La culture japonaise s'intéressera au phénomène du rêve quelque temps après les Chinois. Les « om myôshi », évoqués par la littérature nipone, étaient la caste officielle pour interpréter les rêves. Là aussi, il existe des temples où l'on pratique encore le rêve thérapeutique. Il a connu beaucoup de popularité chez les civilisations chinoises et japonaises.

En Perse, seuls les « Krous » avaient le pouvoir d'expliquer les rêves. Ces vieillards jugeaient les rêves d'une façon très sectaire, d'après leurs croyances, leurs coutumes, avec un esprit bigot. Leur interprétation n'était pas tout à fait objective par rapport à l'individu lui-même et le rêveur ne pouvait pas aller chercher tout ce qu'il espérait pour son évolution spirituelle.

À Rome, l'interprétation des rêves prit beaucoup d'importance; certains rêves furent cités au Sénat. Les « Comnes Somniorum » formèrent la secte désignée pour l'interprétation des rêves. Les Romains avaient une grande confiance en eux, car ils étaient les interprètes officiels oniromanciens. Pourtant tenus au secret, ils relataient tout à César. On dit que César les utilisait pour mieux gouverner. En général, les Romains, dont la base de la civilisation était empruntée à la Grèce antique, intégraient leurs recherches aux connaissances oniriques grecques. Deux célèbres Grecs, Hippocrate et Artémidore de Daldia, ont laissé des oeuvres d'oniromancie. Hippocrate était médecin et on lui attribue de nombreuses découvertes médicales qui, selon lui, étaient dues à l'observation de ses rêves. Il vécut à l'île de Cos 400 ans avant notre ère. Artémidore, né à Éphèse, vécut au deuxième siècle avant notre ère. Quelques-unes de ses oeuvres nous viennent de la Grèce antique dont la Clef des Songes. Ce livre a été traduit en français par Henri Vidal. C'est un riche héritage et on sait que les psychanalistes modernes sont allés chercher beaucoup dans les écrits d'Artémidore d'Éphèse. Sa grande intelligence doublée d'une rare sagesse, d'une vaste culture, nous apporta une base sérieuse des symboles.

La thérapie intéressa les Grecs au plus haut point. Marie Du Marais affirme que: « Dans les temples dédiés à Esclépios (Dieu grec de la médecine), les malades venaient dormir de sommeil rituel. Ils y étaient préparés psychologiquement par des cérémonies plus ou moins chargées de magie ».

Le Moyen Âge

Le Moyen Âge fut une période critique pour l'intégrité de la mission du rêve. L'Église catholique, égarée par certains esprits obsédés de prestige, relègue le rêve au rang de la sorcellerie. Elle se coupe ainsi de la véritable source de lumière. Pourtant, des mystiques, des médecins éclairés et convaincus écriront des traités d'oniromancie. Parmi eux, trois noms sont restés: il s'agit de saint Vincent d'Apulie, de Paracelse, célèbre médecin occultiste et de Nicéphore de Constantinople.

Pendant 500 ans, le rêve dormira de son impopularité. Au XIXe siècle, Freud, par sa détermination, sa curiosité et sa volonté, réinstaurera la grande vocation du rêve.

Nos trois grands sorciers
contemporains Freud, Jung, Adler

Le Père de la psychanalyse, c'est **Freud** (Freiberg 1856 — Londres 1939). Freud s'efforce de découvrir de nouvelles techniques thérapeutiques. Au XIXe siècle, il repopularise le rêve et foudroie par le fait même, la mauvaise réputation que lui fit l'Église catholique au Moyen Âge le reléguant au rang d'une activité cérébrale dangereuse qui pouvait mettre l'homme en contact avec des esprits malins.

Il affirme que: « L'interprétation des rêves est la voie royale pour parvenir à la connaissance de l'âme.» N'écoutant que son désir de chercheur, il va à l'encontre de la philosophie de son temps et devient le grand innovateur de la psychanalyse. Il est maintes fois ridiculisé par les médecins de son époque. On l'accuse même d'être un charlatan, au moment où il se sert de l'interprétation de la science des nombres dans les rêves.

Pour lui, deux voies s'entrecroisent pour l'interprétation: le contenu manifeste du rêve et le contenu latent. Il voit dans le rêve l'expression des désirs refoulés. Il a développé pour l'interprétation des rêves la technique de la libre association, ce qui a joué un rôle important dans le développement de la psychanalyse.

Carl G. Jung (Bâle 1875-1961)

Il a longtemps travaillé avec Freud. Jung est le plus grand spécialiste de l'explication des rêves. Freud a établi la base. Jung a complété par la connaissance universelle des symboles.

Pour lui, le rêve, langage de l'inconscient, a pu devenir l'indicateur de multiples sphères de l'âme. Il rejetait l'unique message sexuel de l'inconscient, apportant, à plus juste titre, le message de l'inconscient sur les vies multiples dans l'homme, c'est-à-dire le passé, ses couches inconscientes héréditaires, le présent dans ses réactions par un processus d'individuation. Contrairement à Freud, il incluait le futur.

Jung en vint à conclure que la race donne une hérédité par ses coutumes et ses croyances. Il se sépara de Freud dont l'esprit se voulait plus scientifique. Il nomma sa méthode la Psychologie analytique.

Jung a écrit énormément de livres sur les symboles, sur la psyché humaine.

Il opta pour la théorie de l'inconscient collectif: l'homme est un tout avec l'univers. L'âme humaine est une interaction sur trois plans: le conscient, l'inconscient individuel, l'inconscient collectif. Il reconnut les symboles archétypes. Il parla des connaissances inconscientes. Les idées universelles des symboles archétypes nous viennent de vieilles croyances fondamentales, enfouies dans les couches de l'inconscient. Serait-ce le résultat de nos vies antérieures, comme l'expriment ceux qui croient à la réincarnation ou un facteur d'hérédité, pour d'autres.

Adler (1870-1937)

Il n'apporta peut-être pas autant que Freud ou Jung, dans le domaine du rêve, mais il s'y intéressa. Disciple de Freud pendant neuf ans, il en vint à accepter partiellement la théorie de son maître. Rejetant le fait que tous les problèmes émotifs prennent leur source dans la vie sexuelle, il réussit à se définir une voie thérapeutique propre, qu'il a appelé la Psychologie individuelle. Adler était un psychanalyste; il a enseigné à l'université de Long Island à New York.

La théorie d'Adler se basait sur l'inadaptation sociale par un refus de s'accepter soi-même vis-à-vis l'entourage, en regard de ses besoins instinctifs. Il s'intéressait à percevoir, par le langage du rêve, les impulsions agressives et les désirs de réalisation de l'individu. Son ambition était d'aider ses clients à trouver la voie de l'harmonie intérieure par un ajustement à leur état social. Cette adaptation était pour lui le barème de guérison.

Ce que je peux reprocher à Adler, tous les hommes intelligents font des erreurs, c'est d'avoir nié la télépathie. Par contre, Adler avait un sens humain très profond. Dans son dernier ouvrage intitulé « Le sens de la vie », qui est un résumé de tous ses autres livres, il dit que finalement l'homme cherche dans ses frustations, son esprit créateur. Il dit aussi et je cite: « ... que chaque grande idée, chaque oeuvre d'art doit son apparition à l'esprit créateur infatigable de l'humanité. La masse contribue peut-être pour une modeste part à ces créations nouvelles, tout au moins à leur assimilation, à leur conservation, à leur utilisation. C'est là que les réflexes conditionnés peuvent jouer un grand rôle. Chez l'artiste créateur, il ne représente que l'élément dont il se sert pour devancer dans son imagination, ce qui existe. Les artistes et les génies sont sans doute les guides de l'humanité et ils paient le tribut de cette témérité brûlant dans le propre feu qu'ils avaient allumé dans leur enfance: « J'ai souffert, et ainsi je suis devenu poète. » Nous devons aux peintres une meilleure vision, une meilleure conception des couleurs, des formes, des lignes, ce sont les musiciens qui nous ont fait acquérir une meilleure ouïe, une modulation plus fine de nos cordes vocales. Les poètes nous ont appris à parler, à sentir. L'artiste lui-même le plus souvent, fortement stimulé dès sa première enfance, par toutes sortes de souffrances et de difficultés, pauvreté, anomalie de la vue ou de l'ouïe, souvent gâté d'une façon autre, s'arrache dès la première enfance à son lourd sentiment d'infériorité. Il lutte avec une ambition furieuse contre la réalité trop étroite afin de l'élargir par lui-même et pour les autres. Porte-drapeau de cette évolution qui cherche le progrès par-dessus les difficultés et qui élève loin au-dessus du niveau moyen, l'enfant désigné par le destin. Chez un tel enfant, les souffrances sont proportionnelles, il en repart avec l'obtention d'un but élevé.»

Donc, Adler était d'un humanisme rassurant lorsqu'il parlait des souffrances humaines, des complexes d'infériorité. L'on dit que cette forme d'intelligence humaine l'inclinera vers l'étude des inadaptés sociaux: les paumés, les ratés, les criminels, les toxicomanes. Pour lui, le rêve était le meilleur moyen de les découvrir en faisant une analyse profonde des véritables conflits émotifs.

Viennois, il enseigna dans des universités américaines sa philosophie concernant ce fameux problème des complexes de l'inadaptation sociale et comment parvenir à se sortir de cet état, pour mieux s'adapter au monde, à l'entourage et enfin pour parvenir à s'accepter soi-même.

Suivre ses rêves

Le point capital pour se souvenir de ses rêves est de s'y intéresser. Il faut d'abord se concentrer, laisser au subconscient en s'endormant, le soin de nous réveiller si l'on fait un rêve important, si l'on veut s'en souvenir. De plus, il faut s'endormir avec la certitude absolue que son subconscient obéira. Le subconscient est savant, il est illimité dans ses connaissances, il ne connaît pas le temps parce que pour lui, le temps n'existe pas, il sait tout parce que tout se passe en même temps pour lui, il obéit au conscient, au raisonnement mais à une grande condition, celle de le commander avec calme et certitude. À ceux qui réussiront à déclencher le réveil après un rêve important, il est à conseiller de déposer, soit une enregistreuse à côté de leur lit, soit un crayon et un papier afin de pouvoir noter le rêve immédiatement, les objets, l'endroit, les personnages qui les entourent dans le rêve, les émotions qu'ils ont ressenties, captées. Les fortes émotions concernent directement le rêveur, alors que les émotions moins fortes, moins intenses, concernent parfois d'autres personnes que le rêveur.

Il faut écrire par ordre les suites de rêves

La meilleure façon de contrôler l'inquiétude que peuvent susciter certains rêves, c'est de les écrire les uns à la suite des autres, et ce, à tous les jours. Ceci exige une discipline régulière. De cette manière, l'on comprendra mieux la signification de chaque rêve et l'on sera préparé à accepter l'inévitable message. Peut-être pourra-t-on le contrôler, en corrigeant certaines actions irréfléchies. Les événements de la vie courante vous feront découvrir certains rêves que vous n'arrivez pas à interpréter.

L'importance de garder ses activités sociales

Malgré l'intérêt que l'on porte à ses rêves, il est primordial de garder un contact avec la vie extérieure. Il ne faut pas que la vie inconsciente devienne plus captivante que la vie consciente. On doit garde la force du moi, la force de volonté. Les occupations journalières remettront l'individu dans la réalité et dans l'amour de la réalité.

La philosophie du rêve semble parfois amorale

C'est évident qu'on est parfois surpris de ce qu'on peut faire dans un rêve. Le subconscient ne possédant aucune censure morale, il renseignera parfois le rêveur sur des besoins de compensation qu'il vit en rêve afin d'être capable de continuer dans la réalité à vivre en harmonie avec lui-même et les autres. Il doit développer un esprit de tolérance quant à la moralité des actes de ses rêves, puisque le rêve renseigne sur soi-même avec une franchise profonde, parfois même blessante.

Une personne très douce, n'ayant jamais de paroles d'agressivité dans la vie, me racontait un jour, qu'en rêve, elle se bat, elle tue des gens. Ce rêve est positif car cette personne qui ne se défoule pas le jour réussit à le faire la nuit.

Les femmes et les hommes qui sont fidèles dans la réalité et qui passent une période de difficultés matrimoniales peuvent rêver qu'ils trompent leur conjoint. Ce rêve signifie qu'ils ont un désir d'évasion et même s'ils ont des principes, mêmes s'ils sont mariés pour la vie, le subconscient ne leur dit pas la même chose. Ces gens ont des besoins qui n'ont rien à voir avec les conventions sociales. Ils font alors un rêve de compensation.

Il faut noter son évolution consciente

Par certains rêves, on peut constater qu'on a vraiment réussi à se défaire de certains complexes et qu'on peut passer d'un degré inférieur à un degré supérieur d'évolution. En retournant en arrière, on constatera que certains rêves jugés insignifiants prendront une grande importance. Par exemple, rêver traverser un pont, s'apercevoir tout à coup qu'il y manque une travée, avoir peur de tomber dans la rivière, mais par miracle arriver à s'agripper au garde-fou comme un oiseau, un ange qui vole, annonce quelque chose de très beau du côté de son évolution. C'est une espèce de virtuosité d'adaptation sociale qu'il faut interpréter par un rêve semblable. Supposons que le pont se prolonge vers l'autre rive et qu'on préfère retourner quand on constate qu'il manque une travée, c'est qu'on manque de confiance en soi.

L'importance des nombres et des couleurs

Les moindres détails, comme le nombre de personnes, d'objets, leur couleur, peuvent changer la signification de la tonalité du rêve. Ils ont l'importance de la réalisation ou de la non-réalisation de l'énoncé de celui-ci.

Rêver d'être dans un magasin et d'avoir le choix d'acheter une robe rouge ou une robe noire et décider de prendre la noire, signifie qu'on renonce à un sentiment. La robe sert à habiller le corps, le corps représente l'âme dans les rêves et la robe, les sentiments. Si au contraire, on achète la robe rouge, c'est qu'on a décidé d'aimer passionnément. Les couleurs ont donc énormément d'importance.

Avec de l'ordre, on découvre mieux la signification des rêves

Le dernier rêve donne toujours une réponse aux trois précédents. L'ordre dans les notes de rêves est donc d'une importance capitale.

Les symboles à eux seuls sont une science

Certains auteurs sérieux considèrent les Clefs des Songes comme étant une essence minime de la vérité des symboles. Cela est vrai, mais d'autre part, il est faux de prétendre pouvoir expliquer les songes sans une base sérieuse et scientifique d'une sorte de Clef des Songes. Je considère que les symboles les plus importants sont toujours ceux qui sont accidentels ou personnels, c'est-à-dire ceux qui représentent une conception ou un souvenir unique pour soi. Ce sont ceux-là qui aident à découvrir vraiment le sens de la tonalité du rêve. Apprendre à reconnaître les sortes de symboles devient un travail captivant, une analyse excessivement intéressante. Il ne faut pas oublier qu'un rêve peut aussi avoir plusieurs sens.

Un phénomène spécifiquement féminin

Les femmes, avant leurs règles, rêvent la plupart du temps à des situations heureuses ou malheureuses vécues durant le mois. Autant le physique que le psychique se libèrent à cette période. Un cauchemar n'est qu'une libération d'un événement frustrant vécu durant le mois. Au réveil, elles se sentiront détendues et libérées même après un scénario de rêve déconcertant et faisant un trait avec un événement passé.

Au besoin, il pourrait être intéressant de dessiner ou de peindre ses rêves

Peut-être fera-t-on ainsi des découvertes encore plus profondes sur soi. Il est bon de noter les impressions, les souvenirs des objets ou des personnages du rêve.

Se retourner dans son lit, ouvrir les yeux

Ouvrir les yeux ou se retourner dans son lit sont des manières d'oublier certains détails oniriques.

Il faut ouvrir les yeux seulement après s'être vraiment rappelé complètement la scène du rêve. Avec le temps, on découvrira peut-être certains symboles en feuilletant des livres, en lisant l'histoire, car parfois les symboles sont connus seulement dans l'inconscient.

Sentir parfois le besoin de parler de ses expériences oniriques

Si un rêve nous inquiète ou nous perturbe l'esprit, il ne faut pas hésiter à consulter un spécialiste du rêve. On ne doit jamais rester avec une angoisse après un rêve, il faut en découvrir le message. Plusieurs personnes sont surprises d'apprendre que certains symboles qui interviennent dans leurs rêves sont très bénéfiques alors qu'elles croyaient le contraire.

Les préoccupations de la veille sont très utiles

Les préoccupations de la veille sont parfois très utiles, sauf pour les rêves prémonitoires. On doit calculer quatre jours pour déclencher un rêve qui apportera une réponse à une question que l'on se pose. Le rêve donne toujours une réponse à une inquiétude des jours précédents ou de la veille.

Quand un cliché de rêve est très clair au point de croire que c'est la réalité, il annonce un rêve prémonitoire qui peut se réaliser dans un an.

Également, on peut rêver à des événements qui se produiront dans sept ou huit ans.

La couleur est importante

Les couleurs dans les rêves ont beaucoup d'importance. Un rêve en couleurs annonce un événement qui bouleversera beaucoup plus qu'un rêve en noir et blanc. Ce dernier annonce une fatigue, moins de vitalité.

Se retrouver complètement dans le noir, c'est être entouré de mystère, ne pas voir ce qui s'en vient. On ne peut pas se protéger du message que le rêve veut annoncer. Se trouver dans le noir, c'est l'annonce d'une malchance, d'événements plutôt négatifs que l'on devra subir.

Les rêves en couleurs annoncent des événements, une réalisation un peu plus tardive sur l'énoncé du message du rêve et ils affecteront beaucoup plus le sujet en bien ou en mal.

Généralement, le noir: renoncement; le bleu: tendresse, spiritualité; le vert: espérance, régénération.

Dans la partie des symboles, une explication plus complète des couleurs est fournie.

Les rêves insensés

Quelquefois, on constate que certaines choses nous empêchent de réussir dans la vie; c'est la peur du ridicule, l'ignorance, le manque de courage ou encore certains vices de caractères, comme la jalousie. Le rêve nous fait découvrir ce qui ne va pas. Le premier point est de ne pas s'en faire lorsqu'on constate un déséquilibre dans un rêve. Il faut être capable d'accepter la folie qui est en soi pour pouvoir se transformer, s'améliorer. Ainsi, on apprendra à connaître ses véritables réactions dans l'adversité, sa force de caractère. C'est parfois très rassurant, car en relisant ses suites de rêves depuis le début, on peut suivre son évolution, on peut s'apercevoir que ses peurs sont disparues, qu'on est transformé et qu'on a acquis plus de confiance en soi.

Le véritable sens des symboles

Le véritable sens des symboles part de son état actuel, de ses conceptions.

a) *de son état actuel:* Il faut tenir compte de sa situation. La signification diffère si l'on est pauvre ou riche, patron ou employé, en santé ou malade, marié ou célibataire.

b) *de ses conceptions:* Il faut tenir compte de ses connaissances culturelles conscientes ou inconscientes. C'est pourquoi il est important de se servir des us et coutumes, des croyances, des mythes, de la philosophie de toutes les époques pour arriver à comprendre les symboles.

Que l'on croit ou non à la réincarnation, quand on touche au domaine du rêve, on est obligé de constater qu'il y a plus qu'une vie présente, que l'inconscient nous prépare une vie future.

Un conseil

Il y a une autre façon de s'aider si on veut suivre ses rêves. À ceux qui font des cauchemars, se réveillent dans un état d'angoisse épouvantable, je conseille de répéter une incantation ou une prière après avoir pris une douche. Il paraît que la plus belle incantation que l'on puisse faire est de dire son prénom. Ceci aurait comme effet de conjurer le mauvais sort.

N.B. — Pour les personnes qui sont très fortes, très équilibrées, le subconscient parle en leur montrant les faits tels qu'ils sont dans la réalité. Pour les gens nerveux, les personnes plus ou moins équilibrées, les plus sensibles, le subconscient parle sous forme de symboles.

À un certain moment, l'évolution de l'individu se fait sur un plan supérieur. Après 40 ans par exemple, il entre des symboles de l'inconscient collectif où interviendront les symboles du soi, qui annoncent le développement d'une force intérieure et rendent acceptable le détachement du matériel qui aidera l'individu à supprimer parfois malgré lui, certains besoins physiques, matériels ou affectifs.

Qu'est-ce que le rêve?

Est-ce que c'est un message des dieux, comme l'ont dit les anciens, est-ce que c'est dû à une digestion difficile ou est-ce que ce sont de simples lubies, nocturnes, est-ce que c'est parfois des visions d'avenir, est-ce que c'est tout simplement toutes sortes d'images jaillies du subconscient, est-ce que c'est le fruit de l'imagination?

Le rêve, c'est tout cela et beaucoup plus. Je crois que le rêve, c'est le pont entre le conscient et l'inconscient. Je dirais que toutes les expériences humaines que l'âme vit avec un corps physique doivent trouver une harmonie avec l'inconscient. C'est pendant le sommeil, quand on rêve, qu'il se fait une espèce d'assimilation des émotions de la journée.

C'est Adler qui a dit que le rêve était une preuve de manque d'adaptation sociale. C'est certain que nous sommes tous plus ou moins des mésadaptés sociaux par rapport aux événements, aux émotions que nous vivons journellement.

Adler a dit, concernant ce phénomène du rêve: « Le moi cherche son réconfort dans l'imagination du rêve pour aboutir à la solution d'un problème présent qu'il n'arrive pas à résoudre faute d'un sentiment social suffisant.» Il dit aussi: « Je refuse d'établir des règles précises pour l'interprétation des rêves étant donné qu'elle exige plus d'intuition artistique que de systématiques prétentieuses.»

Donc le rêve est le pont, l'intermédiaire entre le conscient et l'inconscient, lequel est la connaissance infinie que j'appellerais la Vie, qui est en nous. Cette connaissance infinie ne connaît pas le temps, l'ignorance. Elle sait tout. Il y a dans les couches de l'inconscient des connaissances que nous ignorons, des expériences vécues sous d'autres dimensions de vie.

Les connaissances infinies de l'inconscient donnent à travers le rêve une réponse à une frustation vécue par le conscient, qui le raisonne et le juge. Le rêve conduit l'homme vers la maturité, si son moi est assez fort pour contrôler ce pouvoir du subconscient. Autrement, le moi est dépassé, submergé par les forces du subconscient. C'est le cas pour la schizophrénie. Le conscient ne raisonne plus et n'a plus de contrôle sur l'inconscient. Alors le sujet se prend pour un Dieu, le diable, un poète qu'il n'est pas. Le rôle du rêve est précieux et indispensable puisqu'il est impossible à l'homme de réaliser son véritable but terrestre qu'est l'évolution de la psyché humaine vers la gnose, c'est-à-dire la plus haute sphère de la spiritualité, sans l'inconscient.

Le rêve n'est pas une simple lubie nocturne due à une mauvaise digestion. Tout le monde rêve, comme il a été prouvé en psychologie expérimentale. C'est un neurologue français, le Dr M. Jouvet, qui après de multiples expériences arriva à la conclusion que les chats, auxquels on avait enlevé le pont cérébral où s'engage la phase onirique du sommeil, ne pouvaient vivre que trois mois de plus, tout en étant en parfaite santé physique.

L'homme est branché sur une grande centrale d'énergie et de connaissances cosmiques infinies où il peut journellement aller puiser par le phénomène du rêve. La mission de l'homme est celle de se découvrir, de faire l'unité afin de devenir complet en lui-même en partant du connu (le conscient) pour aller puiser dans l'inconnu (l'inconscient). C'est la véritable raison pour laquelle l'âme a pris un corps.

Les types de rêves

On se souvient à peine des **rêves anodins** car ils n'ont pas tellement d'importance. Ils sont une espèce d'adaptation des émotions de la journée par rapport au conscient et à l'inconscient. Ces rêves quotidiens annoncent les émotions que susciteront les événements du jour suivant.

Voici un exemple. Je fais, vers le matin, un rêve en noir et blanc où j'y vois deux scènes, une qui se passe à cinquante pieds dans les airs et une autre à la même hauteur que moi. Il me semble voir une femme dans les airs mais c'est assez flou; tout me paraît très harmonieux. La femme inconnue c'est moi et tout se déroule bien, mais en bas, à la hauteur où je me trouve dans le rêve, il y a une femme qui se bat avec une autre femme qui semble gesticuler. Dans la journée, j'ai compris la signification de mon rêve. D'abord j'ai dû être très contrariée dans un idéal qui était symbolisé par la scène qui se passait à cinquante pieds dans les airs. J'avais planifié ma journée de façon à pouvoir accomplir des choses agréables. La femme qui gesticulait me représentait car des événements m'ont obligée à agir autrement.

Les rêves de compensation signalent au rêveur ce qu'il doit faire pour garder son équilibre. Ils concernent les réactions émotives propres à une harmonie intérieure.

J'avais une voisine dont le mari n'était jamais à la maison à cause de son travail. Il travaillait à deux cents milles de la maison et elle était constamment seule. Elle me disait: « Je suis fidèle, mais je me demande pourquoi.» Elle aimait beaucoup son mari et elle savait que son mari lui était fidèle aussi. Elle se sentait obligée d'être fidèle de par ses principes et aussi pour la réussite de son mariage. Elle me dit: « Cette nuit, j'ai rêvé que je trompais mon mari, j'ai vécu la scène comme si c'était réel et à la fin je me suis dit, ça ne vaut pas la peine que je le fasse maintenant. J'ai satisfait ma curiosité. » Elle voulait essayer de tromper son mari pour savoir si elle serait plus heureuse. Après ce rêve, elle a retrouvé son équilibre.

Une autre personne rêve toutes les nuits qu'elle tue quelqu'un, qu'elle se bat constamment; qu'elle est très agressive. Ceux qui la connaissent ne peuvent s'imaginer qu'elle agit ainsi dans ses rêves car le jour, elle est douce, agréable, très sociable à son travail et avec ses relations. Elle a certainement dans son thème comme tout le monde la planète Mars qui est la planète de l'agressivité, du combat. Elle n'est pas plus douce qu'une autre, mais garde tout en dedans d'elle-même, elle se contrôle et la nuit elle se défoule dans ses rêves.

Je connais un homme qui, dans ses rêves, se sent paralysé. Ce rêve se répète depuis un an. La cause est une personne à son travail qui n'a pas la compétence pour diriger et qui veut diriger à sa place. Il croit qu'il a une maladie de coeur parce qu'il se réveille tout engourdi. Lorsqu'il parle à son compagnon de travail, c'est toujours avec beaucoup de contrôle sur lui-même, beaucoup de souplesse, de diplomatie. Bientôt, d'après ce que j'ai vu dans son thème, ses conditions de travail changeront car la personne qui l'ennuie, partira. Il sera à nouveau heureux à son travail.

Les rêves de situation donnent au rêveur une idée exacte de la qualité de ses relations sentimentales, sociales et familiales, de ses conditions de santé ou de travail.

Louise croit que son amie Fernande est très sincère envers elle. Cependant, une nuit, elle rêve que celle-ci déclare, « tu sais, ton ami Paul est devenu mon amant.» Louise, qui a une confiance totale en Fernande, est avertie de sa trahison. Nombreux sont les songes qui disent au rêveur la qualité de leurs amitiés et de leurs amours.

Une connaissance, dont le mari vient de mourir, il y a à peine deux mois, a eu une peine d'amour épouvantable. Elle m'a confié son chagrin et la crainte qu'elle avait de mourir du cancer dans un an, comme l'indiquait son rêve. Ce rêve la renseigne que son chagrin rongera ses énergies comme le cancer ronge la santé. Mourir du cancer, c'est mourir d'une peine qui détruit l'équilibre, les énergies. Comme le corps représente l'âme dans les rêves, cette personne devait supporter son chagrin pendant un an, mais après ce délai, elle s'en sortirait.

Quelques exemples de **rêves de régression:**
Être terrassé, dévoré par un animal.
Tomber dans une cavité.
Être tué par un ennemi ou quelqu'un d'inconnu.
Être emporté dans les eaux profondes ou les eaux d'un torrent et se noyer.

Les rêves télépathiques

C'est amusant de constater qu'on peut converser à distance avec quelqu'un.

La mère d'une jeune fille que je connais était très inquiète au sujet de sa fille qui était en Afrique. En rêve, elle l'a vue dans l'avion mais ne lui a pas parlé. Elle savait à quel moment sa fille retournerait chez elle. C'est un rêve télépathique car exactement à la minute où sa fille a fait escale à Paris, elle savait qu'elle y était, elle savait à quelle minute elle rentrerait à la maison.

Je me trouvais en voyage. Un matin, je me réveille inquiète. J'avais très bien dormi pourtant. En réfléchissant bien, je me mets à penser à une connaissance malade et je me dis que je devrais être chez moi pour lui parler. Je sais, je sens qu'elle est très malade au point où un sentiment de culpabilité me donne l'idée de retourner chez moi et d'entrer en contact avec elle. À mon retour, 2 jours plus tard, elle m'appelle et me dit: « Vous m'avez sauvé la vie, avez-vous pensé à moi il y a deux jours? » Une telle déclaration ne laisserait personne indifférent. Émue et abasourdie, je lui demande ce qui lui était arrivé. « Durant la nuit, je me suis sentie très malade, ne voulant déranger personne à la maison, je suis donc sortie pour me rendre à l'hôpital. Au moment où je m'apprêtais à partir avec ma voiture, vous m'avez apparu me disant de ne pas partir avec l'auto. Saisie de frayeur, je me rends donc à l'urgence en taxi. Le médecin diagnostiqua une crise d'angine et m'expliqua que l'effort de conduire une auto aurait été trop fort et que je serais morte. »

Un an plus tard, lors d'une émission télévisée, l'invité est un écrivain versé dans les sciences paranormales. On lui demande: « Il paraît que vous avez vécu le phénomène de l'ubiquité? » L'invité répond: « Oui, en effet, j'ai déjà été vu à deux endroits différents en même temps.» Stupéfaite, je me suis dit que moi aussi j'avais connu ce phénomène.

Les grands rêves, **les rêves prémonitoires** annoncent des faits qui peuvent se réaliser dans cinq ans, dix ans, vingt ans. On a vu dans la Bible, par exemple, que saint Jean a pu prédire la fin du monde bien qu'il vécut en l'an 95 avant Jésus-Christ.

Les rêves prémonitoires apparaissent dans les moments critiques de la vie du rêveur, lors d'un mariage, d'un divorce, d'une mortalité, d'un changement de pays, etc.

Voici le rêve de France. Elle se trouve dans une école qui est en même temps sa maison. Elle entre dans la maison, se dirige vers la cuisine, son mari est à ses côtés et fume la pipe. Surgit une belle blonde qui monte un lit en fer forgé blanc et or. Elle dit à son mari: « c'est elle », et il répond « oui », puis elle se sent angoissée. Cette partie du rêve annonçait que son mari avait une maîtresse. Ensuite, elle se voit dehors, face à un gros mur de brique, il y a un bassin rempli d'eau et elle lave un gros coussin. Une brune lui demande si elle désire se rendre à la plage avec elle pour s'amuser. Mais elle reste là à frotter son coussin.

France est une personne très stable émotivement et sentimentalement. Elle a beaucoup aimé son mari. Le symbole de la cuisine annonce un événement à venir, la maison, c'était dans sa vie ce qu'elle avait à apprendre au sujet de sa vie sentimentale avec son mari. Son mari fume la pipe, on sait que la pipe est un symbole sexuel. Il est assis sur une chaise, donc il a une décision à prendre concernant sa sexualité à lui. Elle voit arriver une blonde qui est la maîtresse de son mari. Le cliché de rêve se coupe, elle se retrouve seule. Elle marche dans un grand corridor avant d'arriver dehors, et là elle se retrouve sur le gazon. Le gazon représente la vie naturelle, la vie sexuelle; le mur de brique représente la mère, c'est un symbole d'équilibre, de protection et d'amour. À cette période, elle s'était fait de nouvelles amitiés féminines qui l'ont beaucoup protégée et aidée. Elle frotte son coussin, le coussin est un symbole de confort moral et signifie qu'elle veut peut-être essayer de trouver pourquoi elle a perdu son mari. Le bassin représente la femme. L'eau claire, le fait de pouvoir nettoyer le coussin, le brosser, indique qu'elle voulait retrouver l'amour de son mari, parce qu'elle avait encore de l'affection pour lui. Les paroles de la femme qui vient vers elle et lui dit: « est-ce que tu viens à la plage pour t'amuser? » signifient « est-ce que tu veux faire un renouveau dans ta vie, est-ce que tu veux aimer quelqu'un d'autre? » La femme inconnue la représente divisée en elle-même à ce moment-là. Est-ce qu'elle devait aller à la mer, c'est-à-dire se régénérer, aller plonger, aller chercher une autre façon d'envisager sa vie, de découvrir une autre vie? Mais non, elle est restée longtemps attachée à son mari malgré son infidélité.

France a fait un rêve prémonitoire qui lui indiquait que son mari avait une maîtresse, qu'il la quitterait et qu'elle voudrait le retrouver.

Si les rêves prédisent l'avenir, ils peuvent aussi être **thérapeutiques.** Ils dégagent alors intérieurement le rêveur. Par la méditation, la concentration avant le sommeil et par des « mantras » ou prières, on peut aussi préparer un rêve de guérison.

France, qui à un certain moment s'est aperçue qu'il n'y avait pas moyen de retrouver l'équilibre par son mari, a fait un rêve dans lequel un vieux sage lui faisait manger des fruits de mer sur le bord de la mer; il lui avait fait cuire des mets délicieux. À cette période, France suivait une cure en hypnothérapie pour arriver à accepter de se détacher de son mari. Elle a reçu l'aide désirée. La mer représente l'inconscient. Les fruits de mer quand ils sont cuits symbolisent toujours une guérison psychologique.

Beaucoup de gens rêvent qu'ils sortent de l'hôpital. Ce rêve indique qu'une situation a rendu le rêveur malade sur le plan psychique; certaines conditions de vie rendent les individus névrosés. Les personnes qui sont avec le rêveur à l'hôpital représentent celles qui l'ont rendu malade psychiquement, dans la réalité.

Sortir de l'hôpital annonce la guérison, c'est un symbole de guérison psychique, de dégagement intérieur.

Certaines femmes rêvent qu'un médecin leur donne des médicaments, les guérit. Le médecin devient l'animus pour la femme, c'est-à-dire qu'un homme entrera dans sa vie et lui apportera le réconfort moral. Le médecin représente un appui moral, une grande sérénité. C'est parfois aussi une facette de sa personnalité qui l'aide à se guérir elle-même.

Les symboles

Qu'est-ce qu'un symbole? Le symbole est un moyen que le subconscient prend, à partir de notre imagination, c'est une image représentée soit par des objets, des personnes, des connaissances, etc., pour arriver à nous faire comprendre le conscient, sur le sujet dont le rêve veut nous parler.

Les symboles personnels

Je reviens aux choses matérielles pour mieux vous faire saisir le sens d'un symbole. Prenons l'exemple d'une robe qui vous appartient et que vous avez portée à un mariage. Cette journée fut marquée par une rencontre amicale réjouissante, même par plusieurs rencontres. Toute la journée, vous avez eu beaucoup de plaisir. Si vous voyez cette robe en rêve, elle devient un symbole de plaisir mais aussi un symbole de noces. Ce qui a frappé votre imagination, c'est la joie, la fête, le plaisir de la noce.

On sait que le subconscient vient converser avec vous par l'image qu'on se fait d'un objet ou d'une personne par rapport à un souvenir. Le corps humain est aussi un symbole.

Le symbole d'une croix annonce, en général, une épreuve. Mais si je parle d'un symbole personnel, la croix prend une autre signification. Vous avez fait un rêve, vous avez vu une croix et en y pensant bien vous avez constaté que la croix est celle qui était sur le cercueil de votre père. Vous pouvez faire la déduction que la croix qui se trouvait sur le cercueil de votre père représente une mortalité. La croix prend dans ce cliché de rêve la signification d'une mortalité éventuelle. *C'est un exemple de symbole personnel.*

Les symboles peuvent être personnels, universels, connus, inconnus. Les symboles sont une façon de vous faire découvrir, par l'imagination, un souvenir qui est resté ancré dans votre subconscient. S'il devient souvenir unique pour vous, alors dans le rêve il devient un *symbole accidentel.* L'exemple de la croix était un symbole général d'épreuve et de plus, pour la personne concernée, elle représentait un symbole personnel de mortalité.

En général, le loup est un symbole de férocité et le renard est un symbole de ruse.

Vous pouvez également découvrir des symboles personnels à partir des êtres humains. Voici un exemple. Je suis chez ma soeur qui est remariée. (Elle devient un symbole personnel et je donne une indication pour savoir comment le découvrir dans le rêve. Ma soeur, dans le rêve, prend un symbole de devenir, elle devient mon ombre sur qui je fais une projection et c'est le symbole de la femme qui s'est remariée, qui est heureuse en mariage, en amour.) Me trouvant dans sa cuisine, assise à la table, je vois arriver son mari. (Son mari devient un symbole personnel qui peut représenter un homme libre dans ma vie, qui pourrait devenir mon futur mari. Dans mon rêve, je suppose que cet homme qui est le mari de ma soeur identifie le symbole personnel, je fais des projections.) Il me demande, « mais où est ma femme? », je réponds « elle n'est pas ici ». (Donc j'en déduis que je ne conçois pas pouvoir être sa femme dans la vie, mais la femme de l'homme libre qui voudrait me marier comme cet homme libre a marié ma soeur.) Je présume que le mari de ma soeur me dit « mais qui est-ce qui va me faire à manger? » Bien mal à l'aise, je réponds: « Je vais vous faire à manger. » (La nourriture représente la joie, la sensualité. Me connaissant bien, je me dis que je ne pourrais pas, en toute sincérité, apporter à mon beau-frère l'amour que je donnerais à un homme. Dans la réalité, je sais que c'est impossible. Je ne pourrais pas avoir une relation sexuelle avec lui. J'en déduis donc que mon beau-frère est un symbole personnel d'un homme qui pourrait être dans ma vie depuis un bon moment et que je ne perçois pas; je ne m'attends pas du tout à ce qu'il puisse vouloir avoir une vie matrimoniale avec moi. De plus, le fait que je sois assise à la table indique déjà une stabilité avec quelqu'un que j'ai connu. Inconsciemment, je l'attends.)

Passons maintenant aux symboles *universels,* aux symboles archétypes. Ils ont un sens commun pour tous les êtres humains en général. Depuis que l'homme existe, le soleil, la lune, les étoiles, la terre, la mer, les oiseaux, les animaux ont toujours existé. On sait que le soleil représente l'homme, la lumière, l'équilibre, la force, la volonté. Sans le soleil, on ne pourrait pas vivre. C'est l'énergie vitale.

Il y a des symboles de *fables.* Ici, je donne l'exemple de la cigale et de la fourmi. On sait que la cigale ayant chanté tout l'été fut fort dépourvue quand l'hiver fut venu. La fourmi représente un symbole de travail. Ce rêve indique que vous devriez penser moins à vous amuser et un peu plus à vous sécuriser financièrement. Quand vous rêvez à une fable, il faut savoir quelle leçon il faut en tirer pour l'appliquer dans votre vie.

Les symboles historiques

Il y a une forme d'identification entre les personnages historiques de votre rêve et le concret de votre vie présente ou à venir. Madame Y... a rêvé que Jules César s'avançait vers elle, lui présentait un beau billet blanc et lui montrait un jonc. On peut situer Jules César au moment où il fut amoureux dans l'histoire. Il a installé Cléopâtre sur le trône comme reine d'Égypte. On peut déduire de ce rêve que cette femme aimera beaucoup un homme parce qu'elle l'identifie à un héros, à un homme très haut placé puisqu'il représente un roi, un empereur, celui qui gouvernera sa vie. Elle l'aimera et elle l'estimera beaucoup. Il sera un homme libre puisque César a décidé de l'épouser et de l'installer sur le trône d'Égypte. Ce rêve annonce donc une histoire d'amour et d'union symbolisée par le jonc.

Voici un autre exemple. Monsieur X..., âgé de 40 ans, a rêvé à Hitler. Il était accompagné de son assistant, Goëring, et ils regardaient manger une belle fille de 18 ans. Elle mangeait des beignes sucrés. On peut en déduire que ce n'est pas un rêve de guerre, car Hitler n'agissait pas sur le plan de l'empire, c'est-à-dire du gouvernement. Le dessert, les sucreries, dans les rêves, sont toujours des symboles de sensualité, de sexualité, de joie. J'en conclus que Hitler représente pour une jeune fille un personnage imposant, un homme qu'elle doit admirer beaucoup. Je crois que cet homme-là dans le rêve a dû être surpris qu'une jeune fille puisse l'aimer. Il était accompagné de son assistant, l'assistant dans le rêve représente toujours une aide qu'on s'apporte; c'est s'assister soi-même parce que les autres personnages du même sexe dans le rêve nous représentent. Donc, ce n'était pas l'assistant d'Hitler mais bien lui qui se sentait admiré comme Hitler par une jeune fille qui l'aimait. Il devait se sentir très imposant et bien servi par lui-même personnifié par l'assistant dans le rêve. Il se sent très en sécurité dans sa vie sexuelle parce qu'il sait qu'il peut être admiré par une jeune fille de 18 ans.

Mythes et croyances

Il y a toutes sortes de mythes, tout dépend où vous avez été éduqué, la culture que vous avez eue, les études que vous avez faites, etc.

On sait qu'en mythologie, Mercure était le messager mais il était aussi un symbole de jeunesse éternelle autant sur le plan physique qu'intellectuel. Il fut aussi le dieu des commerçants et des voleurs. Y rêver peut indiquer pour une personne de 40 ans, une ouverture d'esprit qu'elle n'a jamais connue, une intelligence qui a beaucoup évolué, une clarté à juger, à saisir et un regain de jeunesse. Le dieu Mercure peut apporter un message qui se rapporte à la vie du rêveur.

Vous pouvez aussi rêver à la Sainte Vierge et à Jésus-Christ, ce sont des rêves fréquents qui font partie de nos croyances occidentales.

L'apparition de Jésus-Christ en rêve est plutôt un symbole de l'acceptation de la souffrance dans une certitude de rédemption. Cela n'a pas le même sens que de rêver à Dieu qui peut représenter le moi, l'infinie connaissance, tout ce qu'il y a de plus parfait. Jésus-Christ était un missionnaire qui apportait une nouvelle croyance, une nouvelle philosophie au monde.

Je connais une personne qui a rêvé à Jésus-Christ. Elle a dû subir une intervention chirurgicale et elle disait tout le temps: « Mais voulez-vous me dire pourquoi je souffre tant, je fais une dépression nerveuse, je pense toujours à mourir et en plus il faut que je sois opérée.» Je répondis: « Vous devez prendre conscience que la souffrance a un but, c'est l'acceptation de la souffrance qui vous aidera à la comprendre. Il y a quelque chose que vous devez aller chercher en elle et peut-être avez-vous à payer pour vous préparer à une autre vie.»

Au moment où j'écris ces lignes, j'apprends qu'elle est décédée d'une crise cardiaque en mars 1979. Pour elle, le Christ était le Sauveur qui lui accorderait la rédemption.

En rêve, une femme avait vu la statue de la Sainte Vierge sur un socle, et dans le socle il y avait un serpent dans l'eau. Ce rêve symbolise un désir de vivre comme une vierge sans sexualité, de contrôler le serpent, c'est-à-dire la sexualité, la nature animale qui est en elle.

Les symboles d'expression populaire

On les retrouve dans les métaphores et les expressions imagées de toutes les langues. Je donne un exemple: « Être entre le chou et la chèvre » est une expression bien populaire de la langue française qui signifie se trouver coincé entre deux personnes et s'en sentir très mal à l'aise. Ce rêve a la même signification dans la réalité et dans le rêve, mais toutefois il peut annoncer quelques conflits.

« Être paresseux comme un âne ». L'âne ne représente pas toujours la paresse, mais si vous l'entendez dans un rêve, vous saurez ce que cela veut dire.

Il y a cette expression qui dit: « Être cocu de merde », elle signifie être extrêmement chanceux.

Et si un(e) ami(e) vous dit en rêve, « Toi, ton chat est mort », il faut vous attendre à un refroidissement dans l'amitié que vous porte cette personne.

Si vous portez, en rêve, des oeillères, cela peut signifier que vous ne voyez qu'une facette d'un problème.

Symboles dits généraux

Selon Freud, les formes allongées sont des symboles masculins et les formes rondes et creuses sont des symboles féminins.

La rondelle de hockey devient une femme. La bâton de hockey devient l'homme. La terre qui est ronde est un principe féminin et la balle aussi.

Le principe masculin se rencontre dans nos rêves par le père, le soleil, le feu, le ciel, le lion, le serpent, le dragon, l'oiseau, les armes et les outils.

Les symboles du principe féminin sont la mère, la terre, l'eau, la lune, la vierge, le cheval, la vache, la sorcière, la baleine, enfin tout ce qui est récipient.

Un adolescent rêve qu'il entre un bâton dans la terre. Ce rêve est un symbole de relation sexuelle.

Le soleil peut apparaître dans les rêves pour annoncer un travail. Pour la femme, il représente l'homme. Une jeune fille peut rêver à un soleil brillant qui reflète sur un grand jardin au moment où elle rencontrera un homme qu'elle aime et qui l'impressionnera au point de le vouloir comme mari.

Les couleurs

Le bleu est la couleur qu'on attribue à Jupiter et à Junon. Il est la couleur de l'esprit, de l'intelligence, de la loyauté, de la sérénité, de la fidélité et de la paix. Il n'y a absolument rien de négatif concernant le bleu, qu'il soit pâle ou foncé. Le bleu foncé parle de l'inconscient et de la grande spiritualité.

Le rouge est la couleur du feu, de l'esprit, de l'amour, de la passion. On l'attribue à la planète Mars. Le rouge donne beaucoup de combativité, de courage mais le rouge peut prendre un sens négatif, il signifie la colère, la haine, la cruauté, le carnage et conduit à des actes meurtriers. On dit que le diable est rouge. Le rouge vin apporte beaucoup de tristesse dans l'amour.

Le jaune est la couleur qu'on attribue au soleil. C'est la couleur d'Apollon, de l'intelligence, de l'intuition. Quand le soleil est là, on voit tout, on comprend tout. C'est pourquoi on dit que c'est la couleur de l'inspiration heureuse, de la sagesse, du conseil. Le jaune trop pâle annonce des déceptions, des trahisons. Le soleil couchant d'un jaune orangé est négatif, mais s'il se lève, c'est positif, il annonce alors un nouvel éveil de la conscience, de nouvelles possibilités pour l'individu.

Le vert, c'est la couleur de Vénus. C'est le renouveau dans la nature. Il amène de la régénération dans les actes. C'est la couleur de l'espérance, de la santé que l'on recouvrera, de la récupération. Si le vert pâle est heureux et qu'il annonce de la joie, de la prospérité, le vert foncé, par contre, annonce une dégradation dans la moralité et même le désespoir, la folie. Le vert foncé presque noir est très négatif.

On attribue le blanc à la lune. C'est le reflet de l'absolu. Le blanc représente toujours quelque chose de très pur. C'est un symbole de virginité, de pureté, de justice mais aussi de triomphe, de victoire. Il peut être pris dans un sens négatif car on sait que la neige est froide et blanche, donc il peut être un signe de pessimisme, de détresse.

Le noir, c'est la couleur de Saturne. Il est toujours une couleur de renoncement, de deuil. Tout ce qui est teinté de noir est un symbole de renoncement. L'objet noir dans le rêve symbolise ce à quoi vous devez renoncer dans la vie. Mais le noir peut être brillant ou terne, miroitant ou plombé. S'il est brillant, il annonce un danger venant de l'extérieur et s'il est terne, le danger vient de l'intérieur, c'est-à-dire à l'intérieur de soi.

Les nombres

Il faut consulter la partie des symboles pour connaître la signification des nombres.

Je vais vous raconter le rêve d'une de mes amies pour vous donner un exemple de ce que peuvent signifier les nombres dans un rêve. Celle-ci a rêvé qu'elle se trouvait sur un parterre, tenant dans ses bras un chien qu'elle allaitait au biberon. Allaiter, c'est nourrir un projet. Elle se voit obligée de laisser le chien s'éloigner d'elle. Le chien représente son mari qui l'a quittée. Après que le chien fut parti, elle vit cinq petits chiots qui s'amusaient dans le parterre et un des chiots s'est avancé vers elle et l'a regardé avec beaucoup de tendresse. Les chiots symbolisent toujours un amour naissant qui sera d'une fidélité absolue. Le chiffre 5 représente la vie heureuse, équilibrée, l'amour heureux. Le parterre représente la vie naturelle d'un individu, sa sexualité et un seul chien qui s'avance vers elle, dont le chiffre 1 annonce une réalisation. Ce rêve annonçait à cette amie que même si son mari la quittait et même si elle y tenait beaucoup, elle rencontrerait un amour qui lui apporterait beaucoup de bonheur, de satisfaction et une grande fidélité. Si en voyant les cinq petits chiots qui s'amusaient sur le parterre, il y avait eu deux chiots au lieu d'un qui se seraient avancés vers elle, ce rêve aurait annoncé l'amour d'un homme indécis et compliqué. Cet amour aurait occasionné toutes sortes de ruptures, beaucoup de soucis et finalement une séparation. Le chiffre 1 apporte la certitude d'une réalisation. C'est pourquoi les chiffres ont beaucoup d'importance dans les rêves.

Il est important d'ajouter que les nombres président aussi la date à laquelle certains événements se produiront. Ils peuvent annoncer à un prisonnier le jour où il sortira de prison.

Si vous rêvez que vous êtes au cinquième ou au septième étage d'un édifice, cela représente un degré d'évolution. Être dans les hauteurs, c'est se trouver plus élevé spirituellement.

Être au troisième étage donne l'idée, la conception de quelque chose.

Être au quatrième étage annonce une stabilité dans une forme d'évolution.

Être au cinquième étage annonce l'amour et l'équilibre retrouvés.

Être au septième étage indique un état de spiritualité heureux et de vie mystique heureuse.

La maison représente notre champ de vie intérieure. Un immense édifice représente tout le contexte de notre stabilité sociale, de notre vie.

Voir un grand édifice s'écrouler peut annoncer que toute votre stabilité de vie s'écroulera. Ce rêve peut aussi annoncer un déménagement, l'obligation de se rebâtir une vie complètement nouvelle.

C'est très important de se rappeler sur quoi ou sur qui se placera le nombre, avec quoi il sera en relation. Il se peut que vous ne le voyez pas clairement mais vous le percevrez toujours.

Rêver à des enfants concerne le développement de votre vie intérieure.

Les trois personnages symboliques du rêve

selon C.G. Jung

Ce sont l'anima, l'animus et l'ombre.

Ils sont très importants parce qu'ils vous aident à comprendre vos projections. On dit que l'homme aura atteint une parfaite évolution lorsqu'il ne sentira plus le besoin de développer en lui ce qu'il voit chez des êtres supérieurs ou chez ses semblables. Il aura atteint l'unité, la béatitude, c'est-à-dire les états les plus élevés sur le plan philosophique et sur les plans courage, force et intelligence.

Dans le langage onirique, l'ombre représente une partie inconsciente de sa vie ou de soi. C'est souvent un problème vécu projeté sur une personne de son entourage, du même sexe, dont la vie est la vôtre dans la tonalité du rêve.

Reprenons le rêve de Monsieur X... Goëring et Hitler sont des personnages connus sur lesquels il projette, c'est-à-dire qu'il aspire à être aussi admiré dans la vie par une femme, qu'un président d'un pays ou un empereur. Ce rêve explique l'ombre et le rêveur fait une projection de l'admiration qu'il aimerait susciter chez les femmes.

L'évolution de l'homme se fera dans l'*enfance*, par l'intermédiaire des parents.

Par la suite, l'âme humaine évoluera par la *sexualité*, c'est-à-dire l'anima et l'animus.

Ensuite, l'inconscient avertira le conscient qu'il doit préparer le grand départ et cela à partir de la quarantaine chez la femme et de la cinquantaine chez l'homme. C'est à ce moment qu'interviendront les grands *symboles du soi* qui apportent force et maturité.

Tous les êtres humains, qu'ils soient du sexe masculin ou féminin, arrivent au monde bisexués, du moins sur le plan psychologique, sur le plan des qualités à développer.

Qu'est-ce que l'anima?

Toute l'évolution spirituelle de l'homme se fera à travers son attachement à l'image féminine qui sera sa véritable animation ou motivation. Ce besoin l'obligera à développer sa véritable sensibilité intuitive, à savoir aimer. L'homme devra apprendre de la femme l'oubli de soi et l'aptitude au dialogue. Ces échanges lui feront assumer cette partie féminine vivante en lui, mais insuffisamment développée, inexploitée. Ceux qui refusent de vivre leur véritable anima refusent le jeu de l'amour quand ils rencontrent un sentiment idéalisé, sous les traits de la femme. L'égoïsme, l'impossibilité de se fixer définitivement, une peur ou une incapacité de fidélité sont des signes de l'homme qui refuse d'assumer sa féminité, c'est-à-dire de vivre son anima.

Qu'est-ce que l'animus?

La femme fera toute son évolution spirituelle à travers l'image masculine; elle ira donc chercher dans l'homme le principe actif et rationnel qui le caractérise.

Cela revient à dire que ce qu'elle exige de son partenaire amoureux est ce qui manque en elle, jusqu'au moment où elle aura développé cette partie non assumée, non développée de son opposé. On peut reconnaître la femme qui refuse d'assumer son animus à son refus de s'exprimer dans un travail, une activité, préférant la dépendance matérielle ou psychologique.

La femme qui possède toutes les qualités féminines devra assumer la masculinité, le principe actif qui est en elle, pour un devenir complet.

Quand une femme voit intervenir son animus sous l'image d'un vieillard, c'est que déjà, l'amour n'est plus là. Un vieux visage amène un sentiment très désagréable.

Le boucher dans le rêve est de mauvais augure car il représente un homme qui manipule un individu sans personnalité. Le boucher n'apportera pas l'aide escomptée car il coupe, il tranche les chairs mortes. La chair représente l'âme et devient un aspect de l'animus très négatif. La femme qui rêve d'un boucher doit savoir que l'homme avec qui elle est liée en ce moment ne l'aidera pas à se sortir d'une angoisse présente.

L'animus peut aussi prendre l'aspect d'un meurtrier. Le meurtrier, c'est un homme qui détruit la vie dans un corps. On sait que le corps c'est l'âme dans les rêves. Le meurtier est donc celui qui vous détruit psychologiquement. La femme qui en rêve doit savoir qu'elle vit présentement une période sentimentale frustrante de laquelle elle devra se détacher pour son épanouissement.

Les trois stades d'évolution de la psyché

L'âme passe par trois stades d'évolution avant d'atteindre une complète maturité.

Le premier se fait à partir de la naissance et pendant toute l'enfance. L'enfant trouvera toute sa raison de vivre dans l'affection de ses parents, la motivation qu'il sentira chez eux. Tous les conflits qu'il aura avec ses parents seront une façon de mûrir, de devenir un adulte.

L'homme vivra le deuxième stade de son évolution par la sexualité. Toutes les joies, les souffrances, l'épanouissement, la frustration, la défaite, enfin toute sa motivation de vivre prendra l'image masculine ou féminine, d'après le sexe et l'attirance.

L'homme aura atteint le troisième stade d'évolution quand il aura compris que tout est éphémère ici, l'amour, la gloire, la richesse. Ce n'est pas qu'il n'aimera plus, mais il verra l'amour sur un plan très supérieur. Son esprit aura saisi que pour être heureux, il ne faut pas exiger des autres toutes les qualités mais qu'il faut les développer en soi.

L'inconscient fera apparaître dans les rêves les grands symboles archétypes qui orienteront le conscient de l'homme vers la maturité, la sagesse, le sens du détachement et l'abandon total dans une autre forme de vie, dans une autre dimension de vie contrariant ainsi le conscient qui veut vivre, qui veut garder sa jeunesse, qui refuse la vieillesse avec tout ce qu'elle comporte parfois de maladies, de restrictions et de conflits sur le plan social. L'inconscient avertira le conscient de cette évolution afin qu'il acquiert, qu'il se prépare à une autre dimension de vie en toute sérénité.

Qu'est-ce que le soi? J'ai trouvé dans le livre d'Ania Teillard un extrait d'une philosophie moniste hindoue qui vient du Védenta et qui se lit comme suit:
« Je ne suis pas le sens, ni la compréhension
Je ne suis ni la mémoire, ni le moi
Je ne suis pas l'ouïe ou le toucher
Je ne suis pas l'odorat, ni la vue
Je ne suis pas le corps, et ne suis pas l'éther
Je ne suis ni la terre, ni le feu, ni l'air

Je suis la parfaite connaissance et la béatitude
Je suis le soi qui emplit tout...
Je suis le soi dont tout est rempli.»

Je cite en exemple le rêve d'une de mes connaissances dont la mère était décédée. Elle a rêvé qu'elle avait acquis une perle. La perle est un symbole du soi et, dans son rêve, elle avait placé la perle dans un endroit où personne ne pouvait la lui voler. Le seul endroit sûr pour elle était dans la terre du jardin afin qu'il y pousse d'autres perles. Une expérience vécue dans la réalité lui a fait prendre conscience que le désarroi dans lequel la mort de sa mère l'avait plongée s'était envolé. Elle réussit à s'adapter, à trouver une certitude, une sécurité, une sérénité, même si cet être cher n'est plus avec elle.

Le premier stade de l'évolution psychique se fait dans les rêves où il y a une catastrophe cosmique, des symboles d'animaux comme le lion, le serpent, l'oiseau, le cheval, le taureau et aussi les eaux qui inondent parfois la grotte, la mer, les armes, les instruments, les outils, les crucifix. Rêver à un tremblement de terre indique que l'on a été ébranlé à un point tel qu'il n'y a plus de sécurité intérieure en soi. La catastrophe cosmique où tout un village est détruit annonce une vie, un amour à rebâtir. Sa maison engloutie par les eaux représente des émotions incontrôlées. Les volcans en éruption qui détruisent la ville représentent des sentiments excessivement violents qui détruisent ce qu'on a bâti, tout ce qui était sa sécurité, l'amour. La maison complètement détruite signifie d'abord la construction d'une nouvelle personnalité. Il est évident que c'est pénible de vivre ces choses dans les rêves, mais l'évolution se fait à partir d'épreuves majeures et celles-ci marquent le premier stade du processus de l'évolution psychique.

Le deuxième stade que l'on nomme intermédiaire, comporte des périodes de transition, d'évolution. Dans ces rêves, apparaissent les symboles de profondeur, de hauteur, les arbres, les grenouilles, on peut y planer, nager, être suspendu dans les airs. Ces rêves indiquent un degré moyen.

Le troisième stade apparaît à la fin du processus, et les symboles du soi se manifestent par la croix isocèle, les formes géométriques, le cercle, le carré, le rectangle, le pentacle, la fleur, surtout la rose, la roue, l'étoile, l'oeuf, le soleil, l'enfant, le symbole du héros, l'éternel adolescent.

Les symboles du soi sont aussi représentés par le cygne, le trésor dans le château, le figuier éternel, l'aigle, le faucon, le joyau, la lumière blanche, la boule dorée, le diamant, la fleur de lotus, la perle, l'enfant intérieur. Tous ces symboles interviennent pour nous faire comprendre jusqu'à quel point nous avons accepté une épreuve, c'est-à-dire un détachement sur bien des plans.

Diviser ses rêves en trois parties

La première partie est la *présentation* qui se fait à partir d'un événement vécu ou connu de soi. On verra les personnes qui participent à l'action de son rêve ainsi que le thème.

La deuxième partie du rêve, c'est *l'imprévisible*, à partir d'un événement vécu exposé dans la première partie. C'est le terrain de bataille, ce avec quoi l'on doit se débattre ou ce qui amènera le succès.

La troisième partie est vraiment la *conclusion*. Elle annonce le dénouement. C'est parfois beaucoup plus facile d'expliquer un rêve en partant d'une phrase que l'on a dit à la fin du rêve. Les clichés de rêve sont parfois flous. La conclusion aide à remonter au début, à la présentation, et ainsi on peut saisir ou se remémorer plus facilement un rêve.

À quoi rêvez-vous?

Les rêves qui se répètent constamment indiquent que le message du rêve n'est pas compris, qu'il y a quelque chose qui doit être saisi et changé dans la vie du rêveur. Ce rêve se répétera jusqu'au moment où l'événement annoncé se produira.

Les rêves où l'on court, où l'on se sent poursuivi, indiquent un état d'assujettissement à un problème ou à une situation, à un sentiment ou à quelqu'un, que l'on n'arrive pas à dominer à l'intérieur de soi.

Les rêves d'évacuation annoncent une solution à une situation difficile, soit sentimentale ou d'affaires, soit au travail ou en amour. Excréter aux toilettes, c'est être dégagé d'un problème alors que ne pas pouvoir excréter représente un problème psychologique.

Les rêves d'oiseaux concernent l'esprit et parlent toujours de l'amour et de l'amitié. Les oiseaux rapaces annoncent des ennemis, des séparations.

Les rêves d'animaux s'adressent à l'instinct de l'homme. S'ils sont géants et qu'ils vous terrassent, il y a danger d'être submergé par des forces inconscientes.

Donner ses reins, c'est avoir une grande force Avoir les reins solides représente une personne qui a beaucoup de fermeté de caractère, qui est très riche intérieurement, qui a une forte personnalité. Donner un rein, c'est donner beaucoup d'énergie aux autres, c'est se sacrifier pour les autres, c'est diriger ses forces vers les autres et par le fait même, en avoir moins pour soi. N'avoir qu'un rein, c'est avoir beaucoup donné de son potentiel, de sa vitalité, de son énergie, de sa valeur.

Avoir faim, c'est manquer d'affection. *Avoir soif,* c'est aussi manquer d'affection ou manquer de connaissances. *Boire,* c'est un rêve thérapeutique. Rêver de passer d'une pièce à l'autre, cela indique passer d'un état à un autre.

On peut rêver que l'on se baigne ou que l'on *prend un bain;* pour que le rêve soit thérapeutique, il faut sortir du bain comme il faut sortir de l'eau, de la rivière avant le réveil. Ce sont des rêves heureux où la vie renaît en soi par l'amour ou par des conditions de vie très épanouissantes. Habituellement, l'eau est régénération, source de la vie.

Rêver *monter un escalier*, c'est prendre de la hauteur, se retrouver très haut dans un building sans angoisse, c'est aussi être très heureux. C'est un rêve d'ascension spirituelle, c'est avoir une situation intérieure très heureuse et bien organisée.

On peut rêver *se retrouver dans une foule*. Ce rêve amène une espèce de division de la personnalité car tous les personnages que l'on voit dans la foule représentent des facettes ou des idées confuses en soi. Se trouver dans une salle ou dans une rue où il y a beaucoup de monde annonce un échec car l'on ne saisit pas l'essentiel d'un problème.

D'autre part, il se peut que *l'on ne se souvienne plus de ses rêves*. Cela signifie que le message du rêve entre en contradiction avec ce que l'on a conçu. Il y a une petite frustation dans ce rêve que le conscient ne veut pas accepter parce qu'il refuse de s'en souvenir.

Les rêves très *courts, rapides* sont des rêves précis qui donnent une solution à un problème.

À certains moments, il est possible de faire des rêves *angoissants*. Ils révèlent une peine extrême, la crainte d'une défaite. C'est un manque de confiance en soi, en général.

Les rêves où tout est très agréable traduisent la confiance dans la vie.

Les rêves de chute indiquent à l'individu qu'il pense jouer un rôle très important dans une facette de sa vie et lui annoncent un échec. Tomber de très haut annonce un échec sentimental, un désappointement.

S'envoler dans les airs, c'est être une personne assez ambitieuse, très optimiste, c'est s'élever au-dessus de ses problèmes et c'est l'annonce d'une réussite.

Les personnes qui rêvent qu'elles vont *tomber*, qui savent comment tomber, qui tombent juste sur leurs deux pieds tranquillement, qui contrôlent leurs gestes, connaîtront certainement un échec mais un échec qu'elles sauront prendre avec beaucoup de sécurité intérieure. Elles auront un mauvais pressentiment mais sauront comment l'accepter.

Rêver que l'on *rate son train* signifie que l'on rate une occasion. Ce rêve peut traduire un trait de caractère qui veut se soustraire à une responsabilité car l'on n'est pas prêt à accueillir le succès à cause d'un manque de compréhension ou de confiance en soi.

Rêver *être mal vêtu*, c'est avoir peur de voir ses défauts démasqués et peut-être aussi sa pauvreté. Rêver être mal vêtu mais être à l'aise dans son habillement, c'est s'accepter tel que l'on est, avec ses défauts, ses défaites, son insuccès social et ne pas en être traumatisé pour autant.

Rêver jouer un rôle de *spectateur*, c'est jouer dans la vie le même rôle. Rêver photographier ou être un spectateur, c'est ne plus bouger, s'aider à peine pour réussir. C'est être réduit à assister au spectacle de sa vie.

Les rêves sexuels font partie de l'évolution. Rêver *avoir une relation sexuelle* avec quelqu'un de même sexe que soi représente beaucoup plus une fusion, une entente de la personnalité que l'acte sexuel lui-même. Une personne qui fait l'amour avec une autre du même sexe signifie qu'elle essaiera de retrouver l'unité en elle. La personne inconnue du même sexe la représente.

Les rêves où la *cruauté* intervient indiquent à l'individu qu'il est porter à jouer un rôle actif dans la vie. C'est une personne assez agressive qui recherche le succès et dénote un esprit combatif.

Les rêves où l'on *profane* les objets sacrés parlent de l'agressivité et de l'esprit destructeur du rêveur.

Uriner, c'est oublier une frustration, un sentiment, un amour. Ce rêve amène parfois un sentiment de vengeance par rapport à une humiliation subie.

On peut faire certains rêves dits *auditifs*. La musique représente un état d'âme et ce que l'on vivra sera gai ou triste, selon la musique entendue.

Parfois les rêves sont *bruyants*, ils tombent sur les nerfs du rêveur, le fatiguent. Ils annoncent une peine. Les bruits annoncent une peine ou un événement très frustant dans la vie.

Rêver *gravir une montagne* sans fin et abrupte, avec difficulté, c'est vivre d'une manière pénible et devoir être très patient car sa vie présente exige beaucoup d'énergie. Devoir conduire sur un long trajet prend la même signification d'une vie monotone, ennuyante.

Certains rêves mettent le rêveur *en contact avec les disparus*. Une veuve qui avait beaucoup aimé son mari me disait avoir rêvé à lui après sa mort. Elle le voyait revenir à la vie et il lui disait: « Je m'en viens. » Dans la réalité, elle désirait vraiment que son mari revienne, mais dans le rêve, elle ne le désirait pas car ce rêve est un symbole de problèmes judiciaires, de troubles avec la loi concernant un héritage. Des personnes essayaient de lui dérober de l'argent qui lui revenait de droit.

Rêver qu'un *disparu renaît* annonce des soucis judiciaires, des problèmes financiers. Ces rêves sont très différents de ceux où l'on voit quelqu'un déjà mort, ressusciter et mourir à nouveau, car ces rêves sont alors un symbole de mort physique.

Rêver voir une *personne dans un cercueil* annonce la mort d'un sentiment pour cette personne. Une dame voyait en rêve son mari mort dans un cercueil. Elle croyait vraiment que son mari allait mourir. Ce rêve s'est répété pendant plusieurs mois. Il lui annonçait une séparation, le cercueil symbolisant un besoin de détachement afin de pouvoir conserver son équilibre.

La vue d'un *animal mort,* que l'on aimait, annonce une mort physique car l'animal représente la vie animale qui est en soi. Voir un cheval mort peut annoncer la mort d'un frère bien-aimé. Ce rêve peut aussi se rapporter à la santé du rêveur, tout dépend du contexte du rêve.

En 1972, un de mes frères est décédé. Quelque temps avant, j'avais vu sur une estrade un cheval qui était blessé et qui était mort. Il représentait mon frère exposé au salon mortuaire. Ce rêve avait semé la peur en moi car on dit qu'un animal mort annonce sa propre mort, mais maintenant je sais qu'il peut aussi annoncer la mort d'un être cher.

Rêver de morts

Il est important de faire une différence entre rêver que quelqu'un meurt et rêver avoir un dialogue avec une personne morte dans la réalité. Dans le dictionnaire des symboles, on trouvera la signification des rêves où des personnes décédées entrent en contact avec le rêveur. Ces rêves annoncent habituellement des problèmes, des difficultés mais si l'image projetée du disparu est heureuse, c'est qu'il apportera l'aide nécessaire pour résoudre les difficultés à venir.

Un véritable contact se fait entre le rêveur et la personne décédée. Le mort voit ce qu'il fait, il est conscient de ses problèmes. Il a besoin qu'on lui envoie de bonnes pensées, de bonnes idées, de bonnes vibrations qui peuvent être des prières, de bonnes concentrations. Les morts aiment ceux avec qui ils entrent en contact et ils viennent les protéger.

Je me souviens qu'en avril 1972, j'avais un neuveu qui était très malade. Les difficultés, les complications de l'accouchement l'ont privé d'oxygène pendant une courte période mais suffisante pour attaquer son cerveau. Ce cher neveu vécut dans un état végétatif jusqu'à deux ans.

À cette époque-là, j'ai rêvé à ma mère. Elle m'avait dit, « il va mourir comme Joseph.» Joseph était mon frère décédé quelques mois auparavant. Je me souviens avoir annoncé à la famille ce décès. Les disparus annoncent au rêveur des événements à venir.

Pour être en contact avec les disparus, il faut habituellement se donner un délai de quatre jours. Si l'on remplit toutes les conditions valables, si l'on ne nuit pas à leur évolution dans une autre dimension de vie, ce qui est très important, ils nous apportent un message ou ils viennent nous parler. De plus, à la date d'anniversaire de la mort des disparus, il est plus facile d'entrer en contact avec eux.

Une femme me disait que sa fille était décédée depuis un an et elle était incapable de la voir en rêve. Je lui ai dit de se concentrer fortement pendant quatre soirs, et de mettre comme condition que ce rêve ne nuise pas à l'évolution de sa fille dans une autre dimension de vie. Ce qui fut dit, fut fait et le quatrième soir, elle revoyait enfin sa fille.

Le subconscient répond toujours quand on a la certitude de pouvoir obtenir quelque chose de lui.

Rêves de réincarnation

À l'été 1979, une jeune fille, nommée Danielle, fit un rêve très surprenant, qui lui donne encore des frissons lorsqu'elle en parle.

Deux jours après la mort de sa grand-mère, elle en rêve, elle parle avec elle et cette dernière lui dit, « Danielle, dépêche-toi, ton premier enfant ce sera moi, j'ai hâte de revenir sur terre.» Le lendemain matin, la soeur de Danielle lui dit que la nuit passée, elle l'avait vue assise dans le lit et elle parlait toute seule. Ce rêve explique la théorie de Jung qui dit que nos ancêtres rêvent en nous, c'est-à-dire qu'ils se réincarnent.

Les rêves d'identification sont très importants. Rêver à des héros, des champions, à des personnages historiques, c'est une forme d'identification.

Les croyances forment un chemin vers un devenir et admirer, adorer, c'est déjà un devenir. C'est pourquoi les sociétés ont toujours eu des mythes, des dieux, des croyances. De toutes les époques, de toutes les formes de religion, dans toutes les nationalités, les mythes ont existé en tant qu'aspects positif et négatif. Il y a tou-

47

jours eu un besoin négatif pour faire ressortir le positif. C'est bien important d'être capable de s'identifier et c'est pour ça que le bon Dieu ne veut pas être adoré parce qu'il est un Dieu mais parce qu'il sait qu'on a besoin de l'adorer pour devenir un peu comme lui, pour atteindre sa perfection.

Les rêves où une voix vous parle sont parfois les guides spirituels qui avertissent le rêveur de son degré d'évolution. Ils apparaissent parfois sous les traits d'un sage, d'un vieillard rempli de mansuétude. Ce sont des rêves d'évolution qui se font par des contacts avec des entités dans l'invisible et qui sont je crois, réels. Alors, Dieu a laissé le libre arbitre à l'homme pour développer ou non sa vie spirituelle, pour donner une priorité aux choses matérielles s'il le désire.

Marie Coupal

ABEILLE. En général, l'abeille symbolise la réussite par un travail honnête, sage, et bien structuré si on la voit travailler.
Rêver d'abeilles, pour le cultivateur ou le commerçant annonce la prospérité.
Rêver d'abeilles mortes promet une insatisfaction professionnelle.
Rêver de bourdonnement d'abeilles présage des tumultes sentimentaux ou d'affaires.
Être piqué par une abeille: attaque d'une personne néfaste. Amour mal dirigé.

ABÎME. Symbole de l'inconscient - toutes les profondeurs parlent d'une espèce d'inconscience.
Tomber dans un trou ou dans un endroit profond annonce une maladie ou une période dépressive.
Tomber dans un abîme, pour l'homme d'affaires ou le patron, signifie une perte d'autorité.
Sortir d'un abîme signifie une guérison, une meilleure compréhension d'un problème, de soi-même.

ABREUVOIR. Boire à une source d'eau fraîche et limpide annonce une meilleure santé, un renouveau, le bonheur. L'eau claire, c'est toujours de l'amour qui nous regénère, nous revivifie
Ne pouvoir faire sortir un jet d'eau d'un abreuvoir dénote un manque d'affection ou encore, s'il y a quelqu'un dans sa vie, c'est que l'on n'aime pas cette personne.
Si l'eau est trouble ou remplie d'insectes, on doit faire un choix sur le plan des amitiés; pour le moment, on ne frappe pas à la bonne porte.

ABRICOT. L'abricot frais présage un amour passager, alors que l'abricot séché ou hors saison annonce une blessure d'amour-propre.

ABSINTHE. L'absinthe annonce une séparation, ou de l'affection qui n'apporte qu'incompréhension, qui rend l'âme désabusée, solitaire.

ACCROC. Il annonce une blessure à ego, au prestige, selon le genre de vêtement déchiré: un accroc dans une chemise blanche amène une blessure dans l'amitié, les sentiments, alors qu'un accroc dans un pantalon, c'est une blessure à l'autorité.

ACCOUCHEMENT. Il annonce un nouvel état de vie. Rêver qu'on accouche d'un garçon: succès dans un projet, dans les affaires c'est positif.

Rêver qu'on accouche d'une fille: soumission, sujétion, problèmes, efforts inutiles; c'est négatif.

En général, c'est l'annonce d'une oeuvre en voie de réalisation mais cela dépend du sexe de l'enfant.

Il est important de connaître l'âge de l'enfant. Par exemple, si un commerçant rêve qu'il a une fille de 3 à 4 ans, cela signifie qu'il a des problèmes d'argent depuis 3 ou 4 ans. Ou encore, si l'on rêve que l'on accouche d'un bébé de six mois, aller voir ce qui a germé dans sa vie à partir de ce moment-là pour savoir de quel sujet il s'agit.

Pour une femme qui désire être mère, cela peut signifier un enfant désiré.

Mettre au monde un poisson: état de santé précaire d'un enfant.

Accoucher d'un aigle, c'est l'annonce de la naissance d'un enfant extraordinaire.

Accoucher d'un chat, c'est l'hypocrisie dans l'entourage, l'inconstance d'une personne aimée, l'incertitude dans les sentiments qu'on découvre enfin, et aussi dont on peut se libérer. *V. CHAT.*

ACHAT. Plus le pouvoir d'achat est grand, plus le potentiel de santé, d'énergie est grand, et par conséquent plus sera heureux et épanoui.

Un pouvoir d'achat restreint par des dettes symbolise une santé débile qui empêche la réussite dans la vie sentimentale ou dans le travail.

Désirer acheter une robe rouge et pouvoir se la payer annonce un amour passionné.

Ne pouvoir acheter cette même robe rouge dénote une incapacité à faire une conquête passionnée.

Avoir les fonds nécessaires pour l'achat d'une nouvelle maison annonce qu'on a toutes les qualités requises pour recommencer une nouvelle vie, voire même se marier, si on est célibataire. *V. ARGENT*

ACNÉ. Il signifie une période trouble en amour.

Il annonce un outrage, un affront, des blessures d'ordre sentimental.

Guérir de l'acné: amour, récupération, bonheur.

ACQUISITION. Acheter des fermes, des bâtiments, de la vaisselle ou des meubles en bon état annonce le bien-être et des acquisitions selon son avoir ou ses possibilités.

ACROBATE. Il représente une virtuosité intellectuelle, la capacité d'adaptation et de création car l'esprit humain se développe par l'effort et la présence d'une collaboration surnaturelle.

ACTEUR. L'acteur dans les rêves représente les faux-fuyants, les gens qui se présentent sous un faux jour.
Si on est acteur soi-même, attention à ne pas se jouer la comédie.
Si la pièce de théâtre est gaie, sans être loufoque, et qu'elle ne rend pas les personnages ridicules, cela annonce de la joie, d'heureux moments; par contre si la pièce est triste, c'est un signe de chagrin.
Si les comédiens sont ridiculisés, alors, c'est qu'on le sera soi-même.

ADIEU. Se faire dire adieu annonce la fin d'une relation amicale, sentimentale.
Dire adieu signifie que les gens auxquels nous disons adieu continuent de nous affectionner et ce n'est souvent qu'un au revoir.

ADOLESCENT. Tout comme l'adolescent en crise d'affirmation, on traversera une période de conflit d'affirmation vis-à-vis un projet et c'est positif. L'adolescent, c'est notre prince intérieur qui doit réveiller la princesse c'est-à-dire la capacité d'aimer harmonieusement.
La jeune fille peut symboliser la nuit de nos espoirs ainsi donc, rêver à une jeune fille, c'est être assujetti.
Si cette jeune fille meurt, c'est la fin d'un problème et l'annonce que l'on sera plus combatif à l'avenir.
L'âge de l'adolescent auquel on rêve peut indiquer quels sont ses projets, ses chances de réussite.

ADULTÈRE. Il annonce une rentrée d'argent si vous le voyez chez votre partenaire.
Commettre l'adultère est un rêve de compensation, de refoulement, un manque affectif.

AGATE. Porter une agate est un signe de respect et de fortune. Si on nous en offre une, ce sont les sentiments qui motivent ceux qui la donnent.

AGENDA. Symbole de ses obligations.
Essayer de ne pas être distrait et de tenir parole à ses engagements.

AGNEAU. Symbole d'incapacité à se défendre.
Symbole de tendresse extrême.
Manger de l'agneau annonce une perte d'argent.
Voir un agneau mort: la perte d'une tendre amitié, un chagrin.

AGONISER. Annonce la fin d'un amour, d'un mode de vie.
S'il s'agit de son agonie, on verra les gens, les choses d'une nouvelle façon. Grande métamorphose intérieure.
S'il s'agit d'une personne ennemie, on sera plus heureux dans l'avenir, car cette personne nous deviendra indifférente.
S'il s'agit d'une connaissance, on verra l'avenir d'un oeil tout à fait différent.

AGRICULTEUR. Il annonce une réussite sentimentale, une bonne énergie, un succès sous une forme passive, flegmatique.

AIGLE. En général, l'aigle symbolise le moment présent. Dans les rêves, il devient le patron, la puissance, l'être qui peut protéger.
L'aigle à deux têtes représente le gouvernement.
Chevaucher un aigle apporte la protection, s'il n'est pas agressif.
Apercevoir un aigle: obstruction à ses désirs et commencement de projets importants. Si l'aigle s'envole, ainsi s'envoleront ses difficultés; s'il se pose sur soi, c'est signe de maladie grave ou de sérieuses malédictions pour les hommes ayant autorité.
Être poursuivi par un aigle dans les montagnes annonce des difficultés, la perte d'un emploi, un retard à trouver le travail recherché.
Blesser un aigle: échec par sa faute.
Être écrasé par un aigle: rivalité avec une personne puissante.
Donner naissance à un aigle annonce la réussite d'un projet d'envergure qui nous mettra en évidence.
Pour une femme, accoucher d'un aigle signifie qu'elle peut donner naissance à un enfant exceptionnellement doué.
Rêver qu'un chef d'État chevauche un aigle annonce la perte de cet homme.
Voir un aigle mourir: on assiste à sa propre destruction, à ses échecs.

AIL. Symbole de purification. Les dieux nous protègent envers et contre tous. Dans l'Antiquité, on mettait de l'ail dans les maisons pour se protéger du mauvais oeil, éloigner les mauvais esprits.
Manger de l'ail annonce une purification de l'âme.
Sentir l'ail dit mauvaise réputation.

AILES. Se voir avec des ailes est un signe d'intelligence, de grande souplesse d'esprit, de facilité d'adaptation pour ne pas dire de puissance.

AIMANT. Voir un aimant annonce que l'on sera très prochainement attiré par une personne de l'autre sexe, une personne très séductrice.

AINE. *V. PÉNIS* — même signification.

AIR. Respirer de l'air pur est un présage de rétablissement pour les malades et d'heureux voyages pour les gens en santé.
Une atmosphère grisâtre, un temps brumeux annoncent une période de tribulations, de luttes et de fatigues alors que l'air pur annonce des rencontres heureuses, des contacts intéressants en voyage, des conquêtes que l'on croyait perdues.

AIRAIN. Il représente une union sur des bases spirituelles, gage de résultats concrets et matériels.

ALCOOL. Boire raisonnablement de l'alcool est un signe de bénéfices en affaires, de chance en amour.
S'enivrer au point de ramper ou de dormir sur le parquet présage de grandes difficultés, de grands déboires causés par sa faute.

ALGUE. Elle représente la richesse indestructible venant de son équilibre intérieur.

ALLAITEMENT. Pour une femme pauvre, cela annonce un enrichissement, la prospérité.
Si elle est riche, elle sera dépensière et pourra dépenser toute sa fortune.
Si la femme désire un enfant, cela peut annoncer une naissance.
Si elle est célibataire, c'est l'annonce d'un grand amour.
Pour un homme, être allaité présage qu'il aura des problèmes avec la loi, que ses tourments commencent.
Pour les autres, mauvaise santé, déboires.

ALLIAGE. Il représente une union sexuelle parfaite.
L'alliage annonce parfois une liaison, un mariage, une forme d'association.

ALLUMETTE. Elle signifie l'amour d'un soir.
Réussir à allumer une allumette annonce un amour, une conquête sentimentale.
Éteindre une allumette présage un refroidissement des sentiments.
Allumer un grand feu annonce un débouché, un grand amour, selon ce qu'on allume.

ALOUETTE. Symbole de joie, de gaieté d'esprit.
Symbole de grands sacrifices pour arriver à réaliser ses désirs sur le plan professionnel.
La réalité ne s'allie pas toujours à ses emballements et l'on doit rationaliser ses pulsions sentimentales pour aller vers la réussite.

AMANDE. Manger de bonnes amandes, c'est comme la découverte d'un trésor, d'un amour.

Manger une amande au goût de fiel annonce des actes irréfléchis suivis d'un cortège de répercussions fâcheuses.

AMAZONE. Pour un homme, voir une amazone annonce une domination et une destruction par l'amour, un mauvais choix en amour.

Pour une femme, être une amazone signifie qu'elle croit aimer un homme mais qu'elle le détruit par son agressivité.

AMBRE. Symbole de l'amour inaltérable, d'énergie.

L'ambre conduit l'âme vers Dieu, donne une libération d'ordre spirituel.

Pour l'homme, il est porteur de malchance.

Pour la femme, il est bénéfique.

AMBROISIE. Boire ce nectar annonce une résurrection morale et un changement d'échelle sociale dus à la protection d'un personnage puissant.

Vie intérieure intense.

AMBULANCE. Elle annonce un danger pour la santé, un moment dépressif mais seulement pour quelque temps, car la force de caractère saura contrôler cette période temporairement difficile.

AMI(E). L'ami représente une caractéristique positive de la personnalité qui aide à passer à travers des luttes passagères.

Y rêver peut aussi annoncer l'aide de son ami.

En général, ce rêve signifie son appui dans les périodes difficiles.

Si l'on voit ses amis et ses ennemis ensemble au cours du même rêve, il y a lieu de se méfier car cela signifie qu'on ourdit des machinations contre soi.

Être attaqué par ses amis annonce un déshonneur.

AMPUTATION. Une amputation annonce une stagnation temporaire dans les activités symbolisée par la partie amputée.

Être amputé d'un bras dénote un manque de courage dû à des problèmes sentimentaux ou autres.

Être amputé d'une jambe, c'est une lacune sur le plan sexuel qui se traduit par une inadaptation sociale temporaire.

AMULETTE. Porter une amulette protège contre les ennemis et garde en santé.

Perdre une amulette annonce la fin d'une forme de liberté.

ANCRE. L'ancre représente la sécurité, la stabilité, la fermeté.

Malgré la tempête qui fait rage, malgré l'adversaire qui se manifeste, il n'y a pas à craindre pour son équilibre, du moment qu'il se trouve une ancre dans ce rêve.

Pour la personne mariée qui a le coup de foudre pour une autre personne que son conjoint, ce rêve indique qu'elle aura la force de résister à la tentation de briser son mariage.

ÂNE. L'âne symbolise l'association en affaires.

Il est contraire à la vie spirituelle et représente l'homme tourné vers la vie matérielle, vers les sens (non pas dans un sens péjoratif).

Si l'âne est obéissant et marche d'un pas allègre, c'est positif.

Si l'âne est obstiné et paresseux, il représente alors l'échec, l'obscurité, l'ignorance.

ÂNESSE. L'ânesse représente toujours une aide dévouée, une personne généreuse, toujours prête à aider.

ANGE. L'ange signifie une aide qui vient de soi-même et qui arrive à point. Cette aide conduit à la découverte de soi-même et des autres.

Personnifie parfois un ami protecteur. Mais peut représenter un esprit venant de la Lumière.

ANGUILLE. L'anguille symbolise une dissimulation en même temps qu'une découverte.

Tenir une anguille dans ses mains annonce des succès amoureux, mais il y a possibilité d'une surprise; le bonheur peut glisser entre ses mains.

Ce rêve peut aussi signifier une entreprise réussie, une victoire sur les autres ou sur soi-même, selon le contexte du rêve.

ANIMAUX. Ils révèlent les forces vitales profondes. Les animaux peuvent, par leur caractère et leur comportement, identifier les impulsions, les instincts vis-à-vis d'un problème actuel.

Chevaucher un aigle annonce la protection et l'appui d'un personnage puissant.

Frapper un aigle traduit un besoin de détruire l'ordre établi, destruction dont il faudra subir les conséquences.

La mort d'un animal est un présage sur le plan physique, soit une maladie très grave ou soit la mortalité d'un être cher.

En général, dans un rêve, les émotions excessivement fortes nous concernent personnellement, alors que les moins fortes concernent les autres. *V. LES ANIMAUX CONCERNÉS*

ANKH. La croix ansée, appelée croix du Nil, représente l'immortalité de l'âme.

En rêver indique que notre degré d'initiation nous oblige au secret, tout comme les adeptes de la vérité de l'homme, de sa raison d'être, et que nous aurons percé le voile des mystères d'ici-bas et de l'au-delà.

Cela dénote un grand degré d'évolution spirituelle.

Symbole général de discrétion.

ANNEAU. Un anneau signifie un attachement, une liaison qui sera éternelle et qui amènera, de ce fait, une dépendance.

L'anneau en or annonce une possibilité de bonheur.

En argent, il apportera moins de joie et de la dépendance.

Brisé, coupé, il annonce une liaison basée sur la liberté, ou encore la fin d'une liaison.

ANNÉE. Même signification que « journée », mais elle annonce des projets de grande importance.

Rêver d'un début d'année annonce du succès, des projets de grande envergure.

Rêver d'une fin d'année indique la fin ou l'avortement d'un projet.

ANNIVERSAIRE. En général, un anniversaire représente un moment de souci, d'agitation.

C'est un tournant de la vie, la fin d'un cycle.

APPLAUDISSEMENTS. Des applaudissements signifient que l'on est sensible à la flatterie et que par elle, les gens peuvent nous manoeuvrer. Donc, il faut être moins orgueilleux et moins se préoccuper des qu'en-dira-t-on qui peuvent jouer de mauvais tours.

APPRIVOISER. Savoir apprivoiser représente un être philosophe qui sait se faire aimer et qui réussira dans la vie grâce à sa tolérance et à sa sagesse.

APRÈS-MIDI. Avant trois heures, l'après-midi est un bon présage. Après trois heures, le soleil déclinant, c'est une marque d'insuccès ou de succès mitigé.

Le soir, aucune chance de succès, fin de ses projets.

ARABIE. Climat intérieur conflictuel.

Voir une personne connue ou inconnue ayant les traits d'un arabe annonce la rencontre d'une personne rusée et agressive.

ARABESQUE. L'arabesque annonce une période où l'on aura à affirmer ses qualités d'équilibre et d'intelligence afin de vaincre l'adversité et afin de réaliser un projet important.

En général, c'est le signe d'une grande souplesse d'esprit.

ARAIGNÉE. Symbole de prison intérieure.

Rêver d'araignées représente une situation angoissante à cause d'une personne proche qui nous fait subir un état de sujétion, et une obsession qui use.

Rêver d'une toile d'araignée tendue comme un filet indique que l'on guette une erreur de notre part.

Tuer une araignée annonce que l'on sera victorieux, que l'on sera maître de la situation.

ARBRE. Symbole de la force vitale, de l'arbre de la connaissance, de la vie, de son père, et du mari aussi. C'est l'homme dans la vie d'une femme.

L'arbre vert, plein de fruits et de feuilles, annonce l'épanouissement de la personnalité, de l'affection, de l'amour, du bonheur et de la bonne santé, s'il est situé dans un jardin.

Sec et sans feuilles, il annonce la solitude, l'appauvrissement psychique.

Foudroyé, déraciné, mort, il annonce la maladie pour des êtres chers, des accidents et des mortalités imprévues.

L'arbre seul dans un décor champêtre est un signe de bonheur, de félicité; s'il est entouré de fleurs, d'une fontaine, d'un jardin, il annonce l'amour.

Pour ce qui est des arbres fruitiers, il faut chercher la signification de leurs fruits respectifs.

ARC. L'arc représente le lien entre le succès et l'échec, suivant son adresse à toucher la cible.

L'arc qui se romp annonce un échec, une faillite, ce qui devrait nous inciter à réviser et à planifier nos projets.

L'arc indique aussi les objectifs à atteindre, parfois sur le plan sexuel.

ARC-EN-CIEL. Il indique une période de changements heureux venant transformer la vie du rêveur.

L'arc-en-ciel bien formé annonce beaucoup de chance. Pour le pauvre, c'est un indice très heureux, de grand prestige, de la fin des soucis.

Pour le riche, il doit être vu du côté droit sinon cela annonce des soucis financiers, du déshonneur.

ARCHE. Symbole de sauvegarde.
L'arche annonce toujours un danger imminent contre lequel il faut se protéger.

ARCHER. Un archer indique que l'idéal au travail va de pair avec le désir inconscient de prouver l'habileté à posséder quelqu'un ou quelque chose.

ARCHET. Présage d'instabilité, d'incertitude sur le plan sentimental.

ARCHITECTE. Il annonce une réorganisation de la vie, de nouveaux projets et incite à analyser chaque aspect de sa vie pour ne pas courir à l'échec. Il promet un nouveau départ.
Il faut savoir bien choisir les amours, les amitiés, car elles seront la base, l'échafaudage, les fortifications de la maison que l'on érigera, donc sa nouvelle vie.

ARÈNE. Une arène indique une lutte à mener à bien, lutte dont la cause est un événement imprévu.

ARGENT. L'argent en dollars est chanceux et prédit le succès si le nombre en est 1, 4, 5, 7, 10. L'argent représente la plénitude, les possibilités d'échange, les valeurs qui conduisent à la réussite et l'état où l'on jouit de tous ses efforts.
L'argent indique que l'on a toutes les qualités requises pour atteindre un but.
Être endetté annonce une santé précaire, débile, et signifie qu'on a hypothéqué ses possibilités.

ARLEQUIN. Symbole d'un individu qui n'a pas réussi à se définir. Trop de projets sèment la confusion; il est donc préférable de s'assigner un but juste et précis pour arriver à ses fins et réussir.

ARME. Symbole d'agressivité.
Être atteint par un individu armé, connu ou inconnu, indique que l'on doit chercher à reconnaître son véritable ennemi.
Se faire tuer par une arme, c'est courir à notre perte car une personne s'est juré de nous détruire; elle est un danger pour notre équilibre. Il sera très difficile de se rebâtir.
Avoir l'arme à la main signifie que l'idéal est l'action.
Tirer et faire cible annonce que l'on atteindra l'objectif fixé et que l'on remportera la victoire sur ses ennemis.
L'arme, tel un revolver, peut prendre un aspect sexuel ou indiquer une agressivité causée par des conflits sérieux qui usent le système nerveux.
Avoir peur ou craindre une arme représente un sentiment d'impuissance.
Se sentir visé par une arme annonce un désir sexuel venant d'un inconnu, si on est ému dans ce sens à la vue de l'arme. Tout dépend de l'émotion ressentie dans ce cliché de rêve.

ARMOIRE. Une armoire pleine de victuailles représente une sensualité bien servie parce que l'on est une personne chaleureuse.

Vide, elle annonce la solitude, une perte sentimentale.

Ne pas pouvoir l'ouvrir dénote un problème psychologique, une sexualité insatisfaite et de ce fait, on éprouve le besoin d'être conseillé, encouragé.

ARMURE. Elle représente un instinct de méfiance et de crainte. On se sent visé dans une affaire et on a besoin de se protéger.
En porter une signifie que l'on est craintif.

ART. L'essence de l'oeuvre accomplie représente le genre de réussite à escompter.
Dessiner des fleurs représente une réussite amoureuse.
Sculpter sur du bois, un homme d'État ou autre, annonce la réussite grâce à un appui dans son travail.

ARTIFICIEL. Tout ce qui a une apparence artificielle dans un rêve annonce des amours ou des sentiments artificiels, des espérances vaines, des entreprises insensées.
Voir des arbres avec des feuilles artificielles représente une fausse connaissance, de faux sentiments.

ASCENSION. Elle annonce un projet important en perspective.
La montée est toujours un succès, un avancement, du bonheur.
Monter facilement annonce la réussite sans trop d'efforts.
Avoir le vertige en montant indique que ses capacités ne sont pas à la hauteur de ses ambitions.
Être pris dans les airs sans pouvoir monter ou descendre annonce une angoisse qui empêche ou retarde le succès.
Tomber devient un échec.
Recevoir un objet en montant, c'est beaucoup de chance; en descendant, c'est un peu de malchance.

ASPERGE. Symbole très érotique, elle signifie la sensualité, l'amour.
En déguster annonce le succès, le bonheur en amour.
Cesser d'en manger durant un repas annonce une rupture sentimentale.

ASPHYXIE. Besoin de changer de milieu, de se faire de nouveaux contacts.

ASPIRATEUR. Il représente la nécessité de bien planifier ses dépenses et de bien structurer ses finances. *V. PLANCHER.*

ASSEMBLÉE. Tous les lieux où l'on s'assemble annoncent une période de confusion, de repliement sur soi-même et finalement l'échec.

Rêver constamment de bain de foule signifie qu'il ne faut pas hésiter à laisser tomber un projet, soit sentimental ou autre. *V. CINÉMA, THÉÂTRE.*

ASTHME. Danger pour la santé des voies respiratoires, si on en souffre dans la vie.
Sur le plan psychologique: refus inconscient de l'autorité.

ASTRE. Les astres bien placés annoncent le bonheur, l'harmonie et l'équilibre intérieur. L'astre visité symbolise une force inconnue à acquérir.
Deux astres qui se frappent annoncent un dur moment à passer au point de vue psychologique et dénotent un besoin d'être aidé, d'être aimé.

ASTRONAUTE. Il représente le goût de savoir, dénote une profonde inclinaison à explorer par la philosophie et la science et indique un besoin de chercher le pourquoi et le comment des choses. Un accident spatial, c'est un équilibre perturbé.

ÂTRE. Allumer le feu dans l'âtre, pour une personne mariée, représente le bonheur dans la maison, annonce la naissance d'un enfant. Pour la personne célibataire, c'est l'annonce d'une liaison, d'un amour très grand, très sérieux.
Voir le feu qui flambe, c'est la bonne entente, l'amour sous son toit.
Voir le feu qui s'éteint est un présage de maladie, de mortalité. Pour les malades, c'est un mauvais présage. Pour les amoureux dont les relations sentimentales sont chancelantes, c'est l'annonce d'une rupture.

ATTAQUER. Être attaqué par ses amis est toujours un présage de déshonneur.

ATTERRIR. Résultat d'une démarche. Atterrir c'est l'aboutissement définitif d'une oeuvre, d'un objectif de grande envergure.

AUBERGINE. Représente une personne décevante dont on se lassera très facilement.

AUMÔNE. L'aumône, c'est l'aide qui arrive à point.
Refuser une aumône, c'est l'annonce d'un malheur causé par un esprit bourgeois et hautain, c'est-à-dire par un refus orgueilleux.
Recevoir l'aumône annonce une situation difficile mais aussi de l'aide.
Faire l'aumône indique que notre générosité nous apporte des bénéfices; si l'on est un artiste, on sera adulé.
Recevoir des sous d'un mort annonce toujours un grand profit.

AURORE. L'aurore annonce le début d'une réussite, soit en amour, soit en affaires. C'est toujours heureux.

Le matin, c'est l'éveil de la conscience, une nouvelle compréhension, de nouveaux objectifs. C'est chanceux.

AUTEL. L'autel annonce le sacrifice d'une amitié, d'un genre de vie. Tout ce qui se passe à l'autel prend une dimension éternelle et sacrée.

Pour le célibataire qui se voit devant un autel, c'est l'annonce de son mariage, d'une union. Si la mariée n'arrive pas, il aura une déception majeure.

Se marier à un prêtre, un curé annonce la fin d'une relation, une séparation.

Prier devant un autel annonce un besoin d'aide dans un moment pénible.

AUTOBUS. Rêver d'autobus concerne la vie familiale, matrimoniale, l'adaptation à la société en général.

Monter dans un autobus indique dans quoi l'on doit s'impliquer dans la vie et à quoi l'on doit s'adapter.

Pour la femme, le chauffeur d'autobus représente l'homme de sa vie, celui qui l'influence et la dirige d'une certaine façon.

Pour l'homme, si le chauffeur est un inconnu, il le représente et indique qu'il se laisse conduire par ses émotions; s'il connaît le chauffeur, il est alors énormément influencé par lui. S'il décide de conduire lui-même: réaction positive à s'affirmer et adaptation.

Réaliser que l'on est au mauvais endroit pour prendre l'autobus dénote un manque d'adaptation sociale et signifie que l'on n'est pas à sa véritable place dans la vie.

Chanter des airs gais dans un autobus indique que l'on s'adapte bien à la vie.

Chanter des airs tristes dénote un moment de dépression, de mépris venant de l'entourage.

Manquer l'autobus est un manque d'adaptation au milieu.

Bien conduire l'autobus signifie que l'on contrôle ses émotions et que l'on dirige sa vie avec efficacité.

Ne pas pouvoir prendre l'autobus indique que l'on est mal adapté dans la vie, que l'on n'est pas à sa véritable place dans la société et que l'on se nuit par sa philosophie ou ses désirs irréalisables.

AUTOMOBILE. L'automobile a un rapport direct avec les traits d'individualité du rêveur et donne les tons de son leitmotiv.

En rêve, conduire témérairement, sans tenir compte des signaux routiers, signifie que l'on agit de la même façon dans la vie.

Voir quelqu'un d'autre conduire son auto indique que l'on est soumis à cette personne, que l'on subit son influence.

Voir son moteur flancher ou avoir une panne d'essence annonce une maladie psychique ou physique, un manque d'énergie.

Avoir un accident indique que nos projets entrent en contradiction avec nous-même ou autrui. Parfois rupture sentimentale.

Deux autos qui se frappent représentent un mariage ayant de sérieux conflits, ou annoncent une rupture sentimentale.

Se trouver sur un terrain de stationnement et chercher son auto indique que l'on cherche l'amour, une raison de vivre.

L'auto dont les phares n'éclairent pas indique que l'on doit redéfinir ses objectifs.

L'auto blanche est un présage de réussite; l'auto rouge, d'une passion amoureuse; l'auto noire indique que l'on est pessimiste; l'auto verte, on est rempli d'espoir; l'auto jaune, on est intuitif.

AUTRICHIEN. Il représente une personne qui s'intéresse à la musique classique ou une personne très romantique.

AVEUGLE. Être aveugle, c'est un danger pour les affaires, la santé. Voir mal est un présage de difficultés à gérer ses affaires, ses amours.

Recouvrer la vue signifie que l'on comprend le pourquoi de ses difficultés et indique que l'on est sur la voie de la réussite, de l'épanouissement.

AVION. Symbole sexuel, surtout s'il est rouge; blanc, il représente les affaires en général. Il annonce un projet important mais risqué.

Voler avec une personne du sexe opposé annonce un projet d'amour avec des risques.

Voler trop haut et avoir le vertige, être pris d'angoisse, représentent des ambitions démesurées et irréalisables.

Avoir un accident aérien annonce un échec dans ses entreprises, ses projets; le fait de se trouver dans un avion pour l'adolescent, c'est une prise de conscience de sa sexualité.

Courir après un avion parce que l'on est en retard est un présage d'insuccès dans un projet, causé par sa négligence.

Voir le mot « halte » dans un aéroport indique qu'il est encore temps d'arrêter un projet.

Voir un avion flamber dans le ciel indique que l'on a un projet amoureux très risqué.

L'avion qui n'arrive pas à décoller démontre que l'on désire l'impossible et que l'on n'a pas les moyens de réaliser un projet.

Être agréablement installé dans un avion est un présage de réussite facile, s'il ne tombe pas.

B

BACCALAURÉAT. Rêver de le passer avec facilité signifie la compréhension d'un problème actuel.
Rêver de ne pas le passer indique que l'on n'arrive pas à saisir ou à résoudre un problème du moment. Le sujet de la matière à examen vous indiquera le problème à saisir.

BAGAGES. Les bagages parlent de nos capacités intérieures pour la réalisation de nos ambitions: ils annoncent un désir de changer « de décor » intérieur.
Les bagages que l'on a avec soi parlent de ce qui nous tient bien à cœur.
Avoir de trop nombreux bagages et rater le train annonce que l'on entreprend trop de projets et que l'on ploie sous leur poids.
Oublier ses bagages est un signe d'imprévoyance dans l'élaboration de projets.
Perdre ses bagages annonce une perte de ses moyens intérieurs.
Avoir à la main de vieilles malles et des guenilles indique qu'il faut se reposer et aussi se débarrasser d'idées ou sentiments périmés.
Voir ses bagages encombrés de cadavres, fruits et légumes pourris, signifie que l'on doit se libérer de ses vieilles obsessions car elles entravent notre évolution.

BAGARRE. En général, les rêves de bataille représentent des conflits intérieurs ou extérieurs. Ils sont épuisants et créent une forte tension; il est à conseiller de prendre quelques jours de repos.
Se bagarrer avec un inconnu du même sexe est un signe de dualité; s'il gagne, on en sortira amoindri; si l'on gagne, on surmontera une période de conflits intérieurs.
Se battre avec un supérieur ou un protecteur signifie que l'on détruit ses chances de succès, si l'on a provoqué la bataille.
Se battre avec une personne inférieure et connue et gagner la bataille est un signe de succès, de victoire, d'avancement.

BAGUE. Elle symbolise l'union, l'amour, pourvu qu'il n'y ait qu'une seule bague.
Pour juger de la qualité de l'union, il faut connaître la signification des pierres précieuses qui ornent la bague.

BAGUETTE MAGIQUE. Pour une femme, la chance lui sourit car elle a confiance en elle-même ou encore il y a une conquête sentimentale en vue.

Pour un homme, c'est un signe de succès dans ses entreprises.

BAHUT. Le bahut représente la femme, l'amour; il parle toujours d'une personne libre.

Pour un adulte, s'y blottir dénote une tendance vers un état infantile, un besoin d'être surprotégé.

Le style de bahut représente la qualité de l'éducation, du caractère de la personne aimée, car les meubles en général représentent des sentiments.

BAIL. Il recommande la prudence dans une décision sérieuse qu'il faudra prendre dans un avenir prochain.

BAIN. Se baigner symbolise un renouveau intérieur.

Se baigner dans de l'eau claire, limpide annonce, pour le malade, un rétablissement; pour le solitaire, l'amour; pour les gens malheureux en mariage, un terrain d'entente et de joie.

Se baigner dans de l'eau sale indique le besoin de mettre de l'ordre dans ses sentiments, car on traverse une période de conflits.

Se baigner dans de l'eau chaude est un signe de maladie provenant de tribulations sérieuses dans la vie, de trahisons.

Se baigner dans un fleuve représente un besoin de tendresse comblé.

Se baigner dans la mer annonce une régénération physique, le bonheur, la sagesse.

Le bain sale annonce un nouveau départ, si l'on réussit à nettoyer le bain pour ensuite prendre une bonne douche ou un bain.

Enfin, pour que le rêve soit encore plus heureux, il est primordial de sortir de l'eau avant la fin du rêve.

Si le rêve semble un cauchemar et si l'on s'éveille en sueurs, il faut refermer les yeux et essayer de créer l'atmosphère du rêve et s'imaginer que l'on sort de l'eau; ensuite on prend une bonne douche; c'est une façon de conjurer le mauvais sort.

BAISER. Le baiser signifie aussi bien la tendresse, l'amitié que la trahison.

Un baiser sur la bouche est un signe de court bonheur et d'amour suivi de séparation temporaire.

Sur le front, une attention respectueuse et un signe de tendresse venant d'un protecteur.

Un baiser sur la joue annonce une trahison.

Être embrassé sur la bouche, puis enlacé, ensuite être séparé, annonce toujours une trahison.

Embrasser un mort peut indiquer notre mort.

BAL. Il signifie que l'on sera invité à des sorties mondaines ou que l'on désire l'être.

BALAI. Il peut être un symbole sexuel masculin.

Ce rêve dénote un besoin de se défouler, de se nettoyer intérieurement.

Pour un homme, ce rêve indique qu'il doit dialoguer pour mettre au clair des problèmes qui l'abrutissent intérieurement.

La femme qui tient un balai en main possède son homme.

La femme qui regarde le balai sans le tenir désire vagabonder, se distraire et a besoin de renouveau sentimental. C'est un signe d'indécision sentimentale.

BALANCE. Elle représente la nécessité de peser le pour et le contre.

L'indécision nous met dans un état de nervosité. Il est donc grandement temps d'agir.

BALANÇOIRE. Symbole de l'indécision, dénote un désir de poser un jugement. Il faut cesser de piétiner, de peser le pour et le contre et prendre une décision.

BALCON. Être sur un balcon représente un désir d'être considéré, admiré.

Ne plus avoir de balcon représente un sentiment de dévalorisation sur le plan social ou sentimental.

BALEINE. Tous les animaux sortis de la mer ont rapport aux idées, aux projets issus de notre subconscient.

Pêcher à la baleine annonce une entreprise grandiose.

Être avalé par une baleine représente un besoin de retourner aux sources, d'être rassuré.

En sortir indique que l'on comprend mieux la vie.

Ne pas en sortir représente la forte emprise qu'une personne a sur soi.

BALLON. Pour la femme, voir un ballon rouge annonce l'amour.

Pour l'homme, jouer avec un ballon indique qu'il aimera une femme à la cuisse légère qui volera d'homme en homme.

BANANE. Symbole purement sexuel.

Pour la femme, une banane dans un rêve est un présage de passion vive, saine et confortable.

Pour l'homme, cela dénote une insatisfaction sexuelle, c'est-à-dire un désir sexuel intense à satisfaire.

Une banane belle et bien mûre indique que l'on a trouvé l'élu(e) de son coeur.

Si elle est en mauvais état, il y a insatisfaction.

BANC. S'asseoir sur un banc représente le repas après le labeur. Si le banc est situé dans un jardin ou dans un parc, il signifie un désir de romantisme.

BANQUE. Elle symbolise les réserves d'énergie, tout ce qui est important dans la vie. La banque totalise l'investissement personnel de toute une vie.

Déposer de l'argent à la banque annonce une lente récupération d'énergies et de forces.

Se faire voler son argent est un signe de perte de forces, d'épuisement.

Pour une femme, être caissière et se faire cambrioler à la pointe du revolver annonce le mariage.

BANQUET. En général, assister à un banquet est un présage de conflit dans ses relations sentimentales.

Assister à un banquet nocturne annonce des réunions mondaines, heureuses, mais attention aux commérages car ces réunions ne passent pas inaperçues.

Être attablé à un banquet et cesser de manger au moment où une personne s'approche de nous annonce une rupture avec cette personne ou sa mort.

BAPTÊME. Il symbolise le commencement d'un état de vie différent, un nouvel amour, d'un nouvel espoir.

Le baptême d'un enfant amène la joie, un renouveau profond.

Voir son propre baptême annonce des forces nouvelles.

Le baptême d'un bateau annonce du succès, d'heureux changements, une nouvelle orientation dans la vie.

BARBE. Symbole d'autorité, de puissance, de sagesse.

Pour les hommes publics, porter une longue barbe est un signe de réussite et de prestige.

Pour l'homme sans barbe, rêver qu'il en porte une signifie un désir d'autorité, le besoin de s'imposer par des actes virils.

Pour une femme, cela représente un goût d'autoritarisme, une perte de féminité en rapport avec les circonstances qu'elle doit vivre. Cela peut symboliser un remariage heureux si elle est veuve ou séparée. Cela peut aussi signifier qu'elle concevra un fils. Enfin, si elle a des préoccupations légales, elle s'en sortira avec bonheur et profit.

BARBIER. Être barbier représente une volonté tranchante et intransigeante qui met le rêveur dans une situation d'autorité.

Se faire raser chez le barbier signifie qu'à l'avenir on sera plus tolérant, plus conciliant et que l'on se soumettra à l'autorité d'autrui.

BARIL. Le baril de vin en bon état est un signe de prospérité, de chance en affaires.

Brisé, il annonce des problèmes avec des subalternes.

Le baril d'huile doit nous inciter à plus de souplesse avec l'entourage.

Le baril d'eau propre représente l'affection.

Le baril d'eau sale est un présage de malheur dans les relations sentimentales.

BARQUE. Symbole de l'orientation donnée à sa vie.

La barque symbolise surtout les options intérieures les plus profondes.

Quitter le quai dans une barque signifie un nouveau départ.

Se laisser vaguer sur la rivière calme par un temps ensoleillé est un présage de vie calme et heureuse; si une personne du sexe opposé nous accompagne, alors nous sommes heureux en ménage, notre vie sentimentale est stable.

Être dans une barque et chavirer annonce un conflit sérieux en amour ou en mariage. Rupture.

Attacher sa barque au quai représente la fin d'un amour et la stabilisation d'un nouveau, si le contexte le permet.

Arriver seul sur le rivage est un signe de solitude.

Une barque qui se brise sur un récif annonce l'échec de sa vie actuelle.

BARRAGE. Le barrage représente la concentration des forces, le contrôle des émotions et des biens.

En amour, on garde ce qui est acquis.

BARRIÈRE. La barrière qui obstrue la route est un signe de difficultés à surmonter dans la poursuite d'un projet.

Parvenir à ouvrir une barrière est un signe de réussite dans la vie après une difficulté.

Ouvrir une barrière de jardin pour pénétrer à l'intérieur représente un attachement sérieux en amour.

L'ouvrir pour en sortir annonce la fin d'une union.

BASSE-COUR. Elle indique une bonne sécurité financière et amène une vie sociale entourée de gens matérialistes attirés par l'appât du gain.

BASSIN DE CHAMBRE. L'homme qui en rêve peut tomber amoureux d'une femme inférieure à sa condition et un enfant peut naître de cette liaison.

Ce rêve peut simplement annoncer un flirt.

BATEAU ou NAVIRE. Symbolise notre « moi », nos aspirations intérieures, nos buts à atteindre.

Le bateau qui traverse la mer symbolise la traversée de la vie pour arriver à la mort.

Le bateau qui navigue facilement, par un temps calme, annonce une vie heureuse, sans grands problèmes.

La personne qui est avec nous à bord représente celle qui a le plus d'importance dans notre vie présentement.

Quitter le quai et s'embarquer sur une mer houleuse est présage de problèmes surtout si des nuages sombres apparaissent.

Être sur un bateau quand la tempête fait rage témoigne d'une vie difficile à contrôler et annonce des problèmes majeurs.

Partir en bateau avec une personne du sexe opposé signifie que l'on a choisi cette personne pour nous accompagner dans la vie.

L'eau annonce des changements radicaux puisqu'ils se font au niveau du subconscient.

BÂTON. Avoir en main un bâton est un signe d'autorité et dénote de la facilité à mater les difficultés.

Recevoir des coups de bâton annonce une perte d'argent.

En donner indique une bataille qui, si on en sort vainqueur, amènera des gains en affaires.

Découvrir un bâton sur son chemin représente une amitié protectrice.

BEAUX-PARENTS. Symbole de conflit en ménage ou en amour. Même s'ils sont affables et conciliants, rêver aux beaux-parents est un signe de disputes en perspective.

BÉBÉ. Rêver de bébé, c'est mettre au monde un projet, amorcer une carrière, un amour.

Le beau bébé vigoureux représente des tentatives couronnées de succès.

Bébé inconnu: souci et insuccès.

Chétif et malade, il annonce des agitations, des échecs, de la peine.

Jouer avec un bébé est un présage de joie, de bonheur dans un projet.

La mort d'un bébé annonce la fin d'une aventure ou parfois la fin d'un problème. *V. ENFANT.*

La jeune femme désirant un enfant verra son désir comblé.

BÉCASSE. Elle représente une femme sotte, insipide, ayant un caractère agressif.

BÊCHE. Symbole phallique positif d'évolution.

BEIGE. C'est une couleur chaude, douce qui dénote une belle adaptation à la vie, aux événements.
Dans un rêve, tout ce qui est beige représente une vie calme et sereine.

BELETTE. Elle symbolise l'angoisse.
Elle représente une personne curieuse, malsaine, déplacée. C'est habituellement une femme dangereuse, mesquine et rusée qui apporte des angoisses.
Si la belette s'éloigne, c'est la fin d'une période trouble.

BÉLIER. Il représente une personne de prestige, un chef d'entreprise, ayant un caractère princier, autoritaire et enthousiaste. Il est bon d'être l'ami, l'allié de cette personne, l'on profitera de son influence, de son statut.
Côtoyer un bélier sur un chemin facile annonce une victoire, une protection puissante et constante.
Être attaqué par un bélier est un présage de difficultés inattendues causées par un ennemi haut placé et combatif.

BÉNÉDICTION. Être béni par un inconnu signifie que grâce à sa sagesse, sa philosophie, l'on traversera aisément les périodes difficiles.
Bénir, c'est transmettre la force cosmique à quelqu'un qui a besoin d'encouragement, car c'est pressentir les périodes de luttes chez autrui.

BÉQUILLE. Elle représente l'aide que l'on attend ou que l'on donne.
Supporter quelqu'un avec une béquille signifie que l'on aidera quelqu'un.
Être soutenu par une béquille indique que l'on aura besoin d'aide.

BERCEAU. Le berceau concerne toujours la vie intérieure, l'évolution sur le plan de l'âme.
L'enfant qui gémit dans un berceau dénote un matérialisme exagéré et un manque d'intérêt pour le spiritualisme.
L'enfant rayonnant de bien-être signifie que l'on a une belle force psychique.
Le berceau vide représente une vie artificielle, monotone et sans travail évolutif de l'âme.

BERGÈRE. Ce rêve annonce toujours un amour passionné, romantique, exceptionnel tout en étant simple.

BEURRE. C'est un signe de richesse, de profit assuré. Manger du pain beurré indique que l'on profitera encore plus largement de la vie.

BICYCLETTE ou MOTOCYCLETTE. L'habileté à circuler avec ce véhicule représente une aptitude à garder son équilibre intérieur ou annonce le désir d'un flirt.

Pour l'homme sur le point de conclure un contrat, circuler en motocyclette est un présage de gains, de bons achats, de bonnes transactions.

Tomber de bicyclette représente un manque d'équilibre psychologique momentané.

BIJOUX. Faire étalage de ses bijoux représente une satisfaction d'amour-propre; c'est un signe de sécurité et de jouissance des biens matériels ou sentimentaux.

Se faire offrir un anneau, un collier ou un bracelet serti d'un diamant ou d'une pierre précieuse annonce un amour sans partage, le mariage. *V. PIERRES PRÉCIEUSES.*

BILAN. Le bilan indique que l'on pèse le pour et le contre et qu'il est nécessaire de faire un bilan de sa situation, à tous les points de vue.

BILLET. Il représente les forces dont on dispose, la capacité à s'adapter à la vie. Il est un permis accordé à l'adaptation en société. Le chauffeur ou contrôleur qui poinçonne le billet représente le rêveur et indique que l'on sonde ses forces pour savoir si on peut ou non prendre une nouvelle orientation.

Ne pas obtenir de billet signifie que l'on n'a pas le comportement voulu pour mener à bien ses aspirations.

Payer son billet signifie que l'on a les qualités nécessaires pour réaliser et mener à bien un projet.

BLANC. Symbole de la perfection, de l'innocence, de la résistance, enfin la couleur de la pureté.

En rêve, tous les objets blancs prendront ces significations.

BLÉ. Le blé en gerbes annonce, pour l'avenir, le succès dans ses efforts.

Moudre du blé annonce un grand succès immédiat en amour ou au travail, tout dépend du contexte du rêve.

Le blé mûr indique que le moment est venu de récolter le fruit de ses efforts.

BLESSURE. Le rêveur est concerné même s'il est représenté par une autre personne ou un animal.

Une blessure physique annonce une souffrance de l'âme; le membre touché indique la nature des refoulements, de la peine.

Une blessure qui saigne annonce une perte de forces nerveuses.

Une blessure à la main droite présage d'un endettement futur.

Voir guérir une plaie annonce des ennuis, des difficultés de courte durée, même de l'indifférence à une frustration.

BLEU. C'est la couleur de l'esprit, de l'intellect, de la transparence et de la féminité.

Le bleu pâle représente un idéal romantique, la tendresse, des sentiments intellectualisés.

Le bleu foncé symbolise le mystère, l'inconscient.

BOEUF. Voir des boeufs gras annonce l'abondance, la richesse; maigres, ils signifient la pauvreté.

Voir un troupeau de boeufs paisibles est signe de prospérité en affaires.

Voir un troupeau de boeufs furieux annonce des problèmes incontrôlables qui prendront de l'ampleur.

Voir des boeufs attelés à une charrue et qui labourent est signe d'autorité et de contrôle des affaires.

Les boeufs blancs représentent l'honneur acquis par le travail et la dignité.

Les boeufs noirs annoncent une déception sentimentale.

Les roux représentent un amour passionné.

La signification est différente selon que l'on voit ou déguste un boeuf.

Manger du boeuf cru est signe d'une peine cuisante ou d'une perte d'argent; à juger d'après les symboles personnels du rêveur.

Manger des viandes ou du boeuf frais, bien apprêtés, annonce des joies à venir, grâce à un sens juste de l'amour et de l'amitié.

BOHÉMIEN. Il indique qu'il faut chasser la monotonie, chanter, rire, être spontané.

BOIRE. Boire de l'eau fraîche représente un besoin affectif comblé.

Boire de l'eau glacée annonce une passion amoureuse.

Boire de l'eau chaude, c'est signe de maladie, d'échec dans des projets.

Boire du vin représente un sentiment amoureux et ce dernier est partagé si on le boit en compagnie d'une personne du sexe opposé.

Boire de l'huile annonce un danger causé par un ennemi.

Se désaltérer à un cours d'eau est un signe d'amour, de meilleure santé, tout dépend de son état actuel.

Ne pas pouvoir se désaltérer représente un état de santé chancelant causé par un manque affectif.

BOIS (forêt). Se promener à travers les bois symbolise une incursion dans l'inconscient et signifie que notre vie est trouble et désorganisée. Un désir d'une vie plus naturelle est recherché.

Apercevoir une clairière où le soleil brille à travers les arbres annonce une nouvelle façon de se réaliser et de solutionner les problèmes actuels.

Voir un bois dont les arbres sont sans feuilles annonce une période de grande solitude et de grandes fatigues morales.

BOITER. Le sens psychologique du mot boiter représente une tendance à la névrose. Il faut se distraire.

Sur le plan des affaires, cela signifie des entreprises allant clopin-clopant.

BOLIDE. *V. AVION.*

BOMBARDEMENT. Il signifie qu'à la suite d'un choc, il y a une guerre sur le plan intérieur. Il faut sourire à la vie et se débarrasser d'obsessions; la paix de l'esprit, c'est aussi pour soi.

BOMBE. Elle annonce un danger pour l'équilibre.

On est dans une situation difficile à contrôler, soit à cause d'une nouvelle ou soit à cause d'un sentiment destructeur inattendu.

BOSSU. Voir un bossu est un signe de chance.

Être bossu est un signe de malchance.

BOUCHE. Symbole sexuel féminin.

La bouche ouverte en « O » est un appel de détresse.

Recouverte de l'index, elle invite à la discrétion.

Entrouverte, elle est un appel à l'amour.

BOUCHER. Il annonce des périls, des dommages et indique que l'on sera manipulé sans scrupules.

Pour la femme, le boucher représente l'homme de sa vie et ce dernier manque de sensibilité et ne se préoccupe pas de sa santé.

Pour l'employé(e), ce rêve indique qu'il sera timide et subira une autorité intransigeante et aura de moins en moins confiance en lui (elle).

Voir un boucher indique qu'un homme nous exploite.

BOUCLE D'OREILLE. En porter annonce une aventure sentimentale.

En acheter représente un désir de séduire.

BOUCLIER. Il indique un désir de protection. On est craintif et on désire être protégé constamment dans une affaire.
Pour l'homme, il annonce une femme qui le protégera et l'épaulera. Le bouclier richement orné représente une femme qui sera très riche du moins intérieurement.

BOUE. Elle annonce des difficultés provenant d'un marasme intérieur et de conflits inconscients.
Se traîner dans la boue est un signe d'immoralité notoire, d'une réussite due à des relations malhonnêtes, basses.
Tomber dans la boue signifie une mauvaise organisation sentimentale suivie d'une débauche dépressive.

BOULANGER. S'il nous donne du pain, il représente l'ami porteur de chance, de santé et d'amour ou encore l'amoureux généreux et bénéfique.

BOULEAU. Il signifie la chance, un nouveau cycle de vie.

BOURGEON. Il annonce toutes les chances de réussite pour un nouveau projet.

BOURREAU. Il représente le bourreau qui est en soi; on veut se défaire d'un défaut, supprimer une idée, une manie, une obsession, mais cela peut signifier aussi un symbole extérieur de souffrance provenant d'une relation.

BOUSSOLE. Elle représente une personne de bon conseil qui peut avoir une influence bénéfique sur l'orientation de notre vie.

BOUTEILLE. Symbole féminin, c'est vous madame.
Pour l'homme, elle représente la femme.
Une bouteille vide signifie un besoin de chaleur humaine.
Pour la femme, une bouteille de vin pleine signifie qu'elle est amoureuse; pour l'homme, il est aimé d'une femme et il n'en tient qu'à lui de partager cet amour.
Une bouteille contenant des médicaments annonce un moment difficile à passer au point de vue santé, nervosité.
Prendre des médicaments annonce la guérison.
La bouteille de bière annonce le règlement d'affaires fructueuses.
La bouteille peut avoir une signification mystique: bouteille de la science, porteuse d'élixir.

BRACELET. Symbole d'union.
Le bracelet en argent, s'il est fermé, est un signe de sujétion, de dépendance en amour.

En or, surtout s'il est ouvert, il représente la liberté dans une association amoureuse.

Porté à la cheville, il indique une forme d'esclavage sentimental.

Porté au bras droit, il annonce un mariage.

Porté au bras gauche, il indique un amour caché, inconventionnel.

BRAS. Il symbolise le courage, le secours donné, le pouvoir reçu, l'action bien dirigée.

Se casser un bras annonce la perte de ses moyens qui amènera l'inaction momentanée.

BRASIER. Le brasier allumé, flambant est signe d'amour. Éteint, il annonce une rupture, la fin d'un sentiment amoureux.

BREBIS. Symbole de tendresse.

Voir un troupeau de brebis paître paisiblement dans un champ d'herbes grasses est un signe de tranquillité, de puissance, d'aisance.

Ses projets seront couronnés de succès, on gravira l'échelle sociale. On demeure en autorité.

BRONZE. Il annonce une maladie très sérieuse ou la mort pour la personne transformée en bronze, tout dépend de son état de santé actuel.

BROUETTE. Elle signifie la puissance de l'homme, à partir de forces cosmiques, à diriger son destin.

La brouette renversée annonce une contradiction dans un projet.

BROUILLE. Elle indique qu'une réconciliation s'impose.

BROUSSE. Voyager dans la brousse signifie une incursion dans son inconscient.

Sortir de la brousse annonce la fin des soucis.

BRUIT. Il signifie un espoir déçu.

Entendre un gros bruit annonce toujours une mauvaise nouvelle.

BRUME. C'est un signe de difficulté à résoudre un problème.

BRUN. C'est une couleur chaude, simple, qui apporte une vie de famille saine, confortable, naturelle, sans passion et sans extravagance.

BÛCHE. Elle apporte la chance, l'amour.

Une bûche qui flambe signifie une passion.

BÛCHER. Brûler sur un bûcher indique que l'on transcendera.

Les jeunes filles et jeunes gens brûlant ainsi auront une passion amoureuse.

Les malades et indigents reprendront du poil de la bête, immédiatement.

BUIS. Il annonce une aide qui arrive à point.

Une branche de buis amène un renouveau psychologique.

Tenir une branche de buis signifie, pour la femme, protection et amour; pour l'homme qui tombe amoureux, une femme légère, trompeuse et inconstante.

Pour les affaires, c'est un signe de protection.

Pour les malades, c'est un signe de guérison physique ou psychique.

BULLDOZER. Il signifie qu'un projet jugé impossible sera réalisable.

On aplanira les obstacles, les rivaux, on défiera tous les dangers et on réussira.

BUREAU. Le bureau représente le milieu de travail.

Un bureau seul dans une pièce indique une fébrilité intellectuelle.

Juger et examiner ce qui se passe dans un bureau est un rêve qui concerne les événements à venir dans le contexte du travail.

Le bureau de chambre représente un sentiment amoureux, déjà là ou à venir.

Un beau bureau de chambre moderne ou de style annonce un amour valable.

Un vieux bureau de chambre bancal n'annonce rien de prometteur, rien d'épanouissant sur le plan des sentiments. *V. PROFESSION, TRAVAIL.*

C

CABANE. Une cabane à la campagne représente un besoin de solitude.
Si elle est délabrée, on répare son intérieur, on traverse une période de méditation, d'introspection.

CABARET. Il symbolise des amitiés douteuses, peu recommandables, incompatibles au bonheur.

CABAS. Il symbolise les dépenses exagérées.

CABINET D'AISANCES. Il parle toujours de questions financières.
Ce qui doit être rejeté par la chasse d'eau indique ce qui fatigue le moral.
Le voir propre annonce une réorganisation des finances, ou une attente.
Le cabinet rempli d'excréments est un signe de chance pure et d'argent.
Faire partir la chasse d'eau annonce une rentrée d'argent à ceux qui ont des problèmes financiers.
Voir de la viande crue avec des excréments annonce une période de procédures judiciaires, des peines sentimentales, mais on oubliera vite ses soucis, car ces difficultés rapporteront l'argent.

CÂBLE. Il symbolise des efforts acharnés, couronnés d'une réussite.
Réussir à monter jusqu'en haut du câble annonce une réussite totale dans sa profession.

CABRI. Il indique un grand besoin de liberté.

CABRIOLET. Il prédit de bons moments en amour.

CACHER. Ce rêve exige une analyse sérieuse afin de découvrir nos véritables peurs, nos complexes. Notre état d'esprit ne nous permet pas de dire notre opinion, de faire face à nos obligations.

CACTUS. Il symbolise une personne solitaire, agressive et froide nécessitant peu d'affection.
Se piquer à un cactus représente une personne agressive dans l'entourage.
Voir des gens que l'on connaît se piquer à un cactus représente notre agressivité.

CADAVRE. Le cadavre, découvert dans une malle, une cave, etc., c'est le poids d'un échec professionnel ou d'un déboire sentimental que l'on ressent encore, donc un manque d'assurance, on éprouve un refoulement qui brime l'évolution.

Le cadavre signifie aussi un système de valeurs périmées; ce rêve est bénéfique si on peut diagnostiquer le poids mort en soi et s'en départir.

CADEAU. Faire un cadeau, c'est se faire des amis sincères.

Recevoir un cadeau indique que les entreprises prospéreront, surtout si le cadeau provient de personnes haut placées.

CADENAS. Le cadenas indique de ne pas s'immiscer dans les affaires d'autrui car on n'en récolterait que disgrâce.

CADRE. Il symbolise ce qui fait le cadre et la stabilité de notre vie présente.

Un cadre plein représente une vie heureuse, stable.

Un cadre vide annonce l'échafaudage d'une nouvelle relation sentimentale ou un moment de solitude.

Décrocher un cadre représente un désir de se défaire d'un contexte de vie sociale ou matrimoniale et peut même annoncer une séparation.

CAFARD. Il annonce un moment d'anxiété. Il représente une personne de l'entourage qui nous causera des ennuis par ses paroles désobligeantes.

Voir le cafard s'éloigner ou le tuer indique que l'on sera facilement libéré de cette personne.

CAFÉ (breuvage). Symbole de transaction financière à conclure.

Le thé a la même signification mais avec un sens plus social.

Le café-terrasse annonce des relations plus ou moins épanouissantes, plutôt problématiques.

Désir de flirt.

CAGE. Elle concerne tout ce qui est dans la cage du coeur.

La cage fermée, vide est un signe de solitude car on refuse l'amour par un comportement erroné.

La cage vide et ouverte signifie la solitude.

La cage fermée avec un oiseau à l'intérieur, c'est l'image d'un amour très possessif.

CAILLE. Voir des cailles annonce des ruptures entre amoureux, des moments de discorde entre amis et des procès.

Pour ceux qui projettent un voyage, en voir annonce qu'il sera ennuyeux et semé d'embûches.

Pour les malades, en voir indique que la santé ne s'améliorera pas, à moins de les tuer ou de les voir disparaître.

CAILLOU. L'état le plus grossier et primitif d'un sentiment en amitié ou en amour.

Le caillou poli est déjà une amélioration d'une relation.

Le caillou est très magnétique malgré tout. Il est un véhicule de vibration intensément bonne ou mauvaise selon l'usage qu'en fait la pensée de chacun.

CALENDRIER. Symbole du temps comme la montre.

Voir un calendrier avec une date encerclée représente un rapport entre cette date et un événement attendu ou un problème obsédant.

CALIFOURCHON (à). Être à califourchon signifie que l'on est décidé à être entreprenant en amour.

CALUMET. Il symbolise la collectivité et représente l'âme humaine au centre de son univers.

Fumer un calumet de paix, c'est une communication avec Dieu, une requête aux forces suprêmes, une imploration, une prière pour atteindre la paix intérieure.

CALVAIRE. Voir un calvaire sur le bord du chemin annonce une période pénible mais nécessaire à notre évolution spirituelle.

S'y trouver, c'est une épreuve que l'on surmonte; à nous de juger comme d'après le contexte du rêve.

CAMÉLÉON. Il représente une personne versatile à caractère irascible.

CAMÉLIA. Il représente une passion douce et romanesque.

CAMION. Il représente toute la vie sentimentale, la motivation à réaliser un grand amour.

Conduire et être coincé dans un accident annonce une rupture.

Pour un homme, conduire un camion sans accident, agréablement, dénote une stabilité amoureuse.

Pour une femme, voir arriver un homme en camion, c'est l'annonce d'un amour durable.

CAMPING. C'est un goût de liberté, d'aventures qui amènent beaucoup de mouvements sentimentaux. On peut être taxé de manquer de continuité amoureuse, ce qui peut être pris en bonne ou en mauvaise part selon le besoin de vivre présent.

Le camping: une situation passagère.

CANARD. Il annonce une fausse nouvelle, des commérages.

En voir cancaner annonce un conflit causé par des commérages.
Voir un couple de canards est un signe d'union, de fécondité.

CANCER. Le cancer, c'est une peine qui use les forces psychiques autant qu'un cancer.
Mourir d'un cancer, c'est l'oubli total d'une peine.

CANDÉLABRE. À trois branches, il annonce un amour passager. À cinq ou sept branches, c'est un amour exceptionnel, un amour dans ce qu'il y a de plus beau, de plus épanouissant.

CANICHE. Il symbolise l'ami fidèle.
Le chien blanc représente un ami gai et du bonheur, de la fidélité. Noir, un ami triste et même la trahison.

CANIF. Il signifie que l'on est agressif, un peu révolté.

CANNE. Elle symbolise l'homme dans sa sexualité.
La finesse ou la robustesse de la canne représente la qualité de l'homme, de ses relations avec les femmes.
Pour l'homme, casser sa canne annonce une rupture sentimentale et la perdre, une impuissance sexuelle.

CANOË. Il dénote un désir de vacances, d'aventures et même de danger.
Dévaler des rapides en canoë est un signe de vie sexuelle, sentimentale périlleuse, tout dépend comment vous vous en sortez dans ce trajet périlleux.

CANON. Le canon, c'est de la facilité pour la réplique; on ne nous met pas en boîte facilement.
Le canon qui fait feu est un signe d'agressivité, une forme de puissance.

CANOT. Le canot apporte l'aide nécessaire au moment opportun.

CAOUTCHOUC. Il symbolise la gloire, la réussite, la victoire dans l'adversité.

CAROTTE. Symbole sexuel masculin.
Exemple: avoir trois carottes à manger dans son assiette annonce un amour passager.

CARQUOIS. Plus le carquois contient de flèches, meilleures sont les chances de s'affirmer.
Le carquois vide est un signe de timidité, de manque de confiance en soi, contrairement à son potentiel.

CARRÉ. Symbole du réalisme, de l'équilibre, des ambitions réalisables et représente, comme le chiffre 4, la stabilité dans la réalisation d'un projet.

CARREFOUR. Il annonce une période d'indécision car plusieurs possibilités s'offrent à nous, il faut se décider; l'important est alors de faire un choix.
Moment d'introspection important.

CARROSSE. Pour la femme, ce que le carrosse contient représente un événement de sa vie.
Pour l'homme, il représente la protection maternelle.
Sortir du carrosse est un signe d'affirmation de la personnalité, de libération intérieure.

CARROUSEL. Il signifie que l'on tourne en rond au sujet d'un quelconque projet, que sa vie soit rangée ou dissipée.

CARTES À JOUER. Se faire tirer aux cartes est l'indice d'une inquiétude au sujet de sa vie présente.
Jouer aux cartes et gagner est un signe de chance.
Les cartes, en rêve ou dans la vie, ont généralement la même signification.
Le pique annonce des luttes.
Le trèfle, c'est de l'argent, la chance, les opportunités.
Le carreau représente les idées, les projets.
Le coeur signifie l'amour.

CARTE GÉOGRAPHIQUE. Elle signifie la planificatin d'un voyage.

CASCADE. Elle représente une philosophie épicurienne. On puise ses forces dans l'amour.

CATAFALQUE. Le catafalque, dans une église, annonce la fin d'un sentiment, d'une manière bête et équivoque, une période excessivement triste.

CAVALIER. Il annonce la protection et apportera des nouvelles.

CAVE. La cave représente un voyage dans l'inconscient.
Tout ce que l'on voit dans la cave représente ce dont on commence à prendre conscience.
Y patauger, si l'eau est sale, représente des émotions trop fortes causées par des troubles sentimentaux.
Découvrir des squelettes dans une cave signifie que l'on n'a pas encore oublié soit un décès, soit un amour et que sa santé en souffre; il faut se distraire afin de revivre.

Voir dans une cave un beau chien blanc ou brun pâle annonce la découverte d'un amour sincère et durable.

Pour que ce genre de rêve soit bénéfique, il est important de sortir de la cave avant le réveil afin de voir clair dans sa situation présente.

CAVEAU. Symbole de l'inconscient.

Il a le même symbole sexuel que l'armoire.

Il annonce ce qui commence à pointer consciemment dans la vie sentimentale.

Descendre dans le caveau et en remonter avec de bonnes choses est un rêve bénéfique.

On prend vraiment conscience du message de ce rêve si l'on réussit à sortir du caveau avant la fin du rêve. *V. ARMOIRE, SILO.*

CAVERNE. Elle symbolise une incursion dans le passé.

Entrer dans une caverne indique un besoin de faire une expérience afin de pouvoir continuer à vivre d'une façon efficace. C'est aussi l'impuissance à contrôler une angoisse et il faut retourner dans le passé afin d'en connaître les causes.

CEINTURE. S'acheter ou se parer d'une ceinture annonce une association amoureuse.

L'enlever, c'est un acte de libération.

Si elle nous sied bien, c'est un signe d'association bien assortie.

La couleur de la ceinture représente la qualité de l'association amoureuse à venir.

La femme qui se voit avec une ceinture bleue pâle cherche un amour idéal; avec une ceinture noire, elle renonce à un amour; avec une ceinture en or, c'est un amour épanouissant.

Se serrer la ceinture dans un rêve annonce une période d'économie.

CÉLERI. Il symbolise la jeunesse éternelle.

CENDRIER. Rempli de cendres, il signifie la nostalgie, les regrets inutiles.

Avec une cigarette allumée, il annonce l'amour et avec une cigarette éteinte, la fin d'un amour.

CENTAURE. Sa vue en rêve vous oblige à contrôler l'instinct par l'esprit, ainsi vous obtiendrez succès et vie heureuse.

CENTRE D'ACHATS. Moment d'évasion en amour. Recherche sentimentale qui dénote de l'insatisfaction.

CERCLE. Il symbolise un cycle complet, la plénitude, un temps dans la mutation terrestre.

Se trouver au milieu d'un cercle représente l'équilibre retrouvé. Selon le contexte du rêve, le cercle peut annoncer un temps révolu ou l'apogée d'une forme de vie.

CERCUEIL. En général, voir une personne dans un cercueil annonce la fin d'un sentiment, une rupture avec cette personne. Ce rêve annonce la mort de cette personne seulement si on la voit morte, puis ressuscitée et morte de nouveau.

Se voir dans un cercueil annonce un changement. On doit rejeter ce qui est mort, périmé en soi ou indique un arrêt temporaire de travail, si on est épuisé. Besoin de réorganiser sa façon de vivre.

Faire son cercueil est un signe de délivrance, de liberté.

Voir des funérailles annonce un amour, un mariage.

CERF. Symbole de tristesse.

Le cerf bien disposé est un signe de victoire dans les pires difficultés. Être blessé par un cerf représente un manque de contrôle de soi en rapport avec les événements extérieurs, ce qui mettra le rêveur en état d'infériorité.

Tuer un cerf annonce un héritage.

Le chasseur indique qu'il ne faut pas se lancer dans un commerce illégal car on en subirait les dures conséquences.

Pour une femme, la vue d'un cerf l'expose à l'adultère.

En général, les animaux sauvages, dans un rêve, sont contraire à nos intérêts.

CERISE. Elle signifie une santé robuste, un amour passionné mais éphémère.

CHACAL. Le chacal est un signe de passions ou de désirs non contrôlés, on est avide et coléreux.

Entendre hurler un chacal est un signe de malheur.

CHAÎNES. Les chaînes de geôliers représentent les sentiments dont on ne peut se défaire, des désirs irréalisables ou des difficultés imprévues.

Être enchaîné, c'est être dans l'impossibilité d'agir à sa guise, soit à cause d'un sentiment, soit à cause du travail.

Recevoir des chaînes est un signe d'encouragement, de consolation mais pour les riches, c'est un mauvais présage. *V. PRISON.*

CHAIR HUMAINE. Manger de la chair humaine d'une personne connue annonce un décès.

Manger de la chair humaine d'un inconnu annonce des gains et des bénéfices.

CHAISE. Voir une chaise est signe de grande fatigue.

Être assis sur une chaise indique que c'est le moment propice pour prendre une décision avant qu'il ne soit trop tard.
Voir deux chaises, c'est être harassé, indécis; il faut agir sinon on sera malade.

CHAISE BERÇANTE. Se bercer représente une période de calme, de détente sentimentale, de bonheur.
Osciller violemment en se berçant puis basculer annonce une rupture provoquée par des excès de confiance.

CHAMBRE À COUCHER. Elle a trait à la santé ou aux amours.
La chambre à coucher décorée de tentures et d'édredon rouges annonce un amour passionné.
La chambre sans lit ou avec un lit défait représente un besoin de repos ou de se changer les idées.
Le lit bien fait, c'est le bonheur assuré, l'amour, la santé.
Une chambre bien meublée avec luxe signifie une vie sentimentale heureuse et confortable.
Une chambre vide, sans meuble, représente une vie sans amour, une période d'attente sentimentale. *V. LIT.*

CHAMEAU. Le chameau annonce des voyages.
Le chevaucher indique que l'amour que l'on nous porte nous permettra de surmonter une longue période de difficultés.
En tenir un en laisse représente une grande force qui nous aidera à vaincre la solitude ou l'adversité.
Monter à dos de chameau annonce la réussite dans un projet ébauché, grâce à la patience.

CHAMP. Moissonner aux champs annonce que l'on récoltera le fruit de ses efforts et que l'on sera prospère.
Labourer, c'est se mettre en valeur et pour les gens à la recherche de l'amour; c'est l'annonce d'une conquête sentimentale, d'un mariage.
Un champs couvert de souches, en friche, représente l'ignorance, une période morne, même si le potentiel est là.
Un champ labouré, c'est attendre le résultat de ses efforts.

CHAMPIGNON. Il dénote un désir d'aventures.
Les champignons venimeux annoncent un amour excessivement malheureux.
Psychédéliques, ils annoncent un amour trop frivole.
De fins gourmets, ils indiquent que l'on goûtera à la volupté.

CHANDELIER. Il symbolise l'amour.

À trois branches, il représente une liaison heureuse mais éphémère. À cinq ou sept branches, il signifie le bonheur, la réussite en amour.

CHANT, CHANTER. Le chant représente les états intérieurs, heureux ou malheureux à venir.

Chanter soi-même une mélodie triste, morose, est un présage de soucis, de déceptions; un chant gai annonce des joies à venir.

Chanter en labourant est un signe de bonheur par une vie rangée et loyale.

Chanter en marchant annonce de la satisfaction dans l'existence.

Chanter dans un lieu public annonce une perte de considération, le déshonneur, à moins d'être un chanteur professionnel.

Entendre chanter un cygne signifie qu'il est temps de prendre soin de sa santé, car le cygne ne chante qu'avant sa mort.

Entendre chanter un inconnu annonce de la peine.

Entendre chanter quelqu'un du sexe opposé annonce un moment agréable à venir, si le chant est gai.

CHAPEAU. Symbole d'identification sociale; le couvre-chef, c'est le comportement, la caste.

Le haut-de-forme indique une personne prétentieuse.

Un chapeau trop petit indique que l'on se sous-estime.

Trop grand, il indique que l'on se surestime.

Le chapeau de bonne grandeur, qui convient à notre costume, indique que nos attitudes sont parfaitement ajustées à notre statut social, que nous sommes un exemple d'adaptation sociale.

CHAR. Il annonce un voyage agréable, rempli de grandes satisfactions, de réussites, de projets jugés irréalisables.

CHARBON. Il signifie les passions, les émotions cachées, secrètes.

Chaud et sans flammes, il annonce un amour stable et puissant.

Le charbon chaud qui brûle annonce de la joie en amour.

Être capable de tenir un charbon dans sa main, c'est avoir beaucoup de confiance en soi.

Une réserve de charbon dans la cave annonce des moments difficiles à passer, mais on a le potentiel pour s'en sortir.

CHARIOT. Aller en chariot par monts et par vaux est un signe de discorde et annonce des problèmes qui mettront l'équilibre ou la vie du rêveur en danger, à cause d'une vie amoureuse mal assortie.

Être assis sur un chariot tiré par des bêtes sauvages et féroces indique que l'on saura contrôler les manoeuvres de ses ennemis.

Le chariot renversé annonce la fin d'un problème.

Tiré par un homme, vous aurez un poste d'autorité.
Sans chevaux, amour impossible.

CHARPENTE. La charpente annonce un retard dans la réalisation d'un projet.

CHARRUE. Symbole phallique.
En bon état, elle annonce la réussite dans les affaires.
Pour le célibataire, c'est une conquête sentimentale.
Être attelé à une charrue annonce un travail pénible, l'esclavage.
Conduire des hommes ou des chevaux attelés à une charrue est un signe d'autorité.

CHASSE. Elle signifie un guet-apens, un outrage.
En rêve, il est préférable d'être le chasseur que celui qui est pris au piège, c'est-à-dire d'humilier plutôt que d'être humilié.

CHAT. Symbole de la femme, de la ruse, de la volupté, de l'être humain en général.
Il représente l'inconstance en amour, la trahison, l'adultère; tout dépend de notre état de vie.
Le chat noir est un signe d'angoisse profonde causée par une influence démoniaque autour de soi.
Le chat blanc représente une personne rusée, inconstante qui provoquera de l'anxiété mais moins que le chat noir.
Tuer un chat, c'est détruire une angoisse en rapport avec un événement ou une personne ennemie.
Le chat-huant annonce un danger de mortalité ou de difficultés dans les entreprises.
Le chat apporte des soucis d'ordre davantage moral que matériel.

CHÂTEAU. Voir ou posséder un beau château, c'est être satisfait de son statut social, de sa carrière, de sa vie affective.
Se trouver en bonne compagnie dans un beau château annonce l'équilibre retrouvé pour la personne malade ou dépressive.
Visiter un château annonce une puissante protection.
Parvenir à un château indique qu'après bien des luttes intérieures, on trouve l'harmonie en soi et plein succès dans la vie.
Le château endommagé, en ruine, amène un moment de stagnation et annonce un moment de fatigue, de maladie.
Monter à l'assaut d'un château et le détruire, c'est être l'artisan de son malheur, c'est manquer de respect envers l'autorité.

CHAUDRON. Il parle des sentiments affectifs.
Un chadron vide est un signe de solitude, un manque d'affection.
Voir s'éloigner dans l'eau un chaudron vide, ou toute autre forme

creuse semblable, annonce la fin de la solitude, surtout pour une femme.

Ce qui mijote dans le chaudron indique comment et sur quelles bases se créent et se consolideront de nouveaux liens familiaux, amicaux ou amoureux.

CHAUFFEUR ou CONTRÔLEUR. Il est un leitmotiv conscient ou inconscient de la personnalité en relation avec un problème actuel ou une situation amoureuse, sociale ou matrimoniale.

Voir une autre personne conduire le véhicule signifie qu'un sentiment émotif inconscient empêche le contrôle de soi.

Conduire soi-même le véhicule signifie que l'on oriente sa vie librement.

Pour la femme, il représente l'homme de sa vie. *V. AUTOBUS.*

CHAUSSURE. De jolies chaussures sont le signe d'un bel amour.

Des chaussures trop petites signifient que notre compagn(e)on ne nous laisse pas suffisamment de liberté pour une pleine réalisation et qu'il ou elle ne nous convient pas.

Des chaussures trop grandes annoncent une désillusion car la personne aimée nous est trop supérieure.

Une chaussure d'enfant représente un sentiment immature.

Ne pas avoir de chaussures ou en avoir perdu une, c'est manquer de sécurité, d'amour ou d'argent.

CHAUVE. Être chauve signifie que nos qualités intellectuelles nous feront gagner des procès ou nous feront sortir de prison.

Comme la chevelure est aussi un symbole érotique, être chauve peut annoncer une perte de séduction, de sex-appeal, une peine sentimentale.

CHAUVE-SOURIS. Elle annonce un danger si on la craint dans le rêve. *V. CHOUETTE.*

CHEMIN. Il symbolise la courbe de la vie et la trajectoire de nos aspirations.

Le côté gauche du chemin concerne l'inconventionnel, le caché de la vie.

Le côté droit concerne la légalité, le conventionnel de la vie.

Marcher la main dans la main avec une personne de sexe opposé, sur le côté gauche du chemin, annonce un amour possible mais illégal, caché.

Le petit chemin cahoteux indique que l'on se butera à plusieurs difficultés avant de réussir.

Une autoroute à voie rapide signifie une existence facile, aisée.

Une route de campagne, ombragée d'arbres, représente une vie médiocre, méconnue, banale mais heureuse.

Un chemin fleuri représente l'amour.

Avoir un accident qui nous fait quitter la route annonce un événement qui bouleversera notre vie, un changement de cap, un arrêt avant un nouveau départ.

CHEMIN DE FER. Il annonce la réalisation prochaine d'un projet sentimental ou autre, si la voie est libre.

Les rails entrecroisés indiquent que l'on ne sait pas quelle direction prendre dans la vie. Essayer de voir clair dans vos projets.

L'accident de chemin de fer représente l'échec subit récemment. *V. GARE, LOCOMOTIVE, RAILS.*

CHEMISE, GILET, CHANDAIL. Une chemise blanche ou d'une couleur gaie et propre annonce de la joie.

Une chemise sale est un présage de soucis sentimentaux.

Laver sa chemise indique que l'on réagit et que l'on corrige ses erreurs.

Enlever sa chemise, c'est un signe d'audace et d'indépendance.

CHÊNE. Le chêne symbolise l'esprit allié à la force, la puissance, la longévité et l'ambition.

Rempli de feuilles vertes, il représente tout ce qu'il y a de bénéfique.

Sans feuilles et desséché, il annonce une période excessivement triste.

Scier un chêne, c'est détruire ses chances de réussir, d'être protégé.

Scier un chêne en bon état annonce la coupure d'amitiés bénéfiques. Le contraire, s'il est en mauvais état.

Pour le marin qui se propose de partir en voyage, il représente un danger.

CHENET. Il a trait à la santé du rêveur.

Bien placé dans le foyer et soutenant un feu ardent, il signifie la bonne santé et la stabilité en ménage.

Détérioré, il indique que l'on est déconfit à la suite d'une peine d'amour.

CHENILLE. La chenille représente une vie primitive et annonce une transformation profonde de la personnalité.

CHEVAL. Le cheval représente la force psychique instinctive.

Monter sur le dos d'un cheval indique que l'on est hardi sexuellement.

Le cheval sauvage indique une vie intérieure déséquilibrée et le cheval domestique, une vie harmonieuse.

Le cheval blanc permet le détachement du matériel pour aller vers une nouvelle vie intérieure à partir d'un oubli.

Le cheval noir représente un amour qui n'apporte que des soucis, qui ne va nulle part ėt qui est un véritable cul-de-sac.

Le cheval brun pâle signifie un amour heureux partagé.

Le cheval blessé annonce un problème psychologique sérieux.

Le cheval mort annonce la mort d'un proche.

Contrôler un cheval, c'est contrôler ses pulsions instinctives. *V. AUTOMOBILE, CHARIOT, VOITURE.*

CHEVALIER. À la femme, il indique qu'elle sera conquise.
À l'homme, qu'il a plusieurs amours passionnées.

CHEVEUX. Les cheveux longs, abondants, sains, annoncent une conquête amoureuse, le succès en affaires et la bonne santé.

Les cheveux sales et hérissés sont un signe de désoeuvrement, de tristesse, de sentiments amoureux compliqués.

Les cheveux en désordre, mêlés, mal peignés sont un signe de soucis, d'idées confuses. Si la scène se passe au travail, il y aura désorganisation.

Se faire tondre les cheveux annonce de graves maux, des périls imminents et souvent des pertes d'argent.

Être chauve annonce la victoire dans un procès et l'insuccès en amour.

Voir des cheveux artificiels ou anormaux est un signe de déboires financiers.

Avoir les cheveux en poils d'animaux annonce une maladie ayant un rapport avec les maladies d'animaux.

Voir des cheveux blancs, c'est une peine d'amour qui nous use.

Les cheveux blonds ou roux sont un signe d'amour.

Les cheveux crépus représentent une violente passion.

CHÈVRE. Elle représente une nature primesautière et capricieuse.

CHIEN. Symbole de grande constance, de fidélité et apporte un pouvoir d'autorité, de contrôle; c'est l'ami fidèle.

Voir un chien de luxe annonce des distractions mondaines fort agréables.

Les petits chiots, le début d'un grand amour.

Être poursuivi par un chien agressif et triste, c'est un signe de solitude car l'apparence compte trop pour vous et il en résulte un état dépressif.

Un chien qui aboie et mord signifie qu'un ami peut devenir un ennemi. Il faut s'attendre à être attaqué.

Voir un chien mort représente une santé déficiente.

Maltraiter un chien signifie qu'un comportement anormal met sa vie en danger.

Voir plusieurs chiens dans la rue est un signe de conflits, de bavardages.

V. NOMBRES (dépendant du nombre de chiens, ce rêve peut être chanceux).

CHINOIS. L'Occidental moyen qui rêve aux Chinois entretiendra des relations tracassières, inutiles: des chinoiseries.

Pour un mystique, voir un Chinois à l'expression surnaturelle signifie une étape importante dans son degré d'évolution.

CHIRURGIE. La signification de la partie du corps qui passe à la chirurgie représente ce dont on doit se défaire pour vivre efficacement et jouir de la vie.

CHIRURGIEN. Il indique que l'on doit prendre une décision, faire un choix.

CHOCOLAT. C'est un signe de sensualité.

En donner, c'est aimer.

En recevoir, c'est être aimé.

CHÔMAGE. Il représente une stagnation dans ses activités, sa pensée, ou annonce la maladie, la malchance.

Il peut aussi signifier que l'on sera en inactivité dans les jours à venir.

CHOU. Le chou n'annonce aucun profit et, du point de vue sentimental, il représente de vaines espérances.

CHOUETTE. Voir une chouette entrer dans sa maison et prendre ses biens annonce la mort d'un proche.

Blesser une chouette: votre manque d'intégrité vous portera malheur.

En général, elle est un symbole de franchise mal perçue. *V. CHAUVE-SOURIS.*

CHUTE. Tomber et se relever indique qu'il faut prendre soin de sa santé. C'est un avertissement.

Tomber sans se relever annonce une maladie prochaine.

CICATRICE. Elle représente une peine, une injure qui s'estompe.

CIEL. Le ciel a trait à la maison du rêveur et donne la tonalité de sa vie, de son humeur.

Un ciel bleu et ensoleillé est signe de bonheur.

Assombri par de gros nuages gris, il annonce la tristesse, des maux de toutes sortes.

Couvert de petits nuages blancs qui se dissipent, il signifie un ennui passager.

Rouge, embrasé, il annonce une déception, des ennemis acharnés.

Le ciel étoilé est un message de joie.

L'étoile filante annonce la mortalité d'un être cher. *V. ÉTOILES.*

CIERGE. Il symbolise la vérité, une connaissance de plus en plus grande.

La flamme qui ne touche pas la matière est parfois porteuse d'un message divin.

Le cierge qui brûle et éclaire annonce l'amour, la joie, source du développement de la personnalité.

Le cierge qui s'éteint annonce la fin d'un amour et de la difficulté pour continuer à vivre de la même manière.

CIGALE. Entendre chanter la cigale indique que les malades auront de la fièvre, que les musiciens ne seront pas secourus et pour les autres, que les malheurs annoncés par le rêve n'arriveront pas.

CIGARE, CIGARETTE. Symbole sexuel.

Une cigarette allumée, c'est flamber d'amour.

Chercher du feu et ne pas en trouver, c'est l'incompréhension, la solitude en amour.

Une cigarette écrabouillée dans le fond d'un cendrier annonce la fin d'un amour.

CIGOGNE. En général, voir une cigogne annonce une naissance pour ceux qui désirent un enfant.

Voir une cigogne seule est un signe de bonheur au foyer, d'union pour les célibataires.

Un nuage de cigognes est un présage de mésentente ayant rapport à des questions monétaires.

CIMENT. Il symbolise la vie stable, les amitiés bien ancrées que l'on n'a pas peur de perdre.

Voir couler du ciment, c'est solidifier ses amitiés, ses amours.

CIMETIÈRE. Un rêve de cimetière implique une remise en question de sa manière de penser.

Être dans un cimetière signifie que l'on doit prendre conscience de tout ce qui est mort en soi: sentiment, projet, relation; il peut aussi annoncer une mortalité, tout dépend du contexte du rêve. *V. CERCUEIL, ENTERREMENT.*

CINÉMA. Regarder un film dans un cinéma, c'est vivre une période d'anxiété; le sujet du film indique les causes de cette anxiété.

Être heureux en regardant un film gai, amusant, sans qu'il soit pour autant ridicule, annonce du bonheur dans un avenir prochain.

CIRQUE. Il représente une situation abracadabrante dont l'issue est difficile à définir.

CISEAUX. Les ciseaux signifient, soit la fin d'une amitié, ou soit la fin d'une activité rebutante; quelle que soit la chose, on s'en détache.

CITADELLE. Voir une citadelle représente un projet assez difficile à concevoir.
Conquérir ou pénétrer dans une citadelle annonce une victoire, un succès.

CITHARE. La cithare annonce des sentiments volcaniques, voluptueux et passionnés.

CLAIRIÈRE. Une clairière, un petit sentier qui conduit hors de la forêt, indique une meilleure compréhension de soi-même et c'est se réaliser enfin, car une source d'idées commence à germer dans son esprit.

CLEFS. Elles symbolisent la puissance sur le plan des affaires; elles annoncent l'avancement, l'honneur, une promotion.
Elles sont aussi un symbole sexuel qui aide à conquérir quelqu'un et à le garder.
Voir un trousseau de clefs indique que plusieurs possibilités s'offrent à nous, autant sentimentales que d'affaires.
Recevoir ou donner des clefs, c'est recevoir ou transmettre la combinaison du succès.
Perdre ses clefs signifie que ses chances de réussir un projet sont nulles.

CLOCHE. Elle signifie un sentiment exubérant. La cloche qui carillonne représente un sentiment, un grand amour étalé au grand jour.

CLOWN. Rêver de faire rire la foule, d'être un clown, c'est craindre d'être un objet de risée, ne pas pouvoir s'affirmer, souffrir d'un sentiment d'infériorité.

COCCINELLE. Elle annonce un moment heureux à venir.

COCHON. Il représente un profit, de l'argent acquis d'une façon plus ou moins légale, morale.

COCON. Il représente un état qui doit progresser, se développer et amener un changement dans les idées, la personnalité.

COEUR. Symbole de l'amour, de la bonté, il prend le sens de l'idéal.

Pour l'adolescent, avoir un coeur blessé par une flèche annonce qu'il sera amoureux. Pour que ce rêve soit bénéfique, le coeur ne doit jamais saigner.

Le coeur qui saigne annonce un amour malheureux.

Il symbolise une réserve de nos possibilités.

COFFRE. Vide, il annonce une crise matérielle momentanée.

Plein, il indique que beaucoup de choses s'offrent à vous; tout dépend du symbole des objets qui se trouvent dans le coffre.

COIFFEUR. Le coiffeur représente une partie inconsciente qui est en nous et qui nous fait voir un problème sur un plan objectif.

Se faire coiffer, c'est avoir besoin d'aide pour ordonner ses pensées et voir clair en soi.

Être le coiffeur et coiffer, c'est aider quelqu'un à démêler ses idées.

COIFFURE. La coiffure identifie les idées, les conceptions sociales vis-à-vis d'un problème, d'un événement à venir.

Être peignée à la Marilyn Monroe, c'est avoir un esprit de séduction.

V. CHEVEUX.

COLLIER. Il signifie l'union et il a la même signification de réussite que le cercle.

Il faut analyser le symbolisme des pierres et des métaux du collier pour connaître exactement sa signification.

Enlever un collier, c'est mettre un terme à une association, une relation sentimentale importante.

COLLINE. Gravir une colline annonce une amélioration de son sort. La gravir à pas lourds et sans jamais y parvenir indique qu'il est pénible de continuer à vivre.

La descendre, c'est abandonner un projet.

COLOMBE. Elle symbolise la paix intérieure et l'harmonie avec l'extérieur.

L'entendre: amour heureux, selon le contexte du rêve.

Elle peut être perçue comme l'Esprit Saint.

COLONNE. Elle représente un homme bon, un appui précieux, mais il se peut que l'on soit assez évolué pour trouver un support en soi-même.

COMBAT. Le combat de coqs est un signe de discorde.

Se battre avec un inconnu signifie que deux tendances s'affrontent en nous et nous tiraillent et qu'il faut faire un choix.

Tuer quelqu'un dans un combat annonce une victoire sur un ennemi et peut aussi signifier une victoire sur soi-même.

COMÈTE. Lire dans un journal qu'une comète a fendu le ciel annonce un retentissement dans la vie politique et sociale du pays. La voir traverser le ciel annonce l'effondrement d'un système politique, d'une forme de gouvernement avec des possibilités de guerre et de révolution. Il faut juger si la révolution ne se fait pas en soi.

CONCEVOIR UN ENFANT. Le dépourvu ayant en rêve un enfant en son sein amassera biens et bonheur.

Pour le bien-nanti, c'est l'annonce d'importants déboursés à affronter et peut-être la perte de sa fortune.

En général, ce rêve annonce un coup de foudre. *V. ACCOUCHE-MENT, ENFANT.*

CONCOMBRE. Voir un concombre annonce la guérison, un retour à la santé.

CONDOR. Il représente une puissante personne dont il faut se méfier.

CONFITURE. Comme toutes les sucreries, la confiture symbolise le plaisir, la sensualité.

La confiture dénote des difficultés sentimentales.

Servie sur du pain, elle annonce la possibilité de contracter une riche union nuptiale sans qu'elle soit très épanouissante.

CONGÉDIEMENT ou PERTE D'EMPLOI. Rêver d'être mis à pied signifie qu'on le sera effectivement.

Quant aux malades, ce rêve indique que leur état de santé ne s'améliorera pas et qu'ils devront renoncer au travail.

CONGÉLATEUR. Il parle de l'amour mis en réserve, s'il y a des aliments. Comparativement au réfrigérateur, on mise sur un attachement beaucoup plus profond et de longue durée.

CONIFÈRE. Les arbres qui restent verts toute l'année représente des amitiés à garder car elles protégeront dans l'infortune.

CONSERVES. Les conserves ont trait aux sentiments.

En manger annonce une hostilité dans les affaires ou une brouille entre amoureux.

CONSOLATION. Pour les pauvres, être consolés apporte une aide, du réconfort.

Pour les bien-nantis, c'est un signe d'outrage, de déboires.

CONTREBANDE. Elle symbolise un état d'infériorité qui pousse à l'escroquerie.

Il faut chercher le symbolisme de ce qui est passé en fraude pour mieux comprendre le rêve.

Elle peut représenter aussi une facette de notre personnalité qui nous cache quelque chose, la peur de la vérité sur soi-même.

CONTRÔLEUR. Il représente un jugement objectif. Son rôle est de juger du comportement à avoir et détermine si on peut avoir accès à une nouvelle direction sur le plan de la vie intérieure. *V. CHAUFFEUR, POLICE.*

COQ. Il est l'emblème de la fierté et représente le maître de céans, votre mari, madame. Pour un homme: succès.
Le coq invite le rêveur à se lever tôt et à veiller à ses affaires.
Un combat de coqs annonce des luttes financières, des mésententes sentimentales.

COQUELICOT. Il annonce un moment d'emballement éphémère.

COQUILLAGE. Il représente l'amitié en amour, la valeur de ses amitiés.
Pour l'homme, il signifie le sexe féminin, à cause de sa forme.

COR. Le cor de chasse exprime la tristesse, l'ennui.
Entendre le son du cor, c'est être excessivement sentimental, peut-être êtes-vous seul, en ce moment?

CORAIL. Il préserve des hémorragies.
Rouge, il est un signe de passion amoureuse.
Noir, il annonce le deuil d'un amour. *V. PIERRES PRÉCIEUSES.*

CORBEAU. Il annonce une mauvaise nouvelle qui nous rendra dépressif: soit l'adultère, soit le vol. Le contexte du rêve indiquera ce que l'on se fera dérober. Il nous faudra faire preuve de prudence et de philosophie. Pour juger, voir les personnes qui vous accompagnent dans ce rêve.

CORBEILLE. Elle représente la femme, la fertilité.
La corbeille pleine de fruits, de vêtements annonce le commencement d'une nouvelle vie, la chance, du travail, de l'amour.

CORBILLARD. Il représente une période de transition, d'attente, de stagnation sur le plan des sentiments. On doit renoncer à un lien affectif.
Il indique que l'on doit se détacher du passé et communiquer ses sentiments à une personne de valeur qui peut nous apporter de nouvelles bases de vie.

CORMORAN. Il annonce une période difficile causée par des bouleversements majeurs dans sa vie. Le courage et la détermination aideront à reconstruire sa vie sur des bases solides.

CORNE. En général, la corne représente une puissance en soi ou autour de soi.

Pour la femme, elle est un signe de frivolités, de festivités, d'aventure émancipatrice.

Pour l'homme, elle indique qu'il doit prendre garde aux individus brillants car leur influence serait néfaste s'il concluait une affaire avec eux.

Voir une tête surmontée d'une corne de bête est un signe de mort violente, d'agressivité qui se retourne contre soi.

CORNE D'ABONDANCE. Elle annonce l'amour, la prospérité surtout pour la femme. Parfois naissance.

La tenir en main: triomphe.

CORNEILLE. Voir une corneille, c'est subir un long délai avant de conclure une affaire.

CORNUE. La cornue amène une vue différente des choses et annonce une transformation intérieure, un changement.

CORRIDOR. Il prend le sens d'accouchement et d'aboutissement dans une vie.

Moment de transition et de changement.

Longer les murs d'un long corridor pour arriver dans un recoin signifie que la vie présente ne promet aucun épanouissement, aucun débouché et c'est l'annonce d'un état dépressif dû à une situation sans issue.

Sortir d'un corridor pour aller dans un jardin fleuri annonce une période de bonheur après un moment de solitude intense.

Ce qui se trouve dans le corridor représente les événements à venir.

CÔTES. Elles concernent la santé, les affaires du rêveur.

Les côtes blessées, meurtries sont un signe de maladie, d'embarras pécuniaires.

COU. Lien entre la sensibilité et le rationnel.

Voir pousser des furoncles, des plaies sur le cou, annonce une maladie surtout psychique.

COUCHER DE SOLEIL. Le soleil qui se cache derrière une montagne ou qui s'enfonce dans la mer annonce la fin d'une activité ou la fin d'un amour.

COURGE. Une femme qui rêve d'une courge rencontrera un homme qui semblera insipide, non prometteur, et elle devra lui donner sa chance car il y a en lui un germe d'évolution et de changement.

COURIR. Courir vite, sans rencontrer d'obstacles, représente un rayonnement personnel, l'atteinte de ses objectifs.

Courir, fuir sans y parvenir, c'est être dominé par quelqu'un ou par une situation.

COURONNE. Symbole d'autorité, elle donne un pouvoir.

Porter une couronne en or annonce une haute promotion à son travail, des honneurs.

La couronne d'herbages annonce plutôt la maladie.

La couronne de palmes d'olivier est un signe de mariage, de prospérité, de victoire pour les combattants.

La couronne de cire annonce des ennemis dangereux, la perte d'un procès.

La couronne de sel annonce des congédiements, des problèmes avec le gouvernement, l'autorité.

La couronne de persil annonce une maladie grave.

COUSSIN. Le coussin représente le confort moral, la sécurité.

Le brosser, c'est voir à ses affaires ou à ses amours.

COUTEAU. Il annonce des disputes.

Frapper une personne à coups de couteau signifie que l'on dira des paroles blessantes.

Tuer une personne ennemie à coups de couteau annonce une victoire sur soi-même ou sur une autre personne.

COUVENT. Être dans un couvent, c'est avoir besoin de méditer, de se retrouver tranquille avant de prendre une décision.

COW-BOY. Il représente un esprit très aventurier.

CRABE. Il symbolise l'ennemi et la ruse.

Un crabe qui monte sur moi indique qu'une obsession affaiblit sa volonté.

Se débarrasser d'un crabe annonce une guérison.

Manger ce fruit de mer est un signe de guérison psychique.

CRACHAT. Rêver que quelqu'un crache sur soi ou sur ses biens annonce des injures.

Cracher sur quelqu'un ou sur quelque chose, c'est brûler ce qu'on a adoré.

CRAPAUD. Il représente nos instincts sous les traits du crapaud. En général, il n'est pas mauvais augure, mais nous devons apprendre à nous diriger librement dans la vie.

CRAVATE. Symbole sexuel.

Nouer sa cravate annonce un engagement.

Nouer une cravate à quelqu'un, c'est vouloir pousser quelqu'un à nous aimer.

Enlever sa cravate, c'est une libération.

La mettre: attachement.

CRAYON. Un mauvais crayon représente la timidité.

Tenir un crayon à la main, c'est écrire ou recevoir prochainement un billet doux.

CRÉANCIER. Sa signification a trait à notre santé.

Être endetté, c'est être malade; un repos est nécessaire.

Ne plus être poursuivi par ses créanciers indique que la maladie est sérieuse, parfois même incurable.

Payer ses dettes, c'est recouvrer la santé.

CRÈME. En manger ou en avoir, c'est retrouver la considération des autres.

CRI. Entendre crier quelqu'un que l'on connaît indique que cette personne a besoin de nous.

Le cri d'une personne inconnue signifie que l'on devra s'aider soi-même.

CRINOLINE. Porter une crinoline représente un désir de séduire sans se compromettre.

CRISTAL. Il représente une période d'évolution transitoire, une qualité d'adaptation et de générosité en rapport aux conventions sociales.

Il centralise les énergies cosmiques, les septs (7) couleurs du spectre solaire.

Rêver être un cristal représente le don de soi, l'effort surhumain pour garder ses acquisitions sentimentales et financières.

Voir une boule de cristal, c'est être inquiet de l'avenir et ce que l'on voit dans la boule de cristal concerne un événement à venir.

CROCODILE. Il symbolise l'hypocrisie, les gens sans honneur.

Voir des crocodiles embusqués dans la boue près d'un fleuve indique que des individus rapaces, des brigands nous guettent.

Capturer un crocodile annonce une victoire sur ses ennemis.

Contrôler pacifiquement un crocodile indique que l'on maîtrise un esprit intelligent et agressif. Parfois l'aspect négatif de la mère ou l'épouse.

CROISEMENT. Voir un croisement de chemin indique un besoin d'user d'une très grande prudence dans une décision à prendre.

CROIX. Elle annonce une période d'afflictions, d'épreuves.

Prendre une croix indique que l'on sera délivré d'une épreuve.
Porter une croix à une chaîne prend le sens de bijou et de porte-bonheur.
Croix-Rouge annonce un danger imminent d'accident.
V. CALVAIRE, CRUCIFIXION.

CRUCHE. Remplie de vin, la cruche est un signe d'amour partagé et de créativité.
Remplir d'eau, elle représente l'honnêteté, la réussite.
Vide, elle signifie le refoulement, un manque de répartie et d'intelligence.

CRUCIFIXION. Pour un riche, être crucifié annonce une perte de biens.
Pour les pauvres, être crucifié est un présage de gloire, d'honneurs, de richesse, de prospérité.
Pour celui qui postule un emploi, c'est un signe de protection.
Ce rêve est propice aux voyageurs.

CRYPTE. La crypte indique qu'un souvenir nous obsède, qu'un problème du passé refait surface.
Si on entre dans une crypte, il est important d'en sortir afin de comprendre une situation actuelle en relation avec un événement du passé.

CUBE. Voir un cube, c'est être décidé de passer à l'action et c'est réaliser point par point l'objectif visé.
Ce que l'on trouve sur le cube symbolise ce que l'on veut réaliser.

CUEILLIR. Être dans un champ et y cueillir des fruits, c'est récolter le fruit de ses efforts.
Cueillir et croquer une pomme annonce un succès amoureux. La pomme rouge annonce un amour passionné alors que la pomme verte parle d'un amour qui n'est pas encore prêt, mûr.
Cueillir des fleurs annonce de la tendresse.

CUIR. Coudre et ajuster le cuir annonce un mariage heureux.
Teindre des peaux indique que sa vie sera un grand livre ouvert, ses faits et gestes seront connus de tous même ceux que l'on voudrait passer sous silence.

CUIRASSE. Laisser tomber une cuirasse indique que les affronts ne nous font plus peur.
La porter ou l'avoir en main, c'est se sentir menacé par l'opinion des autres; il faut apprendre à juger sainement et à ne pas souffrir inutilement.

CUISINE. Ce que l'on voit dans la cuisine représente un événement à venir, heureux ou malheureux, à savoir qu'est-ce qui se prépare dans notre vie.

Préparer de la soupe, c'est se sentir plus ou moins bien et en manger annonce une meilleure santé.

Être dans la cuisine avec une autre personne et faire une foule de choses chacun de son côté représente un manque de communication, une solitude à deux.

Être dans une cuisine où rien ne se passe signifie une vie monotone.

CUISINER. Cuisiner des recettes réussies, c'est une recette de bonheur pour soi-même et pour les autres, garantie par son amabilité.

Rater des mets, c'est ne pas savoir comment attirer ou garder l'amour.

CUISINIER. Voir un cuisinier annonce un amour sérieux.

Pour les malades, en voir un annonce des peines sauf si le cuisinier fait cuire des fruits de mer, du poisson, alors les malades qui en mangent recouvreront la santé.

CUISSES. Les cuisses ont la même signification que le membre viril.

Voir de petites cuisses mal formées est un signe de solitude et de pauvreté.

Voir de belles cuisses annonce des dépenses dans le but de séduire.

CUIVRE. La couleur cuivre mélangée de rouge et de brun représente l'amour et la stabilité, la création de la vie et aussi le sens de la parole, la facilité d'élocution.

Pour la femme, rêver d'un vase en cuivre indique qu'elle sera aimée, considérée et féconde.

Pour l'homme, ce rêve signifie qu'il tombera en amour avec une femme fantastique.

Il est toujours important que le cuivre soit brillant, car s'il est terne, il indique alors que l'on répond mal à l'amour reçu.

CUL-DE-JATTE. Il annonce la malchance et les pertes de procès, suite à de mauvaises affaires. Il en résulte une période de noirceur dans notre adaptation sociale. Le contexte du rêve nous dira s'il s'agit de notre mariage ou de nos affaires.

CUL-DE-SAC. S'aventurer sur un chemin sans issue, c'est réaliser qu'une décision prise antérieurement conduit à l'échec.

Être accompagné ou se faire conduire par une personne dans un cul-de-sac indique si l'erreur commise vient de soi ou de la mauvaise influence de cette personne.

CULTIVATEUR. Voir un cultivateur labourer ou semer annonce un mariage ou une union amoureuse sérieuse.

CYCLOPE. Affable, c'est être en parfaite harmonie avec soi-même.

Agressif, méchant, il signifie que l'on sera la proie des foudres et que l'on subira la colère de Dieu.

CYGNE. Symbole d'abondance, de succès et de fécondité.

Pour les musiciens, il annonce la chance et le succès.

Pour les malades, il annonce la santé.

Pour ceux qui s'apprêtent à réaliser des projets tenus secrets, il annonce qu'ils seront divulgués au grand jour.

Entendre chanter un cygne annonce une maladie grave ou une mortalité.

CYPRÈS. En mauvais état, il est un présage d'attente et de résignation, il annonce une vie sentimentale triste ou encore une perte sentimentale due à la mollesse, l'oisiveté.

En bon état, il annonce le bonheur.

Voir une haie de cyprès, présage une vie intérieure et sentimentale secrète et protégée des curieux.

D

DAMIER. Le damier annonce des conflits et représente une situation confuse ou une énigme dans une circonstance précise.

DANGER. Il représente des luttes intérieures, des peurs inconscientes qui assaillent et rendent nerveux.

DANSER. Danser avec quelqu'un est un signe de paix sentimentale, de bonheur parfait.
Danser seul(e) sur une musique endiablée signifie que l'on sera manipulé(e).
Danser le ballet classique avec grande virtuosité signifie un besoin de créer.
Danser dans une atmosphère gaie prédit la richesse.
Danser sur une montagne ou sur un toit annonce un préjudice et surtout la perte d'un procès.
Voir danser des personnes qui nous sont chères avec des inconnus est un signe de déboire, de tromperie pour le rêveur.
Pour les malades, danser est néfaste et prédit de la souffrance et du chagrin.

DANCING. Le dancing dénote un besoin de se distraire.

DATE. Les dates que l'on voit en rêve concernent un événement de la vie actuelle.

DAUPHIN (animal). Il indique qu'une personne gaie, à l'esprit vif, veille sur nous et sur nos intérêts.
Pour les gens qui projettent un voyage, c'est un signe de protection.
Voir un dauphin mort annonce la perte d'une amitié sincère.
Tuer un dauphin annonce une malchance dont on sera la cause.

DÉ À COUDRE. Il conseiller la prudence, surtout en amour, car un coup de foudre pourrait nous surprendre.

DÉ À JOUER. Il indique qu'il ne faut pas trop compter sur la chance pour régler ses problèmes, ses soucis.

DÉBARQUER. La façon, l'endroit et les gens avec qui l'on débarque expliquent la cause de la fin d'une affaire et la manière d'en amorcer une nouvelle.

DÉCACHETER. Décacheter, c'est être très indiscret.

DÉCALQUER. C'est manquer d'imagination, c'est sentir le besoin de faire comme tout le monde, c'est n'avoir aucune personnalité.

DÉCHAUSSER. Ce rêve parle des biens, des amours.

Se déchausser, c'est renoncer à s'impliquer dans un projet. Les personnes autour de soi indiquent s'il s'agit d'un projet d'amour ou d'affaires.

Ex.: Enlever des souliers rouges, c'est renoncer à un amour passionné.

Enlever des souliers noirs, c'est vouloir oublier un sentiment excessivement triste.

DÉCOLLER. Ce rêve représente un désir de changer de relations, d'environnement, de faire des choses nouvelles.

DÉCOLLETÉ. Pour une femme, c'est un désir de séduire.

En voir un pour un homme, c'est un désir d'être séduit.

DÉCOR. Il signifie que l'on fait trop de décorum. Il faut être soi-même.

DÉCOUDRE. Découdre annonce la désorganisation, la déconfiture dans un projet, une séparation.

DÉCOUVERTE. Faire une découverte annonce une surprise, une nouvelle pour ces jours-ci.

DÉCOUVRIR. Ce rêve indique que l'on soulève le voile de l'ignorance, et qu'un petit éclair de lucidité fait entrevoir sa véritable situation. Il faut en tirer profit.

DÉESSE. Pour une femme, c'est devoir s'accepter et s'aimer telle qu'elle est en prenant conscience de sa valeur.

Pour l'homme, la déesse indique que ses exigences en amour dépassent la réalité.

DÉGAINER. Dégainer représente une agressivité sexuelle, un défoulement.

Rengainer indique que l'on n'arrive pas à passer à l'action; peut-être est-on trop timide.

DÉGEL. Il signifie que l'on sort d'une période de solitude, de peine et de maux de toutes sortes. On verra de nouveau la vie en rose car l'amour est à sa porte.

DÉGOÛT. Il signifie que l'on est contraint à vivre avec des gens dont le comportement nous choque dans une situation que l'on méprise. Il faut éloigner de soi des problèmes; on s'en portera mieux.

DÉGUISEMENT. Être masqué ou déguisé signifie que l'on rejette une fausse image de soi ou encore que l'on se joue la comédie.

DÉLUGE. Rêver de déluge, c'est la vie qui sera balayée par l'adversité et il faudra la reconstruire sur de nouvelles bases.
Symbolise la punition divine.

DÉMARRER. Démarrer, c'est entreprendre des projets qui réussiront.

DÉMASQUER. Ce rêve annonce la découverte d'une intrigue malveillante et l'on verra, sous leur vrai jour, les gens de l'entourage.

DÉMÉNAGEMENT. Déménager pour habiter un logement plus grand, plus somptueux, mieux éclairé, annonce un changement heureux dans la vie, mais pas nécessairement un déménagement.
Déménager dans un endroit sombre et triste indique un changement malheureux dans la vie.
Rêver souvent qu'on déménage dénote une insatisfaction de sa vie présente.

DÉMON. Le démon représente une grosse tentation, un désir de faire quelque chose d'illégal et dénote un sentiment de culpabilité intense.

DENT. Elle a trait aux habitants de la maison, aux gens qu'on affectionne et à la santé.
Les dents en évidence de la mâchoire supérieure représentent les maîtres de la maison et les amis de premier plan. Les dents de la mâchoire inférieure et celles d'en arrière représentent les enfants ou les gens de second ordre.
Une belle dentition est un signe de bonne santé, d'épanouissement.
La cari représente une relation dont il faut se défaire.
Se faire arracher ou perdre les dents en mauvais état annonce la fin d'une relation peu valable.
Se faire arracher une bonne dent annonce une perte sentimentale.
Perdre une dent saine annonce une affection sérieuse de sa santé ou de celle de ses proches, et même un décès possible.
Rêver de dents peut simplement indiquer qu'il est temps de prendre rendez-vous chez le dentiste.

DENTELLES. Elles signifient un désir de séduction, d'excitation mais généralement, n'annoncent rien de très prometteur en amour.
Blanches, elles apportent des moments heureux.
Noires, c'est renoncer à un amour.

DENTISTE. Se voir chez le dentiste afin d'avoir une meilleure dentition, c'est garder ou reconstruire des sentiments amoureux. V. *DENT.*

DÉPART. Partir, c'est quitter une situation, un amour, pour évoluer différemment.

Le départ de quelqu'un d'autre annonce la fin d'une aventure, d'un amour, une perte d'argent, tout dépend de ce que cette personne représente pour soi.

DÉPEÇAGE. Il indique que l'on soumet sa vie au crible de l'analyse en ce moment afin de mieux connaître ce qui motive ou ce qui arrête le rêveur.

DÉPENDRE. Pour les personnes vivant une période faste et active, ce rêve annonce la fin de ce genre de vie pour bientôt.

Pour les gens qui dépendent des autres au point de vue sentimental, moral ou financier, il signifie qu'ils retrouveront prochainement une autonomie.

DÉRACINER. Ce rêve annonce soit la fin d'une affection, d'une relation qui provoque la perte des forces nerveuses, soit un déménagement, un changement radical qui provoque en soi un déséquilibre momentané. Dans les deux cas, un réajustement calme et sain sera nécessaire.

DÉRAILLER. Ce rêve représente une circonstance indépendante de notre volonté qui annihilera nos motivations profondes. Ex.: rupture sentimentale. *V. RAIL, TRAIN.*

DESCENDRE. Descendre, c'est abandonner une position sociale, un amour. Tout dépend du contexte du rêve et de ce que l'on retrouve en bas.

Descendre et remonter, c'est prendre du recul pour mieux examiner la situation sous tous ses angles.

Recevoir quelque chose en montant annonce de la joie représentée par le symbole de ce que l'on reçoit.

Recevoir quelque chose en descendant est de mauvais augure.

DÉSERT. Errer dans un désert, c'est avoir une vie solitaire et c'est manquer d'affection.

Atteindre une oasis, un cours d'eau, de la végétation dans un désert annonce que l'on sera momentanément aimé et que l'on ne souffrira plus de l'ennui.

Voir un mirage annonce une illusion, un désenchantement.

DÉSHABILLER. Le faire sans gêne, c'est se foutre de l'opinion publique.

Courir nu , effrayé, dans les rues de la ville, est un signe de folie.

DÉSORDRE. Il indique qu'il est temps de faire le ménage en soi, de savoir ce que l'on veut.

DESSERT. Il annonce le plaisir, la joie, et une forme de sensualité.

DESSINER. Bien dessiner annonce le succès par l'objet dessiné.

DÉTECTIVE. En voir un annonce le trouble, l'inquiétude.
En être un, c'est exécuter une tâche lourde de responsabilités.
Être poursuivi par un détective, c'est avoir mauvaise conscience.

DÉTERRER. Déterrer, c'est faire une découverte ou c'est fouiller dans son passé.
Refuser de creuser dans la terre, c'est être satisfait de sa vie présente et c'est ne pas se poser de questions sur le passé.
Déterrer un trésor signifie que l'on sera surpris par une chose.
Déterrer un objet peut signifier que l'on retrouvera un objet perdu ou annonce le rebondissement d'une affaire passée.

DEVANTURE. Arriver devant une maison inconnue signifie que l'on devra payer pour commencer une nouvelle vie.

DEVANTURE. Arriver devant une maison inconnue signifie que l'on devra payer pour commencer une nouvelle vie.

DIAMANT. Il symbolise l'illumination, la limpidité et signifie que l'on comprend bien les autres parce que l'on a une parfaite connaissance de soi-même.
Si le diamant orne une bague, l'amour le plus évolué nous est promis.
Plusieurs diamants sont un présage moins positif.

DIARRHÉE. Rêver de diarrhée indique soit que quelqu'un nous aime et ne nous apporte rien de valable ou soit que nos finances s'effritent.

DIEU. Rêver de Dieu signifie que l'on orientera sa vie vers la perfection, la bonté, le rayonnement.
Rêver de Jésus-Christ ne signifie pas la même chose car il est le symbole de l'identification à la souffrance pour sa propre rédemption.

DIFFICULTÉ. Maîtriser une difficulté annonce une victoire.

DILIGENCE. Elle annonce un petit voyage très agréable, très sentimental.

DINDE. Voir une dinde ou en manger est un signe d'aisance, de bonheur.
Se faire dire qu'on est une dinde a la même signification dans le rêve et dans la réalité.

DOIGT. Chaque doigt a une signification importante et particulière. Le pouce représente la force, la volonté; l'index, la puissance de réalisation, le commandement; le majeur, le jugement, la philosophie; l'annulaire, les arts, les sentiments; l'auriculaire, l'intuition. Se voir un doigt en moins annonce une fatigue causée par un problème signifié par le doigt coupé.

Rêver avoir plus de cinq doigts est un signe de malchance.

DOMPTER. Dompter un animal signifie que l'on domptera un instinct sauvage en soi.

DONNER. Donner prend la signification de recevoir puisque notre générosité nous gagne de nombreux amis et indique que nous serons protégés.

Ex: Donner du chocolat, c'est offrir de l'amour.

Il faut analyser ce que l'on donne car cela signifie ce qui nous revient.

DORMIR. Rêver que l'on dort signifie une quiétude trompeuse car le danger veille.

Voir quelqu'un dormir indique que c'est le temps parfait pour agir, négocier.

Dormir avec quelqu'un du sexe opposé est un signe d'infidélité conjugale de la part du conjoint.

Dormir dans un lieu saint ou un temple annonce la guérison.

Dormir dans les rues ou dans un endroit public annonce une maladie sérieuse.

DORURE. La dorure indique qu'il faut se méfier des apparences.

DOS. Il parle surtout de la vieillesse du rêveur, tout dépend du contexte du rêve.

Voir un dos courbé et décharné est un présage de vieillesse malheureuse et pauvre.

Voir un dos sain et beau annonce la joie et le bonheur pour la fin de la vie.

Tourner le dos à quelqu'un est un signe de réconciliation.

Se faire annoncer que quelqu'un trame quelque chose dans son dos annonce une mauvaise surprise.

Voir quelque chose dans le dos d'une personne inconnue est un présage qui concerne directement le rêveur. Il faut chercher la signification de ce que l'on voit pour connaître ce qui se trame dans son dos.

DOT. Recevoir une dot est l'annonce d'un mariage pour les célibataires.

DOUANE. Elle signifie le passage d'une manière de penser, de vivre, à une autre.

La douane a pour objet de déterminer si on a les qualités requises pour effectuer ce changement de vie.
Elle indique aussi que des faits secrets de notre vie peuvent être révélés.

DOUCHE. Se doucher une belle eau claire annonce un amour merveilleux, un renouveau sur le plan relation amicale; de ce fait, il y aura amélioration de l'équilibre psychologique. *V. EAU.*

DRAGÉE. Elle représente les préoccupations relatives à ce que l'on veut avoir, ce que l'on a et ce que l'on veut garder.

DRAGON. Sur le plan objectif, il représente le maire, le patron et d'une façon générale la puissante autorité.
Si le dragon est docile, c'est un signe de promotion, d'avancement.
S'il est repoussant, c'est l'annonce d'un conflit, d'une perte de situation.
S'il s'éloigne de nous, c'est la perte de la protection de personnages influents.
S'il nous jette des flammes et que sa queue nous écrabouille, c'est l'annonce d'une maladie psychologique. *V. MONSTRE.*
Sur le plan subjectif, le dragon représente l'inconscient, les instincts profonds, aveugles et négatifs qui peuvent nous détruire. Il est donc préférable qu'il soit affable ou vaincu s'il est agressif.

DRAPS. Les draps représentent l'amour qui meuble la vie.
Mettre des draps propres dans le lit signifie que l'on réglera ses problèmes et annonce un grand changement dans sa vie sentimentale.
Les draps sales annoncent un amour malheureux.
Les draps étendus sur une corde à linge sont souvent un signe de mortalité ou de séparation.
Laver ses draps signifie l'entente par une bonne discussion amoureuse.

DROGUE. Inhaler ou ingurgiter des drogues, des pilules, annonce la guérison aux malades et l'amour au coeurs esseulés.

DROITE. La droite représente la légalité, la lucidité.
Bifurquer vers la droite, c'est se diriger vers le côté légal, conventionnel ; c'est vivre au grand jour.

DUEL. Il représente les tendances qui sont en soi.
Gagner un duel signifie que l'on retrouve l'harmonie intérieure, sentimentale.
Voir les armes des duellistes annonce un procès.

DUVET. Il indique qu'en amour on sera aimé plus qu'on aimera.
Vous placez mal vos affections et dans ce sens vous récoltez peu.

E

EAU. L'eau symbolise l'immortalité, l'inconscient et le renouveau.
L'eau claire et vive est un signe de régénération en amour.
L'eau sale et boueuse signifie qu'une idylle a fait son temps ou si elle
est nouvelle, elle n'apporte que des soucis.
L'eau qui déborde d'une rivière ou d'un fleuve annonce une émotion incontrôlable et signifie que l'on est submergé par ses émotions.
L'eau noire annonce un danger venant d'un sentiment non partagé.
Les eaux claires envahissent la maison sans y semer le désordre
annoncent que l'on gagnera l'affection d'un homme riche, généreux
et loyal.
Les eaux boueuses qui envahissent la maison en déplaçant les
objets, les meubles annoncent un ennemi violent.
L'eau qui part de la maison et se répand dans la ville représente l'autorité acquise grâce à la bienveillance et à la générosité.

ECCLÉSIASTIQUE. Les séculiers en rêve représentent des gens
fourbes et en amour, ils sont le symbole d'une infidélité flagrante.
Rêver à des religieux signifie que l'on sera volé ou dupé dans les
prochains jours.
Voir des moines dans un monastère est un signe de protection dans
l'adversité.

ÉCHARPE. Elle annonce, pour ces jours-ci, des problèmes qui
nécessitent tout de suite beaucoup d'attention et d'observation,
sinon on court à un échec.

ÉCHASSE. Être monté sur des échasses et marcher facilement
annonce une réussite par la ruse.
En tomber annonce un danger de procédures légales et indique que
l'on rencontrera plus rusé que soi, il en résultera de la gêne.

ÉCHELLE. Symbole de conquête, d'amélioration de vie ou de
pérégrinations.
Monter une échelle est toujours un signe bénéfique. Ce que l'on
trouvera en haut de l'échelle représente le sujet de la réussite.
Se voir descendre d'une échelle,c'est renoncer à un projet.
Tomber d'une échelle annonce un échec cuisant.
Être sur une échelle branlante est un signe de maladresse.

ÉCLAIR. Il représente un sentiment violent, une passion brève et
apporte la malchance s'il y a un coup de tonnerre en même temps.

ÉCOLE. L'école représente l'école de la vie dans la réalité. L'endroit où l'on est assis, où l'on se trouve dans l'école ou la classe, la matière à étudier, le genre d'examen à passer, sont autant de réponses à ses problèmes et sont en rapport direct avec ce que l'on doit comprendre pour vivre d'une manière rationnelle.

Être un cancre, ne rien comprendre et gâcher tout signifie que l'on ne comprend pas un problème et que sa vie est un échec en ce moment.

Plus on est haut placé dans la hiérarchie scolaire, plus le problème est important.

Rencontrer un psychologue dans un bureau situé dans une école annonce la guérison d'une maladie psychique.

ÉCREVISSE. Elle signifie un retour dans le passé afin de mieux juger de son état présent. C'est positif pouvu que le passé ne déborde pas le présent ; il en résulterait un état de dépression et de régression.

ÉCRIRE ou DACTYLOGRAPHIER. Rêver écrire, c'est manquer de mémoire, c'est ne pas avoir de suite dans les idées.

Écrire de la main gauche représente de la malhonnêteté inconsciente envers le prochain, car on est habituellement honnête.

ÉCRITEAU. Il signifie un langage symbolique indiquant une direction à suivre d'après ce qui est inscrit.

ÉCROULEMENT. Il annonce un grand bouleversement dans la vie. La stabilité émotive en sera affectée.

Voir un gros édifice s'écrouler annonce un changement radical dans sa vie. L'objet écroulé indique ce qui disparaît de la vie.

Pour les gens mariés, voir une maison qui s'écroule annonce une séparation.

ÉCU D'OR. Il annonce la chance sur une longue période.

ÉCURIE. Elle parle des instincts inconscients, la vie affective.

Le troupeau calme signifie une vie sereine, prospère.

L'écurie qui est dévorée par les flammes indique que tout ce qui nous était habituel s'effondre et que notre monde intérieur est dans l'insécurité.

Être poursuivi par des bêtes, surtout par un cheval noir, annonce un problème sexuel majeur qui portera atteinte à notre équilibre.

ÉDIFICE. L'édifice représente la stabilité de sa vie présente. Chaque étage, chaque pièce signifie une facette de la vie. L'histoire qui se passe dans la maison de rêve indique le problème qui doit être résolu.

Un gratte-ciel ou un riche édifice signifie que l'on jouit d'une vie bien organisée et prospère.

Construire ou assister à la construction d'un édifice, c'est se construire une nouvelle base de vie sociale.

L'édifice qui s'effondre ou qui tombe en ruine annonce une période d'épreuves; l'on sera obligé de rebâtir une meilleure vie et cette fois avec l'expérience.

ÉDREDON. Il signifie une insatisfaction sexuelle ou un manque d'affection.

ÉGLISE. Rêver d'église indique un besoin d'être protégé.

Voir une foule à l'église indique la confusion, le refoulement sur soi-même.

Prier à la messe signifie une période de tristesse, de difficultés.

Voir un service funèbre avec un catafalque indique que l'on doit oublier un sentiment pour être heureux.

Dormir dans une église annonce la guérison pour les malades et la fin des soucis pour les pauvres.

Voir une église en ruine ou détruite indique que l'on doit compter que sur soi-même.

ÉGOUT. L'égout indique un besoin d'être plus sélectif dans ses relations car certaines sont de réputation douteuse.

ÉLECTION. À moins d'être vraiment en politique, rêver être élu signifie que le sujet exposé dans le rêve concerne directement le rêveur et qu'il doit voir clair en lui pour agir efficacement.

Perdre une élection, c'est ne pas comprendre un problème, une situation présente. Ce rêve a un rapport direct avec un problème de taille dans sa vie présente.

ÉLÉPHANT. Symbole de la chance.

Son attitude vous indique de quelle influence, bonne ou mauvaise, il s'agit.

En voir un seul annonce une chance inouï, une relation influente, beaucoup d'énergie. Plus il est pâle, plus la chance est grande.

En voir plusieurs annonce la maladie, l'insuccès. *V. NOMBRES.*

EMBRASSER. Embrasser une personne connue représente une bonne entente avec cette personne.

Embrasser une personne de sexe opposé annonce un moment d'allégresse, de joie pour bientôt.

Échanger des baisers avec des enfants est un signe de tendresse.

Embrasser des personnes étrangères ou ennemies, c'est faire un effort pour se réconcilier avec quelqu'un.

Embrasser un mort annonce sa propre mort si l'on est malade; si l'on est en santé, c'est un signe de maladie.

Être embrassé et enlacé en même temps annonce une trahison, surtout si on est embrassé sur la joue.

Être embrassé sur le front est un signe de tendresse.

EMBRAYAGE. Embrayer une auto, c'est être décidé à passer à l'action, à avancer dans la vie.

ÉMERAUDE. Elle est un porte-bonheur qui annonce la réussite dans tout ce que l'on désire.

ÉMISSION (de radio ou de télévision). Elle signifie tomber en amour si on entend la voix harmonieuse d'une personne de sexe opposé.

EMMÉNAGER. *V. DÉMÉNAGEMENT.*

EMPLOYÉ. Il symbolise le contrôle de ses instincts, de ses élans et de ses amours. Le corp devient l'employé de l'âme, le serviteur de l'âme.

ENCOMBREMENT. Voir une pièce encombrée par plusieurs petites choses, c'est se casser la tête pour tout et pour rien. On n'arrive pas à se faire une idée sur un sujet donné.

ENCLUME. Malgré la souffrance: détermination et inflexibilité.

ENCRE. L'encre signifie que l'on a oublié quelqu'un ou que l'on n'a pas écrit une lettre.

L'ENFANT. L'enfant c'est l'affirmation de soi dans les projets.

Un garçon prédit toujours une réussite, des gains d'argent et de la combativité.

La mort d'un garçon signifie l'échec.

Une fille est un présage de problèmes financiers, d'insuccès vis-à-vis d'un problème actuel.

La mort d'une fille est un signe de succès, elle annonce la fin d'une situation déprimante.

Voir danser un enfant connu annonce un danger pour la santé de cet enfant, s'il a le même âge dans le rêve et dans la vie.

Voir un enfant sans cheveux ou avec une longue barbe est un présage de maladie pour cet enfant.

Des fillettes qui nourrissent un bébé sont un signe de fatalité.

Voir des enfants qui nous parlent, qui s'expriment bien et qui semblent heureux, est un signe de bonheur et de chance dans nos occupations continuelles.

ENFER. Descendre ou être en enfer indique une situation déprimante.

Y rencontrer un dragon ou y être brûlé indique que notre pessimisme nous empoisonne la vie.

Sortir de l'enfer, c'est comprendre ce qui cloche dans un problème actuel et se libérer de ses soucis et entraves.

ENGRAISSER. Se voir engraisser ou plus gras que dans la réalité annonce une amélioration de son état de vie, soit sentimentale ou financier.

ENGRENAGE. Il signifie que l'on se laisse entraîner, que l'on subit l'entourage.

ENLACER. En rêve, les personnes qui nous enlacent sont, dans la réalité, hypocrites et de mauvaise foi. Si c'est un amant ou une maîtresse, il est certain que son attitude est trompeuse.

ENLISER. Ce rêve représente une situation sans issue; on ne sait comment tenir le coup face à un problème actuel.

Voir un inconnu s'enliser concerne directement les problèmes du rêveur, car il ne sait comment se sortir d'une mauvaise situation.

ENSEIGNEMENT. Le sujet à enseigner indique ce que l'on doit comprendre pour continuer à vivre efficacement.

ENTERREMENT. Il signifie toujours la fin d'un mode de vie, de pensée.

Ne pas voir ce qu'on enterre annonce son propre mariage ou la rencontre d'une personne libre.

Enterrer un ami annonce la fin de son affection pour lui ou encore signifie que l'on renonce à ce qu'il représente symboliquement: entreprises, genre de vie, action.

Voir son propre enterrement annonce une vie nouvelle.

ENTORSE. Ce rêve parle de la conscience, de la moralité, c'est avoir mal sur le plan de l'esprit, c'est se sentir coupable.

ENTRACTE. Il annonce un moment de répit dans le travail ou dans un sentiment amoureux, un calme momentané dans un projet.

ENTRAILLES. Voir son corps ouvert et contempler ses entrailles indique un sentiment de plénitude et de satisfaction au point de vue performance et aisance.

Voir son corps ouvert et ne pas y trouver ses entrailles, car elles sont disparues, annonce une perte très importante de biens, de privilèges.

Voir quelqu'un d'autre observer nos entrailles signifie que l'on nous envie et nous cherche noise.

Vomir ses entrailles annonce la pauvreté, une perte d'argent. *V. EXCRÉMENT.*

ENTREPÔT. Il représente les passions, les réserves sur le plan sentiment; il revient dans les rêves sexuels ou affectifs.

Vide, il annonce la solitude.

Plein, c'est la joie, l'amour.

ENVELOPPE. En tenir une indique que quelqu'un pense beaucoup à soi.

Elle peut signifier un rêve télépathique dans lequel on capte la pensée de quelqu'un à distance.

ÉPAULES. Grosses et belles, elles apportent le succès, l'honneur, la puissance et du courage qui procurera les plus belles situations.

Petites, blessées, elles annoncent la maladie pour des êtres chers, des épreuves qui dépriment, un manque de courage.

ÉPAVE. Elle représente le sentiment qui reste après une séparation, une rupture, une mortalité. C'est un souvenir.

ÉPÉE. Symbole de la croix.

Une épée ayant la pointe vers le haut annonce un combat victorieux; la pointe vers le bas, la perte de procès ou encore la régression.

Une épée oblige à lutter des questions légales.

La tenir dans ses mains est un signe de chance et de gains.

Brisée, elle signifie que l'on sera placé dans des conditions néfastes nous soumettant à l'impuissance.

ÉPI. Symbole de croissance et de fertilité, c'est une nourriture et une semence.

Voir des épis verts est une promesse de réussite.

Mûrs et lourds, nos efforts seront récompensés.

Pauvres et maigres, c'est être dans une période de stagnation, d'attente; on est déçu.

L'épi de maïs a un côté très naturel, il est un symbole sexuel.

L'épi de blé parle toujours de richesse et d'abondance.

Il est très important de savoir à quelle période de l'année ce rêve se déroule afin de déterminer quand aura lieu l'événement annoncé par le rêve.

Rêver d'épis en hiver indique que le succès escompté ne viendra qu'en été, au moment de la récolte, même si les épis sont mûrs.

ÉPICE. Elle annonce un peu de piquant dans la vie, un élément dynamique et excitant qui tuera la monotonie.

ÉPICIER. Pour la femme, l'épicier représente l'homme de sa vie. S'il lui donne des aliments, il lui donnera de l'amour; juger la sorte d'amour par le symbole de l'aliment donné.
S'il refuse de la servir, elle manquera d'affection, son amour ne sera pas partagé.
Pour l'homme, l'épicier le représente.
Si l'on accepte ce qu'il offre, c'est un signe de conquête.

ÉPINE. C'est un signe de tristesse, de soucis, dus à des gens injurieux et louches.
Elle annonce parfois l'amour, tout dépend du contexte du rêve.
S'y piquer est un symbole d'amour.

ÉPONGER. Ce rêve représente l'effort surhumain que l'on fait pour calmer ses émotions et pour essayer de comprendre les autres.

ÉPOUVANTAIL. C'est avoir peur de tout et de rien.

ÉQUERRE. Ce rêve représente un désir de bâtir quelque chose, d'élaborer, de structurer un projet.

ÉRABLE. Symbole thérapeutique.
L'érable est particulièrement favorable à tous ceux qui vivent de commerce.
Aux vendeurs de meubles, aux menuisiers, il annonce la protection, des bénéfices.
Une branche d'érable avec de belles feuilles vertes annonce la guérison, l'amour.

ERMITE. L'ermite indique qu'il est temps de prendre du repos, de faire attention à sa santé.

ESCABEAU. Voir un escabeau signifie qu'une personne de l'entourage viendra nous aider au bon moment.

ESCADRE. Elle annonce des périodes de combativité, de luttes.

ESCALADE. Escalader une montagne ou tout autre chose signifie une possibilité de tomber amoureux.

ESCALIER. Tout rêve qui permet de monter, dénote de la confiance en soi, une nouvelle possibilité d'améliorer sa vie, de croire dans un projet, de progresser intérieurement par un envol de la pensée, une libération par de nouvelles certitudes, dans un sentiment amoureux ou une ambition professionnelle.
La vue de l'escalier oblige à se poser des questions, à vouloir vivre plus intensément, à prendre position vis-à-vis d'une personne ou

d'un état psychologique. Elle pousse au défi, à surmonter des obstacles.

Cela se réalisera positivement, si on réussit à parvenir au haut de l'escalier. Alors, on passe à un autre étape, à un autre projet, à un autre état intérieur, à un autre succès évident dans ses objectifs.

Évidemment la descendre indique un retour à un état premier, l'évolution n'est pas permise, on abdique devant ce qu'on convoitait de réaliser.

Monter, descendre et remonter à nouveau l'escalier, on prendra du recul avant une réussite évidente.

ESCARGOT. L'escargot représente des décisions prises trop rapidement ou un désir d'aller trop vite dans la vie.

L'escargot qui rentre dans sa coquille indique que l'on voit toujours tout en noir sur le plan des sentiments et signifie que l'on est trop susceptible.

ESCLAVE. En général, il annonce un changement de position.

Se voir exposé et mis en vente comme un objet est propice aux gens opprimés et annonce une perte de biens et de prestige pour les riches.

ESCRIME. S'escrimer annonce une dissension amoureuse.

Être blessé au coeur en s'escrimant annonce de l'amour mais si le coeur saigne, c'est une peine.

ESPRIT. Entendre la voix d'un esprit doux et bon annonce parfois un guide spirituel dans l'invisible.

EST. Ce rêve a le même symbole que le soleil levant.

Se trouver à l'Est ou dans les pays de l'Est indique un éveil de la conscience, une naissance intérieure. Il est toujours chanceux et positif de se trouver dans ces pays ou à l'Est.

ESTRADE. Monter sur une estrade dénote un goût d'être mis en valeur, d'être en vue, d'être adoré.

ÉTAGES. Ce qui a lieu aux étages supérieurs a trait à des ébauches de projets, des pensées, un état intérieur, à ce qui se passera dans sa tête à propos d'un fait véritable.

Ce qui se passe au rez-de-chaussée indique ce qui arrivera dans les faits.

ÉTAI. Il représente un besoin d'être supporté et annonce qu'on le sera.

ÉTAIN. Symbole de longévité.

Il dénote l'aptitude à concilier une disposition innée et les expériences acquises de façon à atteindre le plus haut degré d'évolution.

ÉTALAGE. Ce qui est en vue sur les tablettes symbolise ce que la vie nous offre.

Avoir de l'argent pour l'acheter, c'est être capable de faire des acquisitions, des conquêtes.

Faire du vol à l'étalage signifie que l'on manque d'honnêteté en amitié et que l'on prend des choses auxquelles on n'a pas droit. *V. ACHAT, ACQUISITION, MARCHÉ.*

ÉTANG. Voir un étang représente des sentiments cachés, un peu morbides, un peu dépressifs, des sentiments d'impuissance.

ÉTAYER. Étayer soi-même, c'est trouver en soi l'appui dont on a besoin, c'est devoir ne pas compter sur les autres pour être aidé.

ÉTEIGNOIR. Il représente un manque d'enthousiasme dans la vie et signifie que l'on est peut-être un éteignoir pour les autres.

ÉTEINDRE. Éteindre un feu destructeur qui brûle une maison ou tout autre bien, c'est être une personne très rationnelle qui évite le danger et qui prend garde à sa santé.

Éteindre une bougie, un feu bénéfique, sans aucune raison, indique que par un comportement pessimiste et froid, on éloigne de soi les sentiments amoureux, les bonnes volontés.

ÉTOILE. Les étoiles favorisent la réalisation de projets cachés, d'opérations secrètes.

Les voir disparaître du ciel est un signe de mortalité dans la famille.

Voir des étoiles filantes peut annoncer une perte de biens ou l'impopularité; tout dépend du contexte du rêve.

Voir briller les étoiles sur un toit annonce un danger de feu.

ÉTOURNEAU. Il indique que l'on se perdra dans les dédales d'activités ou de démarches fastidieuses qui mènent nulle part.

ÉTRANGLER. C'est un signe d'angoisse très prochaine, de jalousie de la part de la personne qui pose le geste.

ÉTUDIANT. Avoir atteint la maturité et se revoir à l'âge de 10 ans comme un étudiant indique qu'il y a beaucoup de choses à apprendre pour se conduire en adulte, des choses que l'on devrait connaître depuis longtemps.

ÉTUI. L'étui peut être un symbole sexuel et concerne l'amour. La femme qui le voit plein de petits serpents ou de gros vers cherche à provoquer ou se considère comme étant très provocante.

Si elle le voit vide, c'est une femme seule et déçue.

ÉVASION. S'évader représente un besoin de défoulement, un désir de jouir de la liberté car on se sent prisonnier.

ÉVENTAIL. C'est un signe de coquetterie. On désire changer d'air; un petit voyage ou de nouvelles rencontres feraient du bien au moral.

ÉVÊQUE. Le voir, c'est être un bon vivant.

Pour un homme, être sacré évêque est un signe de gloire et de succès.

Pour la femme, il représente un homme sans honneur et sans scrupule.

EXAMEN. Avoir à passer un examen représente une insatisfaction dont on ne connaît pas la raison, le pourquoi.

Le sujet de l'examen parle de ce que l'on doit comprendre pour être heureux dans la vie. *V. ÉCOLE.*

EXCRÉMENT. C'est synonyme d'or.

Durs et d'une belle couleur, les excréments sont un signe de richesse ou de bonheur.

Manger des excréments annonce une meilleure santé, un nouvel amour.

Être barbouillé d'excréments annonce de l'argent, de la santé.

En voir partout est un signe d'agitation et parfois de gain à la loterie.

Les excréments d'animaux annoncent du succès à ceux dont les affaires ont un rapport avec le travail de ces animaux, de la tristesse et des soucis aux autres.

Liquides, malades, c'est de mauvais augure. *V. DIARRHÉE.*

EXCRÉTER. Excréter à son aise dans une toilette ou dans un endroit discret signifie que l'on sera délivré de ses soucis, que l'on trouvera l'argent dont on a besoin ou encore qu'une situation intenable dans laquelle on vit sera réglée très discrètement.

Excréter au bord d'une rivière, d'une nappe d'eau, ou dans les champs, est un heureux présage pour les relations sentimentales.

Excréter dans sa chambre, par terre, annonce une maladie, un divorce ou une brouille avec des amis.

Excréter dans une église annonce un grand péril.

Excréter dans des lieux publics, c'est un signe de honte.

Excréter de la diarrhée, c'est l'amour d'un être malade.

EXIL. S'établir en terre étrangère, si l'on ne projette pas de mariage c'est être très déprimé ou que des maux mortels nous accableront.

EXPLORATION. Elle annonce un moment d'introspection, de découverte de soi-même.

EXPLOSION. Être dans un gros édifice où il y a possibilité d'explosion indique que la vie présente rend le rêveur nerveux et s'il n'y a pas de changement, il explosera, il se détruira.

EXTRA-TERRESTRE. Rêver en être un, c'est accomplir des choses, vivre des expériences qui nous distingueront de la populace et nous mériteront de la considération.

En côtoyer en rêve signifie que, prochainement, l'on sera en contact avec des gens particulièrement bien et intelligents, de condition sociale très élevée.

F

FABLE. Dans les rêves, comme dans la réalité, il y a toujours une leçon à tirer d'une fable. Il est donc important de comprendre le sens de la fable à laquelle on a rêvé.

FABRIQUE. La fabrique représente une personne artificielle, de surface. Le contexte du rêve indique s'il s'agit de soi ou de quelqu'un d'autre.

FAÇADE. Elle symbolise notre aspect extérieur, l'aspect extérieur de notre vie.
Voir une façade et ne rien voir en arrière représente une vie artificielle.
La différence qu'il y a entre la façade d'une maison et son intérieur indique jusqu'à quel point on peut dissimuler ce que l'on est dans la vie.
La façade de maison qui cadre bien avec l'intérieur représente une personne sincère et équilibrée.
Voir un facteur devant une façade de maison annonce des nouvelles attendues.

FACTURE. La facture indique ce qui doit être donné aux autres, ce qui doit être payé afin d'être heureux.

FAGOT. Réussir à allumer un feu avec un fagot représente l'amour qui est dans la maison, dans la vie.
Éteint, il annonce la fin d'un amour, la solitude.

FAIM. Elle signifie un manque affectif, la solitude.
Pour celui ou celle qui s'est vraiment couché le ventre creux, à jeun, il s'agit d'un rêve de compensation.

FALAISE. Être sur le haut d'une falaise annonce un danger et recommande la prudence, sinon on court à un échec.
Être au bas de la falaise et essayer de la remonter, c'est essayer de faire un nouveau départ excessivement difficile dans la vie pour continuer dans la lutte contre l'échec. On essaie de sortir de ses bas-fonds.
Être en bas de la falaise, regarder vers les champs, marcher représente un avancement après un échec, sans espoir de rétablir son idéal.
Être en bas de la falaise, et se diriger vers la mer, c'est vivre une période de recherche intérieure.

FAMILLE. Être avec des aïeuls charmants est un signe de chance; les ennuis se dissipent.

Être avec des aïeuls grincheux, désagréables, annonce des difficultés.

Voir les parents dans la force de l'âge, même si dans la réalité ils sont plus vieux, annonce une protection assurée.

Les enfants concernent les projets, la vie intérieure, l'expression du soi.

Pour la femme, la tante est un présage de conflits, de disputes et l'oncle est un signe de protection.

La cousine et le cousin sont un symbole amoureux.

Un frère indique que l'on partage l'homme que l'on aime ou l'ennemi, tout dépend du scénario du rêve.

Être avec sa soeur est un présage d'amour, si dans la réalité, on aime sa soeur. Si sa soeur est mariée et la rêveuse ne l'est pas, elle rencontrera un homme libre et l'aimera.

Si sa soeur est célibataire, elle représente la femme seule qui est en soi.

FANAL. Voir un fanal allumé ou le tenir en main est un présage d'amour. C'est aussi un sentiment de recherche d'une vérité.

FANGE ou BOUE. C'est un signe de déshonneur dû à une conduite déshonorable.

L'expression populaire « Vivre dans la fange, vie de débauche » l'explique bien.

FANTÔME. En rêver, c'est se faire des peurs avec des riens. Sachez cultiver la pensée positive.

FARANDOLE. La farandole signifie que l'on est une personne très sociale, que l'on a du succès dans la société ou dans la famille.

FARINE. C'est un signe de richesse, d'abondance.

FAUCILLE. Elle symbolise la fin d'une chose, la mort, une coupure définitive avec le passé.

Elle peut représenter aussi un souhait longtemps mûri qui libérera le rêveur.

FAUCON. Le faucon amical représente un protecteur.

Agressif ou antipathique, il annonce des mésaventures ou représente un voleur rôdant dans l'entourage.

FAUSSE MONNAIE. Elle représente la tricherie envers soi-même ou les autres, des mauvais achats ou de mauvaises dépenses d'énergie.

FAUTEUIL. Le fauteuil annonce une belle vie sentimentale, sociale ou familiale.

Il représente un besoin de dignité, un désir d'honneur social. On sera bien vu et bien accepté.

Voir un beau fauteuil confortable est un signe de repos, de paix et de détente.

Y être assis, c'est devoir retrousser ses manches et travailler pour réussir, afin de garder son standing social.

FAUX (faucille). C'est un signe de brisure, de rupture, symbolisé par l'objet coupé.

FAUX (contraire à la vérité). Ce rêve indique la nécessité d'être vrai, d'être soi-même.

FÉE. Voir une belle fée en rêve annonce de belles choses.

Il est très important de la voir belle, car ce qu'une fée prédit ou annonce en rêve a beaucoup de chance de se réaliser.

Laide, elle devient un mauvais présage.

FÊLURE. L'objet fêlé représente quelque chose dans la vie qui peut être complètement démoli, si l'on n'y prend garde.

FEMME. Le corps de la femme est un symbole universel, pour une femme. La femme inconnue la représente presque toujours.

Rêver d'une femme connue est un symbole à découvrir: ce que cette personne représente pour elle, dans la réalité, lui fera découvrir un aspect de sa vie présente, ou encore le rêve la renseigne sur la véritable relation qu'elle a ou aura avec cette personne.

Rêver d'une femme primitive signifie que la rêveuse doit travailler à son évolution intérieure, sur sa personnalité.

Pour un homme: rêver d'une inconnue l'oblige à voir d'un oeil nouveau la personnalité de la femme avec qui il est lié en ce moment.

Rêver d'une femme connue représente la véritable relation qu'il a ou aura avec elle. S'il la connaît déjà, c'est un contact qu'il aura avec elle. Si la femme connue n'est pas celle de sa vie, elle devient un symbole personnel. Par l'analyse, on peut découvrir l'unique sens qu'elle a pour lui dans la vie.

Rêver d'une femme historique indique qu'il doit chercher à connaître ce qu'elle fut dans l'histoire car elle représente le genre de femme qu'il aime en ce moment et la véritable relation qu'il a avec elle.

Rêver d'une femme primitive représente une femme qui n'est pas très évoluée.

FENÊTRE. Être à l'intérieur d'une maison et regarder à l'extérieur, par la fenêtre, c'est étudier les amis qui nous entourent et c'est essayer de mieux les comprendre sans leur en parler.

Être de l'extérieur et regarder par la fenêtre, à l'intérieur d'une maison, c'est analyser sa vie.

La fenêtre ouverte le jour, laissant pénétrer le soleil, indique que l'on jouit d'amitiés heureuses, de belles relations sociales.

Une fenêtre ouverte la nuit indique que l'on est trop sûr de ses amis.

Une fenêtre fermée pendant le jour signifie que l'on est trop timide.

Une fenêtre fermée pendant la nuit signifie que l'on doit être prudent dans nos relations.

FENTE. Être à l'intérieur d'une maison et voir une fente dans le mur annonce un désir de changer de vie.

Être dehors et voir une fente dans une maison, c'est se questionner et désirer améliorer sa vie, ou désirer faire une conquête ou des achats.

Être dehors sur le gazon et regarder à l'intérieur d'une maison par la fente dénote une insatisfaction ou signifie un désir de conquête.

FER. Il signifie la détermination, l'insensibilité.

FER À CHEVAL. Symbole de chance.

FERME. Se retrouver sur une ferme dénote un besoin de se retrouver dans la nature, un besoin de satisfaire ses besoins affectifs.

La ferme comportant un énorme troupeau en bonne santé, c'est du bonheur, de la bonne santé et c'est le signe parfois qu'il serait indiqué de passer quelque temps à la campagne.

FERMETURE-ÉCLAIR. Elle représente une abstinence temporairement nécessaire. Il faut interpréter ce rêve selon le contexte onirique.

FERRAILLE. Elle représente une contrainte dans les sentiments et dénote un désir d'avoir le coeur dur et la volonté de rester ainsi.

FESTIN. Assister à un festin, avoir encore faim ou ne pas être servi annonce une solitude sentimentale. Mais si vous mangez, bonheur. Arrêter de manger dans un festin annonce une rupture.

FÊTE. Les fêtes de jour annoncent des périodes troubles et agitées. La fête nocturne promet l'amour, une liaison, dénote une joie de vivre ou encore annonce des sorties agréables et mondaines.

FEU. C'est un symbole créateur qui amène l'amour, réchauffe les coeurs.

Un gros feu ou un feu rouge, c'est un signe de tracas, de perturbations.

Un petit feu clair est un présage d'une chaude sentimentalité, d'une spiritualité prospère.

Allumer un feu pour réchauffer et éclairer est un signe de santé et de bonheur. Le besoin d'aimer sera comblé.

Le feu qui s'éteint annonce une perte sentimentale ou un embarras pécuniaire. S'il y a un malade dans la maison, c'est une possibilité de mortalité.

Mettre le feu, dans le but de détruire, annonce que l'on subira les conséquences de la haine que l'on sème autour de soi.

Un feu qui brûle haut ou qui tombe du ciel représente des ennemis puissants et haut placés.

Un feu qui éclaire les ténèbres est un signe de protection dans l'épreuve, d'amour nocturne. Un éclair de compréhension surgit dans le subconscient.

Un feu rouge, la nuit, annonce des préoccupations amoureuses que l'on ne saura exempter.

FEUILLE. Les feuilles vertes sont un signe de vitalité, d'énergie, d'amour et d'amitié.

Les feuilles séchées ou mortes signifient que pour évoluer harmonieusement, on doit balayer les sentiments, les amitiés qui nous étouffent.

FÈVES. Fraîches, elles sont un signe d'érotisme.

Séchées, elle annoncent le désaccord, des conflits sentimentaux.

En général les graines annoncent des procès.

FIACRE. Symbole de romantisme.

Il annonce un petit voyage sentimental.

FIANÇAILLES. Les fiançailles où tout le monde est heureux, où tout se déroule normalement, annoncent de véritables fiançailles.

Si l'un des deux fiancés est absent de la fête, ce rêve annonce une rupture sentimentale.

Se fiancer avec une personne inconnue que nous percevons difficilement dans le rêve, c'est vivre avec une personne qui ne nous convient pas ou c'est la méconnaître, c'est sembler l'aimer mais ne pas la voir sous son vrai jour, enfin c'est chercher à faire l'unité en nous. Ce rêve annonce la solitude.

FIÈVRE. Elle signifie que l'on est fringant et amoureux à l'excès.

FIGUES. En saison, les figues sont un signe de sentiments heureux, partagés.

Hors saison, elles annoncent des déboires sentimentaux.

FIL. Symbole de conflits, de procès, de complications.

Si l'on coud avec un fil: union.

Voir un fil mêlé annonce des procès, des disputes.

FILET (dans les cheveux). Les cheveux représentent les pensées. Mettre un filet dans ses cheveux, c'est protéger une forme de pensée, c'est ne pas vouloir changer d'idée.

FILET, PIÈGE. Le filet signifie l'humiliation causée par des ennemis secrets.
L'avoir en main, c'est espérer voir un rival commettre une erreur.
Pêcher un amas de poissons avec un filet annonce la réussite, le succès en affaires, en amour, pour les hommes et la chance en amour pour les femmes.

FIN DU MONDE. Ce rêve annonce la fin d'un mode de vie, d'une manière de penser, un tournant important dans la vie.

FLAGELLATION. Elle représente un sentiment de culpabilité.
Être flagellé par une personne connue annonce de la peine causée par cette personne, ou des déboires qui ont un rapport avec elle.

FLAMME. La flamme représente un sentiment amoureux.

FLATTEUR. Il a trait à des âmes abjectes.
Se sentir joyeux en compagnie de flatteurs est un signe de trahison, de déception.

FLÈCHE. Recevoir une flèche est un signe d'amour.
Voir lancer une flèche indique un goût de séduire, de passer à l'action.

FLEUR. Elle annonce l'amour, la joie.
Les fleurs en boutons ou légèrement écloses annoncent un amour débutant.
Les fleurs séchées annoncent des sentiments éteints ou moribonds.
Les fleurs rouges sont un signe d'amour passionné, de sentiments possessifs.
Les fleurs blanches annoncent un sentiment doux, pur et revitalisant. [1].
Les fleurs roses annoncent un amour tendre et délicat.
Le nombre et leur couleur sont des indices très importants pour connaître la signification du rêve.
Voir un champ de fleurs peut annoncer des funérailles.

FLEURET. Il annonce un flirt.

FLEUVE. Le fleuve représente le courant de la vie, le cheminement naturel.

---

(1) Tout dépend du contexte du rêve. Cela peut annoncer une séparation ou une mortalité.

Voir un fleuve annonce la possibilité d'un voyage.

Se voir descendre un fleuve avec le courant annonce une vie facile.

Se voir remonter le fleuve à contre-courant annonce la réussite grâce à son courage et à la force de sa volonté.

Nager dans un fleuve annonce une période de luttes que l'on saura contrôler.

Y chavirer annonce un événement imprévu, une rupture.

Nager pour gagner la rive annonce que l'on s'aide dans un moment d'épreuve.

Arriver sur une autre rive annonce un changement radical.

Un fleuve plein d'écueils annonce une période de contrariétés.

Le fleuve qui déborde de son lit et inonde le terrain annonce un danger et indique que l'on ne contrôle pas ses émotions.

Sec et vide, il est un signe de maladie; on a besoin de récupérer et de se reposer; aux personnes en affaires, il annonce la malchance.

Rempli de fange, il indique que l'on est impliqué dans des projets malhonnêtes.

Un mince filet d'eau au fond du fleuve signifie qu'il faut récupérer, recouvrer la santé pour être ensuite plus productif.

Se noyer dans un fleuve annonce une épreuve dépassant ses forces.

Être emporté par les eaux du fleuve, c'est ne pas pouvoir échapper à une vie de contraintes et c'est une menace pour l'équilibre.

FLACON DE PARFUM ou PARFUM. C'est un signe de sensualité, un désir de séduire.

FLÛTE. Elle signifie que l'on est léger en amour, comme un papillon.

FONDS BAPTISMAUX. Ils annoncent une nouvelle vie.

Baptiser un garçon indique que sa vie sera transformée par un acte concret et heureux: le mariage, un emploi important.

Voir baptiser une fille indique que l'on subira une attente vaine, un projet assujettissant.

FONDRE DU MÉTAL. Ce rêve indique que l'on a tout pour réussir, l'intelligence nécessaire, l'énergie voulue mais on manque de volonté pour l'instant.

FONTAINE. Rêver d'une fontaine avec de la belle eau claire annonce l'éclosion d'un amour, une joie profonde.

Une fontaine à sec annonce une période de solitude.

Boire à une fontaine est un signe de santé. *V. EAU, SOURCE.*

FORÇAT. Rencontrer un forçat conseille la prudence car on se lance dans quelque chose qui comporte des risques.

FORÊT. Symbole de l'inconscient.

Se trouver devant une forêt annonce un moment de recueillement, d'arrêt pour faire le point en soi.

Être dans la forêt, apercevoir une clairière ensoleillée, annonce un nouveau projet.

Une forêt qui brûle signifie que l'on brûle ses énergies nerveuses qu'on doit retrouver ses esprits, se calmer.

Voir des arbres morts dans une forêt représente une grande solitude. Il faut se faire des amis sinon on court à l'épuisement faute d'amour.

FORGER. Ce rêve annonce des problèmes avec la loi ou des différends sérieux avec des ennemis.

La flamme dans la forge annonce un renouveau après une période de luttes.

Voir des ouvriers travailler dans une forge annonce la victoire sur ses rivaux.

On travaille à se forger de nouveaux moyens, de nouvelles forces.

FOU. Être atteint de démence, c'est être assez détaché de l'opinion populaire pour s'affirmer avec originalité et réussir. C'est de bon augure car l'on manifestera de l'entrain au travail et l'on remportera du succès dans ses entreprises.

Pour les hommes publics, c'est un signe d'autorité.

Pour les nerveux, c'est un signe de santé.

Pour les timides, c'est un signe d'audace.

Rencontrer une personne atteinte de folie: attention pour votre équilibre.

FOUDRE. Elle représente la volonté divine: récompense ou punition du ciel.

Être frappé par la foudre, c'est tomber subitement amoureux, enfin la chance nous sourira.

Une maison détruite par la foudre annonce une séparation, un divorce.

Rêver de foudre, si on projette un voyage, annonce un événement malheureux en voyage.

Rêver de foudre, si l'on est marié, signifie que son mariage peut être détruit par un nouvel amour.

Rêver de foudre, si on aime être en vue, c'est un signe de gloire.

Être foudroyé en position horizontale annonce une maladie très sérieuse, tout dépend si on est déjà malade ou en santé.

FOUETTER. Ce rêve signifie que son esprit d'indolence a besoin d'être stimulé.

126

Être fouetté par un supérieur annonce un avancement, par un inférieur, c'est un signe de défaite.

Être fouetté avec un fouet en cuir annonce une blessure à l'ego.

Blesser ou fouetter un supérieur, c'est détruire ses chances par un emportement agressif.

FOULE. Pour l'homme, la foule représente la femme.

Voir une foule est un signe favorable pour les hommes publics.

Se trouver dans la foule peut apporter beaucoup de confusion en soi, un repliement sur soi-même.

FOULURE. Elle annonce des ennuis passagers.

FOUR. Il représente le sein maternel, la mère.

Un four propre, beau, en bon ordre, est un signe de prospérité au foyer.

Y mettre du pain qui cuit bien annonce une grossesse sans problème, un enfant en santé.

Ou encore la réussite d'un projet d'envergure.

Le four froid annonce une période d'attente.

FOURMI. Elle signifie que le labeur, la prévoyance et le sens de l'organisation nous conduiront droit au succès.

Pour les hommes publics, rêver de fourmis est un signe favorable.

S'amuser avec des fourmis, c'est avoir des amis égoïstes.

Pour le malade, être entouré de fourmis, sans y toucher, signifie qu'il recouvrera la santé.

FOURRURE. Pour l'homme, avoir les moyens d'acheter de belles fourrures annonce une vie érotique, raffinée, facile et le succès dans ses entreprises.

Pour la femme, porter un luxueux manteau de fourrure signifie qu'un homme l'aime et la protège.

FRAISE. En cueillir ou en manger annonce une passion érotique.

FRAMBOISE. *Même signification que fraise.*

FREIN. Être obligé de freiner, c'est devoir contrôler un vif désir sexuel, c'est devoir être prudent.

Être incapable de freiner, c'est être incapable de contrôler ses sentiments afin d'exempter des conflits sentimentaux ou d'affaires.

FRELON. Il signifie que l'on découvrira une personne dangereuse parmi ses amis intimes.

FRÊNE. Il donne un pouvoir presque magique pour chasser l'ennemi, les rivaux.

Pour la femme, le frêne annonce la fécondité.

FRÈRE. En général, ce rêve indique qu'il faut partager certains privilèges, de l'affection.

Pour une femme, le frère représente l'amour d'un homme qui n'est pas libre. Une femme mariée qui rêve de son frère partage son mari avec quelqu'un d'autre.

Pour un homme, le frère représente un concurrent en affaires ou l'amant de sa femme.

Ce rêve peut aussi représenter son véritable frère, tout dépend du contexte du rêve.

La mort du frère annonce que l'on sera débarrassé d'un ennemi, d'une souffrance.

FROID. Avoir froid, c'est l'indice d'un manque d'affection.

FROMAGE. Voir ou manger du fromage annonce des gains faciles.

Voir une souris gruger du fromage signifie que nos chances de succès nous inquiètent; nous ne sommes pas certains de leur durée.

FRONT. Un beau front lisse et brillant indique que l'on a suffisamment confiance en soi pour défendre ses opinions et réussir.

Une blessure au front annonce un choc, un affront, suivi d'un moment de dépression.

Avoir une plaque protectrice sur le front ou sur le visage annonce une responsabilité qui exigera du courage.

FRUIT. En général, les fruits signifient la satisfaction de l'esprit, des sens. Ils représentent le fruit de ses efforts, de sa recherche du bonheur.

Pourris ou meurtris, ils indiquent que le succès attendu n'en vaut pas la peine.

Rongés par les vers, ils signifient que le succès est rongé par une personne hypocrite, des ennemis dans l'entourage.

FUMÉE. Vue d'en bas montant vers le haut, elle symbolise la prière, la pensée vers Dieu.

La fumée blanche annonce une bonne nouvelle.

La fumée noire peut annoncer une maladie sérieuse ou de la mortalité.

FUMIER. Un tas de fumier est un présage de profit, de prospérité. Être couché sur un tas de fumier annonce la richesse, les honneurs. Une personne qui nous salit avec du fumier annonce un dommage dans un avenir proche.

FUNÉRAILLES. Elles sont un signe de richesse et annonce une association, un mariage, une nouvelle vie, une alliance.

FURONCLES. Soigner la plaie et la guérir, c'est retrouver son équilibre ou c'est trouver du travail.

L'endroit de l'irruption d'un furoncle indique la partie du corps qui sera malade.

Avoir des furoncles au cou annonce une maladie prochaine, de la dépression, de la névrose.

Sur les reins, ils annoncent des pertes d'argent.

Aux pieds, ils représentent des obsessions dues à des peines sentimentales, des pertes d'énergie.

G

GAIN À LA LOTERIE. Les véritables gains à la loterie sont rarement annoncés en rêve.

Rêver gagner à la loterie annonce de l'amour.

Les chiffres gagnants représentent la qualité de cet amour. *V. NOMBRES.*

GALE. Pour le pauvre, être atteint de la gale annonce la richesse, les honneurs.

Pour un riche, c'est un signe de grande autorité, de dignité accrue.

Sur d'autres personnes, elle annonce le contraire.

GALÈRE. Elle recommande la prudence dans les lieux, les gens à fréquenter ou les projets envisagés prochainement.

Elle est aussi un indice d'insatisfaction sur le plan professionnel.

GALETTE ou BISCUIT. La galette annonce des gains par l'amitié, et la guérison aux malades.

Pour que le rêve soit bénéfique, il est bon de ne pas ingurgiter de liquide en les croquant car dans ce cas, ce rêve annonce une trahison par des amis.

GANT. Être bien ganté annonce de bonnes relations qui amènent le prestige.

Voir un inconnu, la main gantée, signifie qu'une personne de son entourage est dangereuse.

Mettre des gants, c'est faire attention à ses paroles, ses actes car on sent la soupe chaude.

Voir quelqu'un jeter un gant par terre indique que l'on nous lance une provocation; le ramasser, c'est être prêt à se venger en répondant à ce geste de défi.

GARAGE. Le garage représente l'hôpital de notre évolution sexuelle. C'est pourquoi s'y trouver oblige à combattre l'anxiété et la solitude morale en décidant de se trouver un captivant idéal de vie.

GARAGISTE. Pour la femme, le garagiste symbolise l'homme qui vient l'aider au bon moment.

Lorsque le système nerveux, fatigué des luttes, de la solitude, a besoin de repos, le garagiste annonce l'aide nécessaire pour recommencer une vie nouvelle.

Se trouver dans un garage annonce une réorganisation de sa vie, après bien des angoisses, si vous parvenez à le quitter.

Faire le plein d'essence annonce un événement heureux dans la vie sentimentale, car le carburant représente l'énergie psychique et sexuelle.

GARE. Se trouver sur le quai d'une gare, c'est attendre un nouveau départ dans la vie et c'est un nouvel éveil de la conscience.

Avoir trop de bagages au point de ne pouvoir monter dans le train indique que l'on n'arrive pas à se détacher du passé, ce qui empêche le rêveur d'avancer dans la vie.

Perdre son billet, c'est ne pouvoir accéder à un grand changement soit par négligence ou soit par incapacité.

Se perdre dans une gare: confusion dans la direction de sa vie.

Voir de nombreuses voies s'entrecroiser indique la nécessité d'une analyse complète de ses motivations; cela est plus que compliqué On conçoit une désorganisation de la trame de son destin et de multiples voies s'offrent dans le champ de vision du rêveur.

Arriver dans une gare inconnue, c'est parvenir au succès par son travail intérieur, et évolutif.

Le contrôleur du train ou le chef de gare représente une partie de soi-même qui censure l'autre, sur les possibilités requises.

Prendre le train, c'est être engagé vers une nouvelle direction, une nouvelle vie. Le changement escompté arrivera.

GÂTEAU. Offrir ou recevoir un gâteau annonce un moment heureux, un échange de sentiments.

Tous les gâteaux petits ou gros représentent le plaisir des sens, la volupté.

GAUCHE. La gauche représente le côté négatif, l'inconscient.

Tourner à gauche à une intersection, c'est s'engager dans des activités, des amours illicites, inconventionnelles.

GÉANT. Rêver d'un colosse annonce une protection puissante.

Pour la femme, rêver qu'un homme qu'elle connaît devient géant signifie que cet homme deviendra l'homme de sa vie, s'il ne l'est pas déjà.

Être très grand pour celui qui ne l'est pas dans la réalité annonce le prestige, une amélioration de sa vie.

GENDARME. En voir un annonce une protection.

Il est un symbole de la mère.

GÉNÉRAL. Se trouver avec un général, c'est être bien dirigé dans la vie, car le général est en soi.

Le général: une facette ignorée de la personnalité.

Se voir sous les traits d'un général, c'est aimer commander et être à l'aise en commandant les autres.

Il est une puissance à diriger sa vie.

GENOU. Il symbolise la force, la puissance, la dignité et l'endurance.

S'agenouiller, c'est reconnaître certaines valeurs, être respectueux, faire acte d'allégeance et de respect vis-à-vis d'une personne, de l'autorité.

Saisir ou toucher des genoux, c'est demander protection.

Les genoux meurtris, galeux représentent une santé débile.

Les beaux genoux robustes annoncent des voyages de plaisir, la santé, la joie de vivre.

GEÔLIER. Il annonce un danger d'être pris en faute et d'être dénoncé par un esprit malhonnête. Il représente une situation dans laquelle on ne peut se justifier ouvertement.

Être geôlier, c'est avoir un comportement qui éloignera la chance; notre cruauté retombera sur nous.

Être libéré annonce la réussite.

GERBE DE BLÉ ou D'AVOINE. Elle est un indice d'attente couronnée de succès dans ses entreprises.

GEYSER. Il représente une personne d'apparence froide qui, en réalité, est excessivement chaleureuse.

GIBIER. Voir surgir un gibier conseille la prudence et indique de rester tranquille, car il y a des dangers qui courent et on pourrait être pris en faute.

GIFLE. Dans les rêves, tous les coups représentent des paroles blessantes, des amitiés perdues ou des conflits.

GILET. Un gilet propre et de couleur gaie annonce un amour joyeux.

Avoir à choisir un gilet annonce une précarité en amour.

Chercher son gilet, c'est croire que la personne aimée ne nous aime pas, alors qu'elle nous aime.

GINSENG. Ingurgiter un ginseng est un signe de vie équilibrée, de forte sexualité retrouvée, mais aussi d'endurance nerveuse.

GIROUETTE. Une facette de la personnalité du rêveur qui est peut-être comme une girouette.

GIVRE. Le givre représente une période de peines ou de refroidissement des sentiments.

Si le soleil fait briller le givre, la joie viendra. Elle commence à poindre.

GLAÇON. Voir un seul glaçon annonce une peine sentimentale. Les glaçons qui flottent dans un breuvage annoncent une passion amoureuse.

GLADIATEUR. Apercevoir un gladiateur annonce une provocation et, de là, la nécessité de se battre.

GLAIVE. En voir un, c'est vivre une situation difficile, c'est décider de ne plus se laisser faire, d'être agressif.
En tenir un à la main, c'est un signe de victoire car on passe à l'action.

GLAS. Entendre sonner le glas est un indice de renoncement intérieur.

GLISSADE. Glisser en marchant exige beaucoup de souplesse de la part du rêveur car il s'aventurera dans une entreprise risquée.
Décider de glisser, c'est abandonner quelque chose, c'est être présomptueux.
Glisser et ne pas tomber, c'est laisser tomber un projet ou quelqu'un, c'est une rupture sentimentale qui ne laisse aucun regret car c'est mieux ainsi.

GLOBE TERRESTRE. Il signifie que notre goût du voyage sera bientôt comblé.
On élargit la sphère de sa pensée.

GLORIFIER (se vanter). Ce rêve indique qu'un personne qui se vante souffre d'un complexe d'infériorité. C'est un signe d'insuccès par manque d'humilité, de maturité de connaissance.

GOÉLAND. Il annonce du bonheur, de l'amour et parfois un peu de jalousie.

GOITRE. Se voir avec la gorge grasse et grosse est un signe de bien-être, de succès.
Avoir le goitre annonce une maladie, il faut consulter son médecin.

GOLF. Jouer au golf annonce une rencontre sentimentale, une amitié très spéciale.

GOMME. Elle signifie que l'on remâche sans cesse ses fautes passées; on oublie mal et on devient dépressif.

GONDOLE. Se promener en gondole, c'est trouver l'amour dans ses déplacements.
Conduire une gondole, c'est prendre l'initiative d'une conquête sentimentale.

GRAINE. De la graine donne matière à réflexion, une possibilité de mieux s'orienter, d'améliorer son sort.

GRAISSE. La graisse annonce toujours l'abondance, la richesse. Voir ses vêtements tachés de graisse annonce un mariage d'apparat. Mais si cette image semble désagréable, elle signifie alors des outrages reçus.

GRAMMAIRE. Elle signifie qu'il faut respecter les conditions, les normes exigées dans une affaire. Il faut être honnête et respecter les autres. On sera le premier à en profiter.

GRANDIR. Ce rêve annonce le succès car on est décidé à monter dans l'échelle sociale.
Devenir trop grand et avoir le vertige, c'est avoir peur de la réussite.

GRANGE. Pleine, elle signifie la prospérité.
Vide, elle annonce la pauvreté aux cultivateurs.

GRAPPE DE RAISINS. Elle représente l'amour le plus complet, le plus désintéressé que l'on puisse vivre.

GRATTELLE. En être atteint est un heureux présage.
Voir quelqu'un d'autre atteint de la grattelle annonce des événements fâcheux.

GRAVER. Graver, dessiner des formes géométriques annonce la fin de ses soucis et la réussite dans un domaine indiqué par le rêve.
Dessiner un triangle isocèle annonce l'amour pour bientôt.

GREFFE. Se faire greffer quelque chose annonce un mariage, une union ou une association d'affaires.
La greffe réussie représente un mariage réussi, heureux.

GREFFIER. Il promet plus d'autorité et de prestige aux opprimés.

GRÊLE. La grêle annonce une période de tristesse.
Voir tomber de la grêle signifie que ses secrets les plus cachés seront dévoilés au grand jour.

GRELOT. Le grelot représente un goût de se distraire, de jouir de la vie. Il faut en profiter.

GRENADE. (fruit). Elle annonce l'amour pour le célibataire et une nombreuse progéniture pour les gens mariés.
Tous les fruits qui ont des pépins à l'intérieur annoncent la productivité, la fécondité.

GRENOUILLE. Symbole de soumission, d'un être subalterne.
Voir des grenouilles représente des gens sans discrétion qui parlent tant qu'ils en sont étourdissants.
Frapper des grenouilles, à l'aide d'un bâton, c'est imposer son autorité.

Jeter dehors un couple de grenouilles signifie qu'un amour malheureux s'éloignera de soi.

GRILLON. Entendre un grillon est un indice de protection pour les musiciens, c'est un signe défavorable pour les malades; il indique aux timides et aux craintifs qu'ils ne doivent pas croire en leurs fantasmes; il signifie en général que l'on ne récoltera qu'indifférence dans l'épreuve.

GRIMACE. En rêve, se moquer de son prochain ou le ridiculiser n'apporte que soucis et regrets.

GRINCEMENT. Il annonce de mauvaises nouvelles, un accident inattendu.

GROSEILLE. La groseille annonce l'amour.
Tous les fruits annoncent des moments heureux.

GROSSESSE. Elle annonce la réussite dans un projet en cours.
Pour la femme désireuse d'avoir un enfant, ce rêve annonce la réalisation de son projet.
Se voir enceinte et ne pas en admettre le fait signifie l'avortement d'un projet, la fin d'une entreprise.

GROTTE. Symbole maternel, par son aspect.
Entrer dans une grotte, c'est vouloir ressasser un événement passé qui nous angoisse.
Ce que l'on vit dans la grotte représente la capacité d'accepter un traumatisme.
Sortir de la grotte avant l'éveil, c'est se départir d'une angoisse et c'est pouvoir prendre une décision concernant l'avenir. *V. CAVERNE.*

GRUAU. Le gruau signifie la prospérité, le succès, la protection. *V. CAVERNE.*

GRUE (chouette). Une seule grue annonce le mariage aux célibataires et une naissance aux gens mariés.
Voir une bande de grues annonce un complot, un larcin contre soi.
Voir une grue en période hivernale signifie qu'on bénéficiera mal du fruit de ses efforts.

GRUE MÉCANIQUE. Elle annonce un travail moins pénible ou la solution à des conflits sentimentaux.

GUERRE. Anticiper une guerre ou s'y préparer annonce une mésintelligence de notre part qui nous amènera des conflits, des ruptures.
Avoir les armes à la main indique que l'on provoquera un procès, un conflit et on en récoltera que mésaventure.

GUI. Le gui annonce de la protection, de la chance pour long-temps.

GUICHET. Se retrouver au guichet d'un métro, d'un autobus où il y a beaucoup de monde, c'est se replier sur soi-même et avoir de la difficulté à résoudre un problème.
Être servi de façon satisfaisante à un guichet, c'est résoudre un pro-blème, prendre une option et diriger sa vie.

GUIDE. Symbole d'intuition.
Ce rêve fera aplanir un problème actuel.

GUILLOTINE. Aller à la guillotine, c'est faire une bêtise, tomber en amour, perdre la tête, désirer être puni; tout dépend du contexte du rêve.

GUIRLANDES. Porter une guirlande, une couronne de fleurs en saison est un présage de joie, de santé.
Porter une guirlande de fleurs séchées ou fanées annonce des pei-nes sentimentales.

H

HACHE. Se servir d'une hache indique que l'on sera la cause d'une rupture.

La hache permet une percée de lumière dans le marasme. Tout dépend si on se sert de la hache en montant ou en descendant.

Bûcher en montant indique un effort évolutif dans une séparation temporaire.

Bûcher en descendant : comportement destructeur qui conduit à une séparation définitive.

HAIE. Être obligé de calculer les limites de son terrain est un mauvais indice pour les affaires ; c'est aussi l'annonce d'un conflit sentimental causé par une dépendance, une restriction.

Voir une haie autour d'un jardin annonce une aide, un appui pour se protéger dans le besoin. La vie sentimentale est organisée de telle sorte que l'on ne peut se permettre de faux pas.

Passer par-dessus une haie, pour en sortir, est un signe d'infidélité. *V. JARDIN.*

Voir quelqu'un franchir la haie pour entrer dans son jardin signifie une nouvelle immixtion dans sa vie sentimentale, parfois même une infidélité.

Sauter soi-même la haie pour aller vers l'extérieur, c'est faire les premiers pas pour retrouver sa liberté.

HAILLONS. Ils annoncent la misère, l'inquiétude et la pauvreté, un état moral miné par les déboires.

HAINE. Elle annonce une vie solitaire et sans appui, si ce rêve se répète souvent.

Haïr des gens haut placés, c'est provoquer la malchance.

HALTE. Une halte indique s'il y a lieu ou non de poursuivre un projet sentimental, car on n'est pas complètement engagé dans cette affaire.

Voir ce mot écrit sur quelque chose, c'est préférable d'abandonner une activité.

HAMAC. Il indique un besoin de se détendre.

HAMEÇON. Pêcher à l'hameçon annonce la chance en amour, si vous prenez un beau poisson. En général, se servir d'un hameçon, c'est être décidé à s'affirmer dans une recherche sentimentale.

Voir des détritus, des poissons morts au bout de l'hameçon, c'est être décidé à aller chercher l'affection nécessaire à son bonheur mais un manque de chance est évident.

Voir quelqu'un d'autre manier l'hameçon prévient de prendre garde, de ne pas tomber tête baissée dans un piège quelconque.

HANNETON. Il annonce un petit danger et indique d'être prudent, diplomate. Il signifie qu'il y a de l'amour dans notre vie mais la personne aimée ne nous convient pas tout à fait.

HARDES. Voir des hardes dans une corbeille annonce un événement heureux. Pour ceux qui pensent au mariage, c'est un très beau rêve.

Être vêtu de hardes porte préjudice aux gens malhonnêtes.

Être vêtu de vieilles hardes: déshonneur public.

HARICOT. Procès ou complications financières.

Voir des haricots annonce que l'on sera humilié, ridiculisé par des subalternes, des gens inférieurs.

HARMONICA. L'harmonica indique à la femme qu'elle est aimée et à l'homme, qu'il est en amour.

HARNAIS. Il signifie que l'on est attelé à une tâche et l'on doit oeuvrer dans cette direction. On doit être courageux, patient et soumis.

HARPE. Elle représente la délicatesse et le raffinement des sentiments.

Jouer de la harpe dans une église ou à la mairie annonce le mariage à l'âme solitaire; de sérieux ennuis dans toutes sortes d'entreprises, pour les gens mariés.

Pincer une harpe (mollusque) est un signe de santé, de bon accord en ménage.

HAUTEUR. Se trouver en haut d'une maison, d'un édifice, d'une montagne, annonce le bonheur, le succès, la réussite, si le contexte du rêve le permet.

Apercevoir une immense ville et la contempler du haut d'un toit ou d'un étage supérieur annonce un grand amour qui meublera sa vie pour toujours.

Voir une ville en feu annonce la fin d'un grand amour, même vue d'un endroit élevé.

Se sentir trop haut, au point d'en être angoissé et apeuré, d'être obligé de descendre, annonce la défaite, l'insuccès.

L'expression populaire « tomber de haut » a la même signification dans les rêves que dans la réalité, c'est-à-dire qu'elle signifie une grande déception.

Être dans les hauteurs, faire une chute, la contrôler, c'est-à-dire tomber lentement sans se blesser, c'est savoir prendre les mauvais coups.

HÉLICOPTÈRE. Ce rêve signifie que l'on a le goût de faire autre chose, de changer d'air. La monotonie nous pèse lourdement.

HÉLIOTROPE. Il indique un besoin de se reposer, de prendre beaucoup de soleil et de la vitamine C.

HÉMICYCLE (demi-cercle). Il représente un manque d'expérience pour juger une situation, de ce fait, on se lancera dans un projet négatif.

HÉMORRAGIE. Elle annonce une perte d'énergie nerveuse due à des chagrins, des peines. L'organe blessé symbolise le sujet de ses peines. Une blessure au coeur avec une perte de sang annonce une rupture, une perte sentimentale.
Une blessure au coeur sans perte de sang signifie que l'on subit un amour.
Une blessure à la bouche annonce un conflit avec les gens de la maison.
Une hémorragie vaginale représente la vie sentimentale avec l'homme de sa vie et annonce une profonde solitude qui minera la santé.

HENNIN. Il signifie beaucoup de romantisme et ramène le rêveur en arrière dans le temps.

HEPTAGONE. Il se rapporte au chiffre sept et annonce le succès.

HERBES. Les herbes odoriférantes indiquent que ses secrets seront divulgués.
En manger annonce la misère et la dépendance.
Les herbes séchées annoncent la maladie, l'insatisfaction ou de rencontres sentimentales plutôt frustrantes.
Le mot herbe, pris dans le sens de gazon, représente une belle vie, familiale ou sociale.
Voir un beau gazon vert est un présage de bonheur, de joie et de santé.

HERMINE. Cette bête n'annonce rien de doucereux en amour.
L'homme qui rêve de cette bête doit se méfier de la sentimentalité et du raffinement de la femme qu'il aime. Elle a bonne apparence mais son âme n'est qu'agressivité et vanité.

HÊTRE. Un hêtre rempli de feuilles et en bonne santé est un présage de santé pour les malades, de chance et de succès pour ceux qui ont des projets d'amour ou d'affaires.

Un hêtre blessé, malade ou sans feuilles annonce une période de maladie, de mélancolie, causée par un manque affectif.

Pour la femme, l'arbre représente l'homme de sa vie.

Pour l'homme, l'arbre le représente.

HEURE. Il est très important de connaître l'heure qu'il est dans son rêve.

Le matin annonce un éveil de la conscience, une nouvelle compréhension de la vie, une nouvelle chance, un début.

Les heures avant midi annoncent du succès, midi annonce beaucoup de chance.

Après trois heures, c'est un présage moins heureux.

Après six heures du soir, il ne faut compter sur aucune chance.

HEURTOIR. Agiter un heurtoir ou voir un inconnu l'agiter, c'est avoir besoin d'aide.

Voir une personne connue soulever un heurtoir signifie que cette personne a besoin de notre encouragement et de notre amour.

HEXAGONE. Il est comme le nombre six, il représente une incertitude, une hésitation. *V. NOMBRE SIX.*

HIBOU. Pour les travailleurs de nuit, voir un hibou est de bon augure.

Pour les autres, voir un hibou, c'est être pessimiste, mélancolique et c'est vivre retranché de la vie sociale.

Entendre hululer un hibou est un signe de maladie grave, de mortalité.

HIÉROGLYPHE. Ce caractère d'anciennes écritures égyptiennes indique que l'on ne sait pas l'essentiel d'un problème en rapport avec une personne et que l'on a de la difficulté à avoir la même philosophie qu'elle. Enfin, il y a énigme avec une de vos relations.

HIPPOCAMPE (cheval marin). En manger, c'est guérir d'une maladie nerveuse.

En voir, c'est avoir une vie sexuelle qui commence à poindre.

HIPPOPOTAME. Il représente un amour ou une personne qui apporte beaucoup momentanément, sur le plan de l'équilibre, du bonheur, mais ce n'est que temporaire.

HIRONDELLE. C'est une messagère d'amour.

Voir une belle hirondelle avec un beau plumage annonce, pour l'homme, l'amour d'une femme fidèle et économe.

Voir une hirondelle blessée est un présage de conflit, de blessure entre amoureux.

HIVER. Rêver de paysages d'hiver, en été, annonce une peine sentimentale, une mortalité. C'est une période d'attente avant le renouveau, une période difficile pour la santé.

Cela dépend aussi de la scène du rêve; il arrive aussi que cela annonce un événement se produisant en saison hivernale.

HOCHET. S'amuser avec un hochet, c'est s'occuper d'une foule de choses futiles pour se distraire, qui mènent nulle part. Il faut être plus sérieux.

HOCKEY. Le bâton de hockey, par sa forme allongée et son utilisation offensive, symbolise le sexe mâle. Le filet, avec son rôle de protection, devient un symbole passif, féminin. L'essence du jeu et le symbolisme des objets s'y rapprochant sont un prélude de dualité sentimentale.

Pour ceux qui ont joué un match de hockey ou qui en joueront un, la signification du rêve prend un tout autre sens.

HOMARD. Il représente une personne malveillante ou quelque chose de triste.

En manger est de bon augure et annonce la guérison d'une maladie psychique.

Ne pas en manger: état dépressif.

Le voir cuit représente un sentiment de honte, de rancune.

HOMME. Le corps de l'homme est un symbole universel.
Pour un homme:
L'homme inconnu le représente presque toujours.

Rêver d'un homme connu, c'est un symbole à découvrir: ce que cette personne représente pour lui dans la réalité lui fera découvrir un aspect de sa vie présente; ou encore le rêve le renseigne sur la véritable relation qu'il a ou aura avec cette personne.

Rêver d'un homme primitif signifie que le rêveur doit travailler à son évolution intérieure, sur sa personnalité.

Pour une femme:
Rêver d'un inconnu l'oblige à voir d'un oeil nouveau la personnalité de l'homme avec qui elle est liée en ce moment.

Rêver d'un homme connu représente la véritable relation qu'elle a ou aura avec lui. Si l'homme connu n'est pas celui de sa vie réelle, il devient un symbole personnel. Par l'analyse, on peut découvrir l'unique sens qu'il a pour elle dans la vie.

Rêver d'un homme historique indique qu'elle doit chercher à connaître ce qu'il fut dans l'histoire car il représente le genre d'homme qu'elle aime en ce moment et la véritable relation qu'elle a avec lui.

HOMME-SANDWICH. Il symbolise un message important.

HÔPITAL. Il représente une obsession maladive. On peut diagnostiquer les causes de ses angoisses en analysant les personnages qui sont à l'hôpital et les événements qui s'y produisent.

Se retrouver à l'hôpital représente une situation, un événement qui use les nerfs, qui rend malade ou qui obsède. C'est rarement l'annonce d'une maladie.

HORIZON. L'horizon signifie l'avenir.

Clair, illuminé, avec le soleil qui commence à poindre, il annonce quelque chose d'heureux, le début d'un travail, d'une oeuvre.

Sombre, au soleil couchant, il annonce la fin d'un projet, une mauvaise santé.

HORLOGE. Elle signifie une opposition aux réalisations envisagées par le rêveur.

Voir une horloge qui se brise est un présage de maux, de souffrances de toutes sortes et parfois annonce la mort.

Les heures avant midi sont un présage plus heureux que celles du soir.

L'heure indiquée sur l'horloge renseigne sur la nature du rêve. *V. NOMBRES.*

HOROSCOPE. Il représente une inquiétude face à l'avenir.

La vérité dite sans fard peut être digne de confiance.

Se faire faire un horoscope ou avoir un dialogue avec une personne disparue indique qu'il faut tenir compte des propos entendus car ils sont vrais, ils présagent la réalité.

Se faire prédire l'avenir par une personne qualifiée indique que l'on peut croire à ses paroles, se fier à elle.

Les animaux qui parlent en rêve disent des choses vraies, ils prédisent l'avenir.

HÔTEL. L'hôtel annonce des choses temporaires, incertaines à juger d'après la scène que l'on y vit. Il annonce parfois un voyage. Pour le malade, sa santé continuera à décliner.

Se trouver dans un hôtel ou un motel annonce une période d'échecs en rapport avec l'énoncé du rêve.

HOTTE. Elle symbolise une personne ou une charge fatigante et encombrante.

Ce que l'on trouve dans la hotte aide à définir la personne ou la charge en question, donc ce qui est difficile à supporter dans la vie.

HOUX (arbuste piquant). Le houx représente un bonheur où l'on doit souffrir pour être heureux et indique que les choses doivent être vues d'une façon réaliste et intuitive.

Être sur un bateau et voir rentrer du houx par un hublot indique que l'on subira les fâcheuses conséquences de ses erreurs.

HUILE. L'huile représente l'autorité, le patron.

S'enduire d'huile (crème) est néfaste pour l'homme et la femme, sauf pour celui dont le métier nécessite un maquillage; ce rêve signifie aussi que l'on devra régler des conflits ou cacher certains faits et gestes. Enfin, il faudra être coulant. *V. MAQUILLAGE.*

HUÎTRE. Source de perfection et symbole féminin, elle signifie la haute spiritualité d'une âme humble.

Trouver une perle dans une huître annonce une expérience qui nous fera évoluer énormément, ou une chance inespérée venant d'une femme aux qualités exceptionnelles.

HUPPE (sorte de passereaux). C'est l'inspiration qui aide à se sortir d'une situation sans issue. On lui attribue la découverte de trésors cachés. C'est évidemment une force qui est au fond de soi.

HYÈNE (animal dangereux). Voir une hyène, c'est être entouré d'envieux et risquer d'être volé.

Se voir attaqué par des hyènes et devoir fuir annonce que l'on nous causera un préjudice.

La faire battre en retraite, la capturer ou la tuer, annonce que l'on ne s'en prendra plus à soi. Victoire sur les ennemis.

Entendre hurler l'hyène annonce qu'il y a un danger et qu'il faut être sur ses gardes.

HYPNOSE. Rêver se faire hypnotiser, c'est vivre un amour fou, irrationnel, donc tomber dans une espèce d'inconscience en amour avec une personne qui capte toute notre attention.

HYSTÉRIQUE. Se trouver sur un bateau et faire une crise d'hystérie annonce un problème que l'on ne pourra pas accepter et qui sera la cause d'une dépression.

Les personnages et les choses qui entourent le rêveur sur le bateau indiquent ce qu'il n'accepte pas.

État intérieur dépressif, en général, à cause d'un problème majeur et insoluble. Mais attention, avec du calme, vous y verrez sûrement clair.

I

IBIS. (Oiseau migrateur qui, selon la tradition égyptienne, détruisait les reptiles sur le bord du Nil). L'ibis annonce une aide, une protection dans l'adversité.

ICEBERG. Il représente un chagrin beaucoup plus profond que l'on ne le croit.

ICÔNE. (Image sainte représentant le Christ ou les saints). Elle signifie que la prière est une aide pour soi et annonce un appui, une bouée de sauvetage dans la période critique que l'on vit. Nécessité de prier.

IF (arbre conifère). Symbole de longévité, d'équilibre, de santé et de bonheur.

IGLOO. Il signifie que même si l'on est très affectueux, on ne veut ou ne peut le laisser voir. On passe pour une personne froide et frigide.

IGUANODON. Symbole archétype semblable au dragon.
Il parle du souvenir de nos vies antérieures, puisqu'il est un gigantesque reptile préhistorique. Il représente une force inconsciente, bonne ou mauvaise, selon l'attitude qu'il prend dans notre rêve.
Être agressé par un iguanodon signifie que des forces inconscientes veulent détruire des idées conscientes en soi et l'on sera fatigué par ces luttes intérieures. V. *CROCODILE.*
Contrôler l'iguanodon, c'est se défaire d'obsessions déprimantes et c'est faire l'harmonie entre ses forces conscientes et inconscientes.

ÎLE. Rêver d'une île, c'est avoir besoin de vacances, de repos.
Naufrager ou échouer sur une île déserte annonce un moment de répit, de bonheur après une période difficile.

IMPERMÉABLE. Voir un imperméable que personne ne porte est un signe de grande susceptibilité et qu'un rien nous affecte. En cas de brouille, la plus petite insinuation nous met dans tous nos états. Il faut être moins impressionnable.
Porter un imperméable, c'est s'entourer d'une carapace d'insensibilité; attention, si le coeur se durcit, les sentiments des autres nous seront étrangers.
Enlever un imperméable, c'est s'attirer bien des sympathies par son sens intuitif et humain.

IMPORTUN. Voir un importun suggère une analyse de soi-même afin de connaître ses désirs secrets ou les choses par lesquelles on est importuné dans la vie. Enfin, essayez de voir clair dans ce que pourrait vous apporter un épanouissement.

INCENDIAIRE. Il n'y a pas de songe plus funeste que de se voir mettre le feu et tout détruire; ce rêve signifie que l'on crache sur sa chance et l'on se brûle soi-même.
Si le feu ne fait qu'éclairer, chauffer, sans détruire, il signifie alors que l'on flambe d'amour.

INCENDIE. Les objets détériorés, les maisons délabrées ou les ruines en flammes, indiquent qu'une destruction semble nécessaire pour pouvoir recommencer à neuf.
Les objets précieux, les maisons en bon état, ou toute autre chose bonne et nécessaire que le feu ravage sont autant de pertes dans la vie.
Voir une maison qui ne brûle pas mais qui est entourée d'une flamme annonce une grande passion amoureuse qui animera la vie.

INCONNU. En songe, les propos que tiennent les inconnus se rapportent toujours directement aux intérêts du rêveur. *V. FEMME, HOMME.*

INFANTICIDE. Tuer un enfant en rêve représente un désenchantement, un renoncement à une chose longtemps désirée.
Signifie que son évolution intérieure est noyée dans un projet.

INFIRME. Il indique que le psychique est handicapé et qu'une analyse en profondeur est nécessaire pour parvenir à une parfaite santé mentale.

INITIATION. Elle annonce un événement gros de conséquences qui mettra sa force, son caractère à rude épreuve; l'on s'en sortira plus confiant et plus apte à mener la lutte à la vie.

INJURE. Recevoir des injures, c'est avoir été fautif dans son comportement.

INONDATION. Voir des digues, des barrages rompus, est un signe d'alarme: ses obsessions, ses angoisses prennent le pas sur sa conscience et l'on perd pied dans la vie de chaque jour. Il est important de déterminer ce qui est inondé pour connaître la source de ses inquiétudes et pour pouvoir les contrôler.
Voir sa chambre à coucher inondée, c'est un amour qui rend fou. *V. EAU.*

INSECTE. Il signifie qu'il faut prier pour ses parents et amis défunts.

145

INTERPRÈTE. Il annonce une aide bienfaitrice dans une situation difficile.

INTESTINS. Biologiquement parlant, les intestins transforment les résidus de la digestion en excréments: les matières fécales en rêve sont le symbole de l'or. Donc, si les intestins fonctionnent bien, il faut conclure que la richesse est à notre porte. Vie facile.

INVITATION. Être invité chez quelqu'un indique que l'on a besoin de notre aide.

IRISATION. Elle annonce une amélioration dans la vie.
V. ARC-EN-CIEL.

ISBA. (Petite maison européenne en bois rond.) Elle représente un retrait, la solitude.
Voir du feu dans une isba annonce la fin de la solitude.

ITALIEN. Il représente un être possessif, un peu jaloux.

IVOIRE. Il représente la pureté de la vie intérieure et la fermeté de caractère.
Voir de l'ivoire à l'état brut, en défense d'éléphant, est un songe très défavorable pour la femme et est négatif pour l'homme.

IVROGNE. Il signifie un manque d'objectivité et de courage; notre attitude sera la cause d'échecs cuisants. *V. ALCOOL.*

J

JABOT. Cet ornement d'un corsage ou d'une chemise est un signe de coquetterie trop conventionnelle.
Voir le gonflement du jabot d'un oiseau: vous recevrez une injure.

JADE. C'est un porte-bonheur. *V. PIERRES PRÉCIEUSES.*

JAIS. Il signifie la tristesse causée par un déboire amoureux.

JAMBE. Pour la femme, ce rêve est un symbole de sex-appeal.
Pour l'homme, c'est une adaptation sociale et peut dans certains cas être un symbole de provocation sexuelle.
Avoir de belles jambes minces, disproportionnées par rapport au reste du corps, est un signe de vieillesse malheureuse, de solitude.
Pour une femme, se voir les jambes très poilues annonce que sa personnalité sera plus affirmée et que son comportement sera un peu masculin.

JAMBON. Il signifie un profit inattendu.
Servir du jambon à des convives et en manger annonce un plus grand profit.

JAQUETTE (chemise de nuit). Se voir en jaquette est une menace de maladie et indique qu'il faut se reposer et cesser ses activités.

JARDIN. Le jardin représente la vie naturelle, sexuelle, et la vie de l'âme.
Voir un jardin, c'est faire un choix, prendre une option.
Voir un jardin bien cultivé avec des arbres, des plantes, des fleurs, c'est l'annonce d'un grand bonheur.
Labourer ou semer dans le jardin annonce des joies à venir.
Aride et desséché, il est un signe de tristesse, de vie malheureuse et même de maladie.
Plein de mauvaises herbes, il indique qu'une amélioration est nécessaire dans la vie.
Le jardin enneigé annonce une grande peine sentimentale.
Entouré d'un mur: amour et protection, fidélité.
Le jardin de façade parle d'une vie au grand jour.
Derrière la maison: vie cachée.

JAUNE. Symbole d'intuition.
Couleur du soleil, le jaune représente la couleur du sage qui médite, qui prie et qui perce des secrets.

Le jaune terne est un présage de maladie, de mort.

La couleur jaune combinée à la couleur noire est un signe d'hypocrisie.

JÉSUS-CHRIST. Ce rêve est une forme d'identification. Il signifie que les moments de souffrance et d'épreuves aident à prendre conscience de sa mission sur la terre: on se reconnaît comme étant le serviteur de ses semblables, sa vie est axée sur le don de soi et on accepte la souffrance en vue de son développement spirituel. En général, les gens voient Jésus-Christ, dans les rêves, au moment d'une opération ou d'une maladie physique ou psychique assez sérieuse.

JET D'EAU. Il représente un sentiment pur qui fait partie d'un idéal.

C'est un sentiment très évolué sur le plan de l'amour.

JETER. Jeter quelque chose, c'est laisser de côté ce qui est symbolisé par l'objet jeté.

JEU D'ÉCHECS OU DE DAMES. Le jeu de dames annonce, en général, des problèmes et des ennuis de toutes sortes.

Jouer aux échecs, c'est être logique et très calculateur dans ses visées et c'est l'annonce d'une réussite, du gain d'un procès.

Voir d'autres personnes jouer aux échecs signifie que l'on sera déshonoré par des gens intelligents et sans conscience.

Refuser de poursuivre le jeu, c'est manquer de combativité, une forme de maladie psychique.

Voir une table d'échecs ou de dames annonce des litiges, des conflits, des procès.

JEÛNE. Le jeûne annonce une privation momentanée afin d'arriver au succès.

JOKER. Il annonce la prospérité, un coup de chance.

JONGLEUR. Il représente un besoin d'être très habile pour réussir.

JOUES. Voir des joues rondes, épanouies, couleur de miel, est un signe de bonheur, de chance, de vie épanouissante.

Voir des joues creuses est une signe de tristesse, de manque affectif.

Voir des joues trop fardées annonce la honte car on a découvert une faille dans notre conduite.

JOUG. Il indique que l'on devra se résigner, subir un long travail, et que l'on sera dominé.

Brisé, c'est retrouver son indépendance.

JOURNAL. Il annonce une nouvelle concernant sa vie présente.

JOUTE. Toutes les joutes annoncent un conflit intérieur.
Pour la femme, c'est une dualité vis-à-vis d'un amoureux.
Pour l'homme, la joute annonce un rival.

JUGE. Les rêves de juges, d'avocats et de procureurs signifient des problèmes et des dépenses; son intimité sera offerte à la curiosité des gens.

JUGEMENT. Passer à la cour et être condamné par un jugement indique ce que l'on doit faire pour continuer à mieux vivre. Si sa santé psychique est chancelante, on est condamné à se faire soigner pour retrouver la stabilité émotive.
Rêver passer à la cour, si tel est vraiment le cas dans sa vie, annonce le résultat de ses démarches actuelles.

JUGEMENT DERNIER. Il représente une mise au point, la planification d'un nouveau projet.
En rêver, c'est se juger soi-même car on se sent coupable vis-à-vis d'un acte, d'une pensée.

JUIF. Le juif ou la juive symbolise une personne rusée.

JUMEAUX. Les jumeaux identiques annoncent une réussite parfaite et inattendue.
Voir des jumeaux physiquement différents est un signe de transformation sur le plan moral, à savoir si l'on opte pour le côté matériel ou spirituel de la vie.

JUNGLE. Toutes les forêts signifient l'inconscient.
Voir briller le soleil à travers les arbres signifie que la chance va nous sourire.
Trouver une clairière, un sentier ensoleillé dans la jungle, annonce la fin de ses difficultés et signifie qu'à l'avenir on sera plus calme et plus confiant.
Les animaux qui sont autour de soi, tel le lion doucereux, annoncent une protection.
Les animaux féroces indiquent que l'on est révolté.
Se perdre dans la jungle, c'est essayer, en vain, de résoudre un problème.
Être assailli par des animaux sauvages indique qu'il faut chercher la signification de ces derniers pour connaître la clef de ses obsessions, de ses états émotifs. *V. ANIMAUX.*

JUPON. Le jupon sexy dénote un désir de séduction.

JURY. Faire partie d'un jury, c'est se sentir fautif et essayer de jouer avec la légalité.

JUS. Boire un jus, c'est regretter le passé. On a pris le meilleur du passé, l'expérience fera découvrir la qualité d'un lien affectif présent.

L

LABORATOIRE. Il signifie un besoin de s'analyser.

Voir un laboratoire, c'est avoir besoin d'un examen de conscience.

Travailler dans un laboratoire, c'est devoir analyser ses motivations afin d'avoir une meilleure compréhension de soi-même.

LABOURER. Symbole de création.

Ce rêve est bénéfique. Il représente une collaboration avec la nature, un sens de la fécondité en amour, en affaires.

S'il y a des hommes attachés à la charrue, c'est un signe d'autorité.

LABYRINTHE. Il signifie que l'on sent un vif besoin de prendre une option dans la vie.

Être dans un labyrinthe, c'est ne pas arriver à résoudre un problème obsédant. On cherche une solution.

Sortir d'un labyrinthe indique, qu'à l'avenir, on saura comment orienter sa vie.

LAC. Symbole de l'inconscient.

Un lac scintillant sous les rayons du soleil signifie que l'amour nous redonne la joie et l'équilibre.

Faire une promenade en barque, sur un lac, avec une personne du sexe opposé, c'est avoir pris une option amoureuse sérieuse; au clair de lune, c'est un signe de romantisme.

Marcher ou flotter au-dessus de l'eau annonce une réussite imprévisible qui provient d'une chance exceptionnelle.

Traverser un lac à la nage annonce une longue période de controverse.

Arriver sur l'autre rive du lac, c'est comprendre la raison de son échec sentimental.

Arriver sur l'autre rive et décider de revenir sur le lac indique qu'après une rupture on revient sur ses positions.

Se trouver seul devant un lac signifie une remise en question de sa vie; une séparation pour les gens mariés et peut-être le mariage, pour le célibataire.

LAINE. Tout vêtement de laine signifie le bonheur, un sentiment partagé.

Avoir les cheveux transformés en laine annonce une maladie nerveuse, un déboire sérieux.

LAISSE. Tenir une laisse à la main, c'est dominer.

Être en laisse, c'est être dominé.

LAIT. Le lait nous met dans un état d'infériorité et de vulnérabilité, tel un bébé naissant, et indique que notre santé est à surveiller.
Refuser de boire du lait, c'est couper le cordon ombilical et affirmer sa personnalité.
Voir quelqu'un au fond de l'eau, buvant du lait, annonce une maladie mortelle pour un de ses proches, ou cette personne-là.
Pour la femme qui allaite un enfant, c'est l'annonce du succès; si elle nourrit un chien à la bouteille, c'est qu'elle nourrit un projet amoureux.
L'homme qui se voit à la mamelle de la femme sera dans un état d'infériorité, dominé par une femme et assujetti comme un enfant.

LAMPADAIRE. Symbole phallique de chaleur.
Il représente un homme qui nous aidera, nous supportera pendant une période de peine et de trouble.
Voir un lampadaire éteint est un signe de solitude.
Le voir se rallumer par lui-même annonce une réconciliation.
L'éteindre, c'est être la cause de son échec en amour.

LANCE. Symbole sexuel, c'est penser beaucoup à l'amour.
S'en servir annonce une démarche et une conquête amoureuse.
Pour l'adolescente poursuivie par une personne armée d'une lance, c'est l'éveil de sa sexualité.
Tenir une lance à la main, c'est être décidé de s'affirmer et d'agir.

LANDE. Remplie d'herbes fraîches où poussent les fleurs des champs, elle représente un sentiment plutôt primitif.
Séchée, elle signifie une vie triste et monotone. *V. VALLÉE.*

LANGUE. Symbole sexuel ou symbole d'éloquence: tout dépend du contexte du rêve.
Voir une belle langue en rêve annonce la chance au travail pour ceux qui vivent du verbe; l'amour pour les autres.
Perdre ou se faire couper la langue annonce aux poètes, aux chansonniers, la fin de leur carrière, et pour les autres, la fin d'un amour, l'impuissance sexuelle.
Se mordre la langue indique que l'on fera peut-être une indiscrétion dans les jours prochains.
La pousse de poils sur la langue annonce un déboire.

LANTERNE. Allumée, elle indique d'être extrêmement prudent.
Éteinte, elle signifie qu'il est temps de prendre une décision car on ne sait où aller dans la vie.

LATIN. Parler latin, c'est dissimuler certaines choses pour que les gens ne comprennent pas une situation.

Entendre parler latin dénote une incompréhension dans des problèmes relatifs à ses occupations actuelles.

LAURIER. Il symbolise les hautes distinctions récompensant l'intelligence et l'héroïsme. Ce rêve est fort propice aux médecins et aux poètes.

LAVER. L'expression populaire « S'en laver les mains » a le même sens dans les rêves et dans la réalité; c'est désirer ne pas être responsable de quelque chose, c'est ne pas avoir la conscience tranquille.
Se laver les cheveux, c'est sentir le besoin de recommencer à neuf sur le plan de l'amour, et c'est réussir: il y a une conquête en perspective.
Se laver de la tête aux pieds annonce une meilleure santé.
Laver des vêtements, c'est devoir débattre certaines questions en famille.
Éclaircir, laver une vitre, c'est essayer de mieux comprendre l'entourage.

LÈCHEFRITE. Pour l'homme, la lèchefrite représente une femme sensuelle qui lui causera un préjudice.
Pour la femme, elle indique qu'elle doit être plus sérieuse, tout dépend si la lèchefrite est vide ou pleine.
Pleine, la lèchefrite annonce la joie, un amour heureux ou malheureux, tout dépend si le mets est délicieux ou repoussant.
Vide, la lèchefrite annonce une solitude sentimentale.

LÉGUMES. Les légumes frais sont en général de très bon augure.
Les légumes secs sont un signe de malchance, de déboire, de bonheur dépassé et qui devient frustrant.
Le riz prédit des voyages sur mer sans problème et annonce beaucoup de clarté d'esprit.
La graine de lin prédit du bonheur aux infirmes, aux médecins, aux thérapeutes en général.

LENTILLES. Manger des lentilles annonce des pleurs, des chagrins.

LÉOPARD. Il représente une agressivité marquée par une force de caractère, la véritable puissance qui peut nuire et que l'on doit contrôler, sans quoi on sera le premier à créer des conflits.

LÈPRE. En général, la lèpre annonce la richesse.
Être lépreux, c'est un signe d'honneur, d'autorité. *V. GALLE.*

LESSIVER. Lessiver, c'est résoudre des problèmes familiaux.
Ne pas trouver de lessiveuse ou ne pas pouvoir faire de lessive, c'est

ne pas avoir les moyens de résoudre un problème qui, de toute manière, ne se réglera pas.

LETTRE. Le message écrit sur la lettre se rapporte directement au rêveur.
Les bons souhaits annonce de bonnes nouvelles.
Les souhaits désagréables ou indéchiffrables sont porteurs de mauvaises nouvelles.
Apprendre à lire annonce des difficultés, des déboires, de mauvaises nouvelles.
Bien lire, bien comprendre le message, c'est saisir l'essentiel d'un problème et c'est réussir grâce à une bonne compréhension des autres.

LEVIER. Il annonce la protection d'une personne qui nous conduira à la réussite vers l'objet désiré.

LÈVRES. Symbole érotique, affectif.
Les belles lèvres annoncent de la joie pour les personnes chères.
Les lèvres pincées, difformes ou ulcérées sont un signe d'infortune, de malheur pour ses parents, ses amis.

LÉZARD. Voir un petit lézard doucereux est un signe de chance.
Le brutaliser, c'est agir de façon à déterminer son mérite. Il faut être moins agressif et plus confiant envers les autres.

LIBELLULE. Elle représente une personne élégante ayant des idées très libérées.

LIBERTÉ. Ce rêve annonce la liberté après avoir été prisonnier de quelqu'un ou de quelque chose.

LIBRAIRE ou BIBLIOTHÈQUE. Se trouver dans une librairie indique qu'il serait bon de s'instruire davantage, d'élargir le champ de ses connaissances, si on désire réussir.

LICORNE. Symbole de chance pure.
Voir apparaître une licorne et bien s'entendre avec elle est l'annonce d'un succès total dans ses projets surtout si l'on tient l'unique corne dans sa main.
Tuer une licorne annonce la malchance causée par une conduite vaniteuse et entêtée.

LIERRE. Il signifie qu'un sentiment pourtant heureux commence à peser sur sa liberté.

LIEUX D'ENFANCE. Ils annoncent une période d'épreuves et ils sont un indice d'infantilisme qui prouve que l'on a besoin d'être protégé, de fuir ses reponsabilités. Il faut se ressaisir et faire face à la vie.

LIÈVRE. Il annonce la joie, le succès, l'amour.
Le tuer, c'est détruire la chance, l'amour, l'amitié, enfin tout ce qui nous est cher.

LIFTIER. Voir un garçon d'ascenseur indique que, présentement, l'on cherche une solution afin de prendre une juste décision et annonce qu'il y a une personne de bon conseil près de soi.

LILAS. Il annonce un amour printanier.

LIMACE. Elle représente une personne de l'entourage qui nous importune sans qu'elle ait l'idée de nuire.

LINGE. Le linge propre est un signe de bonheur.
Le linge sale signifie les conflits, les contraintes, les brouilles en amour.

LION. Il symbolise les rois de l'économie: patrons, magistrats, etc.
Un lion docile et câlin est un signe de protection influente et annonce une promotion.
Un lion qui mugit et nous agresse indique que nos supérieurs sont insatisfaits de nous, que nous attirons leurs foudres.
Maîtriser un lion, c'est bien contrôler ses impulsions.
Porter une tête de lion annonce un succès prometteur.
Le mot lionne a la même signification que le mot lion mais s'adresse plutôt au sexe féminin.
Enfin, la vue du lion en rêve s'adresse aux émotions et aspirations les plus nobles en nous.

LIRE. Lire des écrits compliqués et bien les comprendre annonce la richesse et les honneurs après un grand changement.
Apprendre à lire une langue étrangère annonce un changement de situation ou de pays.
Être obligé d'apprendre à écrire, c'est ne pas saisir l'essentiel dans ses affaires, on a continuellement des problèmes.
Éprouver de la difficulté à lire les mots d'un message ou d'une lettre, c'est ne pas comprendre l'essentiel d'un problème actuel.

LIT. Symbole de la vie du rêveur.
Un lit propre et bien fait signifie le succès et l'équilibre.
Être au plumard et jouir de la vie au maximum avec une personne du sexe opposé, c'est un signe de gracieuse entente avec son conjoint.
Être dans une chambre et regarder une personne alitée du même sexe que soi, c'est un signe d'épuisement nerveux et annonce de sombres moments.
Voir au lit une personne du sexe opposé, c'est un signe d'insatisfaction sexuelle.

Voir une petite fille sous son lit, c'est qu'un problème sentimental détruit notre équilibre.

Voir une bête ramper sous son lit, c'est un signe de maladie et annonce un danger.

Voir un lit en désordre représente un désir sexuel refoulé.

Ne pas voir de lit indique un moment de fatigue intense dû à un manque affectif.

LITERIE. Propre, elle annonce le bonheur en ménage, une relation sentimentale empreinte de pureté, de renouveau, d'idéalisme. Sale, la literie indique qu'une modification de l'être aimé s'impose car il détériore notre santé: un renouveau doit s'effectuer. *V. DRAP.* Laver et étendre sa literie sur la corde à linge annonce une mortalité, un veuvage ou une séparation.

LIVRE. Il représente la vie du rêveur dans ce qu'il doit apprendre. Le beau livre annonce la richesse, une bonne vie et signifie que l'on est de son temps.

Les vieux livres, c'est avoir des idées périmées, une vie triste et c'est devoir s'adapter à la vie d'aujourd'hui.

Manger des livres annonce le succès pour les intellectuels: leurs efforts seront récompensés.

Lire un livre de médecine indique que l'on doit se renseigner sur sa santé.

Lire un livre de philosophie, c'est manquer d'adaptation.

Voir quatre livres, c'est la stabilité dans la vie.

Il faut être attentif au message que le livre veut transmettre: le titre du livre, une phrase, une image, un chiffre, pourraient être la clé de son succès.

LOCOMOTIVE. Elle symbolise la puissance de l'énergie physique et sexuelle.

La locomotive qui fend le vent et file à toute vapeur indique que l'on déborde d'énergie ou que l'on vit un grand amour.

La locomotive qui se brise, ralentit ou s'arrête en plein champ, indique que l'on manque d'énergie ou d'affection.

Voir une lomotive qui fonctionne avec un feu d'allumette, c'est ne pas avoir assez d'énergie pour réaliser ses désirs.

LOTERIE. Elle annonce une rencontre sentimentale importante.

LOUP. Le loup, comme tous les autres animaux sauvages, représente soit des rivaux déterminés à nous perdre, soit nos instincts primitifs. Il faut contrôler nos instincts pour ne pas agir d'une façon irréfléchie.

LOUPE. Elle indique un besoin d'examiner minutieusement chaque recoin de son existence afin de mieux se comprendre soi-même.

Elle annonce un danger qui vient de soi ou des autres.

LUMIÈRE. Claire et brillante, elle est un signe de joie, de dynamisme, d'énergie positive. C'est le temps de passer à l'action.

Sombre, elle annonce de la fatigue, un manque d'énergie.

La lumière qui s'éteint annonce la fin d'un amour, d'un mode de vie, la perte d'une amitié et indique qu'une réadaptation est nécessaire. Pour les malades, c'est un signe de longue convalescence.

Éteindre soi-même une lumière, c'est décider de quitter un amoureux.

LUNE. Une belle lune, tout comme un soleil resplendissant, c'est un symbole heureux doublé d'un apport de fertilité. Elle symbolise, en général, l'élément féminin: fille, femme, soeur.

Brillante dans un ciel dégagé, elle annonce la chance et la fécondité à la femme qui le désire.

Brumeuse et floue, elle annonce des troubles, des maux aux personnes âgées ou aux membres féminins de la famille.

Se mirer dans la lune annonce une maladie grave, une mortalité.

Voir la lune dans ses rêves signifie que ses secrets seront dévoilés.

Pour la femme, rêver de la lune, c'est devoir s'occuper de ses sentiments, de sa vie, d'elle-même.

Pour un homme, en rêver, c'est devoir faire plus de place dans sa vie pour la femme aimée.

Tous les bénéfices et tous les services manifestés par la lune sont moins aigus et moins prononcés que ceux du soleil.

LUNETTE. La lunette représente une difficulté à résoudre un problème présent. On ne voit pas ou on rate quelque chose d'intéressant dans son entourage.

LUTTE ou COMBAT. Lutter avec quelqu'un annonce un conflit avec cette personne. Il est préférable d'être victorieux car le résultat sera le même dans la vie et dans le rêve.

Lutter avec une personne inconnue est un signe de conflit intérieur qui oblige à prendre une décision si l'on ne veut pas tomber malade.

Lutter avec un mort annonce un procès, des difficultés au sujet d'un héritage ou de ses affaires en général.

Lutter avec un supérieur et le vaincre annonce la réussite dans un domaine inconnu.

Lutter avec un inférieur et être battu est un signe de malchance.

LYS. Le lys signifie la pureté, l'innocence et la virginité.
Le lys fané représente un dessèchement intérieur, annonce la solitude, un moment d'arrêt sur le plan de son idéal.

M

MÂCHER. C'est ruminer un problème ou regretter une erreur.

MÂCHOIRES. Elle représentent les amis, les êtres chers.
Les mâchoires saines indiquent que les réserves sont bien gardées et que l'on n'a pas de problème matériel.
Les mâchoires blessées ou ulcérées signifient que l'on souffre d'un manque affectif et que tout s'en ressent.

MAGNÉTOPHONE. En rêver, c'est déchiffrer une situation complexe symbolisée par le message entendu en songe.

MAIGRIR. Maigrir ou se voir maigrir annonce une perte d'argent, des querelles, de la malchance.
Voir maigrir les autres autour de soi sans maigrir soi-même signifie que ses finances seront prospères et que son influence sera prépondérante.

MAIN. Belle et propre, la main est un signe de chance, d'activité, de plaisir.
Salle, la main indique qu'il faut être plus honnête dans ses projets.
Petite, la main est un signe de rapacité, d'avarice.
Grande, elle signifie la bonté, la bienveillance.
Galleuse, elle annonce des profits.
Blessée, elle représente une blessure émotive ralentissant ses activités en général.
Blanche, elle annonce la perte d'un être cher, la fatigue.
La main mordue par un chat ou un animal signifie que les personnes aimées nous détruisent physiquement et moralement. On devrait réfléchir à mieux organiser sa vie.
Une poignée de mains échangée représente une amitié fidèle et protectrice qu'il ne faut jamais laisser tomber.
Perdre les doigts de la main annonce une trahison ou séparation, une perte de bien.
Avoir plus de dix doigts, c'est jouer de malchance.
La main coupée est un signe d'impossibilité d'agir, de peine, de résignation.

MAIRIE. Se trouver à la mairie annonce un mariage, une liaison, si les mariés sont là; s'ils ne sont pas là ou un des deux n'est pas là, c'est une séparation.
Se diriger vers la mairie, c'est désirer vivre une union.

MAÏS. L'épi de blé d'inde est un symbole sexuel masculin.
Manger du maïs est un signe d'abondance, d'amour.
En voir est un signe de chance, de désir sexuel.

MAISON. Elle représente l'état d'âme, la vie du rêveur, son champ de pensée.
La cuisine et ce qui s'y mijote représentent les événements à venir.
La chambre à coucher parle des amours et de la santé.
Le salon ou la salle de séjour représente tout ce qui se rapporte à la vie sociale, les sentiments, l'amour légitime.
Les étapes supérieurs représentent les idées, la façon de penser, de réagir, vis-à-vis des événements à venir, et la manière dont on s'y adapte.
Le rez-de-chaussée représente tout ce qui est concret, les événements appelés à se réaliser.
La cave représente l'inconscient, ce qui commence à germer dans le conscient en rapport avec des constatations actuelles.
Construire une maison, c'est rebâtir sa vie.
Démolir une maison annonce une séparation, un divorce.
Voir une maison flamber sans brûler annonce un amour passionné.
La voir flamber et brûler, c'est épuiser ses forces à cause d'un conflit émotif sérieux, d'une séparation ou d'une mortalité.
Se lever tôt le matin et sortir de la maison, c'est être capable de vivre une nouvelle vie d'une façon efficace.
Se lever tôt le matin et ne pas pouvoir sortir de la maison annonce un état dépressif, un échec.
Laver sa maison, c'est ne pas se sentir vraiment chez soi, besoin de se dynamiser. Si on y réussit: bonheur en découvrant un état différent.

MAISON DE DÉBAUCHE. Elle annonce de l'adversité et de la discorde au rêveur.

MALADE. Se voir malade est un signe de guérison.
Être au lit, ne sentir aucun malaise ni aucune fatigue annonce une maladie psychique.
Être malade annonce des gains faciles pour le pauvre.
Visiter un malade alité annonce le chômage, un préjudice, la maladie pour la personne visitée.
L'expression « être malade » a la même signification dans les rêves et dans la réalité, c'est-à-dire qu'elle parle d'une idée fixe, un peu folle.

MALLE. Faire ses malles, c'est désirer faire un voyage, vouloir changer de décor.

Avoir les malles en main et ne pas pouvoir partir, c'est désirer rompre la monotonie de la vie et être dans l'impossibilité de le faire.

MANCHOT. Ce rêve annonce une longue période d'inactivité. Être manchot, s'il s'agit du bras droit, annonce une maladie psychique ou un accident.

S'il s'agit du bras gauche, c'est manquer d'intuition et c'est être inactif à cause de son imprévoyance ou à cause d'une malchance venant de l'entourage.

MANGER. Symbole de jouissance, de sensualité.

Bien manger est un signe de bonheur en amour. On aime la vie.

Pour le malade, manger de la viande dans un banquet indique que sa maladie s'aggravera.

Pour la personne en bonne santé, c'est l'annonce de la mort d'une personne de l'entourage, si elle doit arrêter de manger à cause d'une personne se présentant à elle.

Manger de la viande crue annonce une peine extrême sur le plan sentimental.

Manger des oiseaux est un signe de profit, de combinaisons lucratives en affaires ou annonce un amour merveilleux.

Manger du poisson est un présage de guérison sur le plan psychologique. Plus le poisson est gros, plus c'est avantageux.

Manger des biscuits est un signe de guérison, d'affaires menées à bonne fin et c'est de bon augure pour les amoureux.

Manger des olives indique que des manoeuvres frauduleuses sont menées contre soi.

Manger des confitures annonce un amour qui apportera plus de frustration que de joie.

Manger des salaisons annonce une mauvaise santé, des troubles d'affaires.

Manger du boeuf bien apprêté est un présage d'amour, de belle sexualité.

Manger de la merde, c'est être amoureux, avoir un coup de foudre.

MANNEQUIN. Il signifie un manque de réalisme, de naturel.

Pour la femme, rêver être mannequin représente une vie artificielle, avec des sentiments superficiels.

Pour un homme, ce rêve représente une femme dont il ne voit pas le vrai caractère.

MANTEAU. Symbole de la protection, de l'affection.

Porter un beau manteau de qualité, c'est se sentir en sécurité car on a l'appui, l'amitié dont on a besoin.

Se voir porter le manteau d'autrui, c'est désirer être protégé, aimé.

Voir un ennemi recouvert d'un manteau indique que cette personne a de plus puissantes affiliations qu'on ne le soupçonne.

MANUFACTURE. Voir ou diriger une manufacture annonce une grande joie et du succès. Être ouvrier dans une manufacture détermine une période de travail intense sur soi. Même afin de s'adapter à la vie sociale après un coup dur.

MAQUILLAGE. C'est un bon présage pour les gens dont le métier nécessite d'être transformé, maquillé.
Se poudrer, se farder le visage, c'est se trouver dans une situation déplaisante, par honte ou à cause d'une gaffe commise. On doit dissimuler ses émotions pour cacher ses méfaits, ses erreurs.

MARCHÉ. Le marché bourdonnant d'activité signifie que l'on fera de l'argent.
Voir dans une épicerie des gens pauvres qui n'achètent pas est un signe de solitude, de faillite.
Y voir des étalages vides où il n'y a rien à vendre représente un manque d'opportunité et indique qu'une personne ne répond pas à ses aspirations amoureuses.
Ce que l'on réussit à acheter au marché indique ce qui est à sa portée en ce moment.

MARCHER. Marcher, c'est avancer dans la vie. C'est croître et progresser intérieurement.
Marcher sur la tête: situation confuse et désagréable où le ridicule prime.
Marcher sur une montagne annonce une période difficile.
Marcher sur la rue représente une période d'arrêt. C'est un trajet au sein de sa vie inconsciente.
Marcher sur l'eau annonce une réussite imprévue qui vient du ciel.
Ce que vous rencontrerez dans la rue annonce un état intérieur à venir.

MARÉCAGE. Il décrit l'activité inconsciente.
Patauger dans un marécage, c'est ne pas comprendre des conflits émotifs.
S'y enliser et y périr, c'est être dans une situation sans issue, et ne pas avoir la force nécessaire pour y faire face.

MARIAGE. Assister à un mariage ou voir des mariés peut annoncer une union. Tout dépend du contexte du rêve; le mariage indique ce qui se termine et ce qui va commencer dans la vie du rêveur. Ce rêve peut aussi annoncer une invitation à un mariage, un événement à venir, si tout se passe normalement.

Pour ceux qui sont déjà mariés, cela concerne l'harmonie ou le contraire avec leur conjoint.

Se voir dans une robe de mariée annonce des complications sentimentales, des ruptures, si le marié n'arrive pas. *V. MAIRIE.*

MARIN. Il signifie l'instabilité, l'inconstance, une douceur momentanée.

Pour la femme, ce rêve indique que l'humeur changeante de son amoureux la bouleverse.

MARRON. Il annonce le danger d'être victime de brutalité, d'événements désagréables.

MARTEAU. Utiliser un marteau à bon escient annonce la réussite dans un projet.

L'utiliser pour détruire, casser des objets, indique que l'agressivité nous conduit vers la malchance, qu'il faut tenir compte de ce que nous détruisons.

MASQUE. Ce rêve représente des hypocrites qui font de belles façons, il faut scruter l'âme de l'entourage.

Réussir à enlever un masque, c'est découvrir une intrigue menée contre soi.

MASSACRE. Sur le plan subjectif, c'est un signe d'agitation dans le subconscient. Il faut se calmer et être moins agressif.

Massacrer des animaux, c'est aller à l'encontre de ses instincts.

Sur le plan objectif, tuer un animal agressif annonce une victoire sur un ennemi.

MASSUE. Avoir la massue à la main, c'est se sortir d'une difficulté, c'est réussir.

Recevoir un coup de massue annonce un échec, un coup dans le dos.

MATADOR. Il représente un sentiment d'orgueil, un désir de jouer un rôle important.

Dompter ou tuer le taureau annonce une victoire sur soi-même.

Si le matador est blessé ou tué par le taureau, ce rêve indique que l'on n'agit pas à sa guise, que l'on est dominé par quelqu'un ou par une sexualité mal vécu.

MATELAS. Le matelas moelleux, confortable annonce des succès sentimentaux.

Vieux, étriqué, avec les ressorts qui craquent, il signifie que l'on aura ni amour, ni protection.

Voir un matelas sans voir de lit annonce un amour inconventionnel, en dehors d'un cadre de vie normal; en général, il s'agit d'une personne qui n'est pas libre ou qui ne veut pas se stabiliser.

MATIN. Il est un signe très heureux et annonce le succès dans les entreprises.

MELON. Il annonce l'amour, une liaison mais n'apporte pas un résultat tangible sur le plan de la réalisation des projets ou des affaires.

MENTEUR. Mentir à sa famille ou à ses amis signifie que l'on tombera dans la détresse.
Être menteur indique que l'on récoltera des méfaits; sauf pour les comiques ou ceux qui amusent le public.

MER. Syn. océan.

MERCURE (métal). Il représente une adaptation facile, annonce des liaisons, et est un signe d'intelligence. Le dieu Mercure s'adresse aux commerçants et aux voleurs, il symbolise la ruse, l'intelligence.

MÈRE. Symbole d'amour, de joie de vivre, de protection et d'équilibre. C'est la mère cosmique qui vit en chacun de soi, c'est-à-dire un instinct marqué à vouloir vivre. En comparaison au père cosmique (soleil), la mère cosmique (lune) est un symbole moins heureux que celui du père cosmique et donne moins de force, l'amour est moins profond. Rêver à sa mère, qu'elle soit vivante ou morte dans la réalité, c'est avoir une véritable relation avec elle; tout dépend de notre état de vie, de notre situation.
Elle peut signifier l'état d'un sentiment que l'on éprouve pour un homme ou pour une femme.
Voir sa mère belle, joyeuse, est un signe de bonheur en amour.
La voir souffrante ou brûlée représente un sentiment négatif et dépressif, en amour.
Pour une personne ayant une décision de divorce: la mère représente l'amant pour une femme, le père: le mari.

MESSE. Entendre la messe annonce de la satisfaction, de la joie.
Être à un office religieux annonce des difficultés prochaines mais la méditation, l'énergie cosmique nous donneront la force de vaincre.

MÉTAMORPHOSE. Elle symbolise toujours un sentiment plus intérieur qu'apparent de transformation profonde.

MÉTÉORITE. Il indique que, depuis longtemps, on aurait dû percevoir et régler une situation confuse qui rebondira bientôt.

MÉTIER. Exercer un métier quel qu'il soit, avec minutie et satisfaction est un signe de réussite en affaires.

Mal s'acquitter de sa tâche annonce une perte de situation, une maladresse de sa part, un insuccès.

Voir des inconnus à l'oeuvre dans leur métier respectif ou voir leur atelier, leur lieu de travail, apporte au rêveur le même espoir.

MÉTRO. Il représente un état dépressif et a le même genre de symbolisme que les espaces souterrains, les tunnels. Il parle d'angoisses profondes qui doivent être apaisées.

Il arrive qu'on rêve de métro après un traumatisme causé par une séparation, une mortalité. Ce rêve signifie que l'on croupit dans un labyrinthe dépressif et que l'on cherche une porte de sortie pour chasser ses angoisses.

Ce que l'on voit dans le métro, c'est l'objet de ses angoisses.

Sortir du métro avant la fin du rêve, c'est sortir des ténèbres intérieurs et voir la vie avec joie et bonheur.

MEUBLE. Il représente ce qui meuble la vie.

Une maison bien meublée est un signe de vie confortable et heureuse et de stabilité dans les affections.

Une maison sans meubles représente un défaut de motivation, de lien avec le contexte présent de la vie. Fin d'une forme de vie.

Les meubles de bois sont un signe d'affection chaude et profitable.

La qualité, le style et la couleur des meubles indiquent la qualité des sentiments de la personne qui vient à nous.

Les meubles de style représentent une personne très raffinée et cultivée.

Contemporains et riches, une personne de bonne éducation.

Vieux et démodés, une personne qui n'est pas de son temps et avec qui on aura de la difficulté à s'adapter.

Le vaisselier annonce un amour prochain.

MEULE À AIGUISER. En rêver, c'est préparer de nouveaux projets par des décisions, des actes concrets en vue d'améliorer ses moyens de subsistance.

MEULE DE FOIN. La meule de foin, à l'abri dans une grange ou dans une étable, annonce des possibilités, des avantages professionnels définis.

Dans un champ, un gré des intempéries, elle signifie que l'on doit veiller à ses intérêts car en ce moment, rien n'est sûr.

Voir brûler des meules annonce un échec dans les projets en cours.

Distribuer le foin aux animaux, c'est jouir de gains heureux et d'esprit d'initiative dans des projets. *V. GRANGE.*

MIDI. Cette heure représente la pleine conscience, le succès à son zénith.

MIEL. Il est un des plus beaux symboles dont on puisse rêver.
Se voir butiner de fleur en fleur, c'est faire une recherche sur soi-même, sur sa maturité, et le miel représente le résultat de cette recherche.
Manger du miel, c'est se nourrir de sagesse, de philosophie, c'est atteindre un bon équilibre et transpirer l'harmonie.

MILAN. Cet oiseau nous avertit que l'on nous épie, qu'on pourrait nous voler.
Le contexte du rêve indique ce qui peut être volé.

MILLE. Voir le chiffre 1 000 annonce une chance soudaine.

MIROIR. Il représente la vérité sans masque, un moment de prise de conscience.
Voir une personne du même sexe que soi dans un miroir représente les facettes, les traits cachés de sa personnalité.
Se voir belle et bien coiffée dans un miroir est un signe d'amour, de mariage.
Se voir mal coiffé annonce un amour malheureux.
Se voir laid est un signe de solitude, de peine.
Se mirer dans l'eau annonce une maladie sérieuse.
Se voir en jaquette de nuit ou en robe de chambre est un signe de longue maladie, de convalescence.

MOIGNON. Il représente des difficultés passagères dans le travail et dans l'action.

MOISSONNER. Ce rêve est un indice de succès si les épis sont pleins et beaux.
C'est un signe de grande prospérité, si le soleil brille de ses rayons.

MÔLE. Le môle représente une personne qui nous protégera dans les moments difficiles.

MOMIE. Elle indique que l'on ne s'en tient qu'à la préservation de sa beauté, de ses acquis et que l'on paralyse son évolution.

MONSTRE. Il représente quelqu'un de l'entourage qui a une emprise prépondérante sur soi. Il faut définir sa personnalité, sa propre originalité afin de retrouver l'harmonie intérieure.
Voir un monstre agressif et le vaincre, c'est retrouver son libre arbitre grâce à sa volonté et à sa liberté. *V. IGUANODON.*

MONTAGNE. Être en bas d'une montagne et la jauger annonce un projet important en perspective.
Monter facilement une montagne est un signe de réussite facile.
Escalader une montagne sans fin signifie que pour soi, c'est très difficile de poursuivre un travail ou simplement de vivre.

Descendre une montagne, c'est abandonner un genre de vie ou de travail.

Dégringoler en bas d'une montagne annonce un échec imprévisible.

Se promener sur une montagne est un heureux présage pour les gens honnêtes et annonce des difficultés, des pérégrinations aux autres.

Elle n'accorde aucune faveur aux opprimés.

Ne pouvoir voir le ciel en regardant la montagne: situation insurmontable.

MONTER AU CIEL. Ce rêve annonce sa propre mort.

Pour les être initiés, les gens qui travaillent sur leur évolution spirituelle, c'est une meilleure compréhension des mystères, l'illumination; la mort à une vie basée sur le matérialisme; un pas de géant vers la lumière; c'est percer le voile des mystères, et enfin, c'est se diriger vers l'état céleste qui est en soi.

MONTRE. Elle indique que l'on perd son temps, qu'il faut se brancher.

Les heures du matin, avant midi, sont un signe heureux.

Après midi, elles annoncent un succès moindre.

Les heures du soir annoncent un échec.

MOQUERIE. Lancer des paroles déplaisantes dans le but de ridiculiser un ami ou un ennemi ne promet que déceptions, soucis.

MORSURE. Mordre, c'est avoir un comportement trop agressif.

Être mordu, c'est être trop influencé par une personne qui nuit à notre paix intérieure.

MORT. Mourir est un présage de changements intérieurs qui revifieront le périple terrestre. Il faut se poser la question: a qui on meurt.

Mourir et ressusciter annonce la victoire et le triomphe sur des adversaires.

Rêver être mort annonce la fin des soucis, une guérison.

Être tué par une bête annonce la richesse pour les pauvres et des pertes financières pour les riches.

Se faire tuer, c'est avoir des ennemis voraces qui seront la cause d'un échec important, ce qui oblige à une reconstruction de la personnalité.

Être porté en terre est un signe de guérison.

Être sacrifié en holocauste annonce le succès, une promotion.

Un ami réellement décédé qui vient nous parler en rêve signifie qu'il vient toujours nous protéger. Dans une situation difficile, il est bon de méditer et de demander que cet ami vienne nous conseiller. La sollicitation est plus efficace si elle est faite dans l'obscurité totale. La réponse arrivera après quatre jours à la condition, évidemment, que cela plaise à Dieu et que ça ne vienne pas en contradiction avec l'évolution de sa dimension de vie.

Voir mourir un parent ou un ami indique que nos sentiments à son égard se refroidiront.

Voir, en rêve, un ennemi qui est mort dans la réalité annonce des problèmes, des trahisons.

Voir quelqu'un mort dans un cercueil, c'est devoir se défaire d'un sentiment nuisible.

Voir un mort connu ressusciter annonce un procès, une succession difficile.

Tenter d'enterrer un mort vivant, c'est vouloir oublier un amour, un sentiment négatif sans y parvenir.

Voir un mort qui ressuscite et meurt à nouveau annonce la mort réelle de cette personne.

MORTIER. Symbole féminin. *V. CHAUX, CIMENT.*
Équivaut à la nuit.

MOTOCYCLETTE. Se balader en motocyclette représente un désir d'aventure amoureuse agréable mais pas trop sérieuse.

Faire une chute et se blesser en moto annonce un moment difficile pour l'équilibre psychologique.

Faire du moto-cross signifie que ses amours sont tumultueux; il y a de l'orage dans l'air.

MOTONEIGE. En été, rêver de motoneige est un signe de solitude. La neige, en été, annonce des peines cuisantes.

En hiver, rêver de motoneige annonce des plaisirs qui se produiront en cette saison; faire de la motoneige accompagné d'une personne inconnue, de sexe opposé, annonce un heureux moment en amour.

Voyager seul en motoneige annonce un moment de solitude.

Ces considérations sont nulles et deviennent un symbole personnel pour ceux qui ont fait de la motoneige toute la journée.

MOUCHE. Elle représente une personne étourdissante.

Une mouche qui entre dans sa bouche annonce une insulte.

La mouche tsé-tsé parle de nos ennemis qui, par leurs sournoises manoeuvres, nous empêcheront de prendre conscience de la précarité d'une situation.

MOUCHOIR. Symbole de peines, de soucis.

MOUETTE. Elle annonce le bonheur en amour mais un amour un peu trop possessif.

MOULIN. Les moulins captent l'énergie du vent et de l'eau et, dans un rêve, ils deviennent les transmetteurs de cette énergie.

Voir un moulin à vent ou hydraulique qui tourne et fonctionne annonce une situation profitable, un homme dans la vie d'une femme.

Voir un moulin arrêté annonce une période de solitude.

Voir un moulin à l'abandon annonce une période de désenchantement sur le plan de l'amour.

Voir un moulin placé sur un terrain surélevé est de bon augure et représente un amour idéalisé.

Voir un moulin placé sur un terrain plus bas que l'endroit où l'on est situé représente un amour singulier, ennuyant, où tout est parfait, mais cette personne vous oblige à descendre de niveau social.

MOUSTACHE. Avoir une belle moustache pour un homme est un indice de séduction.

Pour la femme, ce rêve annonce qu'elle aura un comportement masculin, qu'elle fera les premiers pas en amour et devra diriger dans la vie courante.

MOUSTIQUE. Être harcelé par des maringouins, des mouches noires, des moustiques, annonce la rencontre de personnes désagréables.

Être piquer par un moustique représente un amour houleux, précaire.

MOUTARDE. Ce rêve apporte aux thérapeutes de la satisfaction dans leur travail et prédit des déboires aux autres.

MOUTON. Manger du mouton bien apprêté est un signe de bonheur, de succès.

Manger du mouton cru annonce des conflits, des disputes.

Chevaucher un mouton indique que l'on réalisera ses ambitions et que l'on aura plus de prestige.

Se faire traiter de mouton, c'est être un suiveur.

MUET. Ce rêve signifie que l'on risque beaucoup en faisant des confidences.

MUGUET. Il annonce un court bonheur, le temps que dure le muguet.

MULET. En rêver favorise les cultivateurs et les hommes d'affaires, mais annonce la destruction des mariages.

MURAILLE. Symbole de protection.

Une muraille autour de la maison signifie que l'on ne fait pas facilement de confidences, et que l'on a tendance à être sur ses gardes.

Voir quelqu'un de connu devant une muraille indique que cette personne nous protégera.

Voir une brèche dans une muraille, c'est être surveillé par quelqu'un.

La muraille rasée est un signe de vulnérabilité.

Être prisonnier à l'intérieur d'une muraille signifie que l'on ne jouit pas de son libre arbitre, que la vie ne favorise guère son épanouissement.

Sortir de la muraille avant la fin du rêve annonce que l'on jouira de son indépendance, à l'avenir.

MÛRES. Elles annoncent le bonheur en amour.

En saison, elles sont un signe de joie.

Hors saison, elles annoncent un surplus de travail.

Le mûrier rempli de mûres annonce une abondante progéniture.

S'il est déraciné, c'est un signe de mortalité.

MUSÉE. Il signifie qu'un souvenir, une expérience vécue, est en rapport avec certains objets observés dans le musée et ce fait peut nous donner la clef d'une énigme à laquelle nous sommes confrontés.

Le musée moderne représente un événement récent.

MUSETTE. Souffler dans cet instrument annonce des moments heureux.

MUSICIEN. Être musicien ou écouter jouer de la musique gaie, joyeuse, sentimentale, est un signe de joie, d'amour.

Jouer ou écouter de la musique triste annonce une rupture, un moment pénible à passer.

MUSIQUE. Elle est un synonyme onirique privilégié de l'amour.

La musique légère et gaie annonce un amour romanesque et joyeux.

La musique symphonique, pathétique, classique représente un amour racé et profond: on aurait avantage à le garder tel qu'il est, en toute simplicité.

La marche funèbre signifie que l'on enterre un sentiment.

N

NAGER. Ce rêve signifie que l'on se débat, que l'on continue à suivre le courant.

Nager dans de l'eau claire et peu profonde est un signe de régénération, de joie, de vie heureuse. Dans l'eau profonde: difficultés.

Nager dans l'eau boueuse représente un amour néfaste, embrouillé. Si l'on sort de l'eau avant le réveil, on a compris le message du rêve.

Être submergé par l'eau ou être au fond de l'eau, c'est fouiller dans son inconscient afin de comprendre mieux sa situation actuelle.

Rester au fond de l'eau avant le réveil, c'est ne pas comprendre ce qui cloche dans la vie, c'est un problème qui n'est pas résolu.

Se noyer annonce une situation qui dépasse ses forces.

Plonger: décision précipitée.

Nager et voir des poissons est un signe d'inspiration, de bonne vitalité.

Tenir un poisson dans la main annonce une conquête sentimentale pour la femme et la chance en affaires et en amour pour l'homme.

Être piqué par un serpent en nageant annonce une guérison, à condition de sortir de l'eau avant le réveil.

NAIN. Voir un nain inconnu ou être devenu un nain, c'est être dans un état d'infériorité, de malchance, dont la cause est un état d'esprit malicieux et malhonnête.

Voir un nain de sa connaissance ou une personne connue de la taille d'un nain signifie que nos connaissances et notre évolution sont supérieures à cette personne et qu'elle ne nous convient pas.

NAISSANCE. Se voir sortir du sein de sa mère, ou de toute autre forme creuse, annonce une nouvelle vie plus épanouie, une protection car on comprendra la source de ses angoisses et de ses insuccès. *V. CAVE, TONNEAU.*

NAPPE. La nappe est une forme de présentation sociale vis-à-vis de nos liens affectifs.

La nappe en dentelle annonce une vie d'abondance.

Une nappe propre représente une vie facile construite sur l'honnêteté et sur sa personnalité.

Une nappe souillée indique que soit notre état maladif ou soit notre caractère difficile, parfois malhonnête, nous empêche de vivre dans l'aisance et le respect.

NARGUILÉ. Cette pipe spéciale symbolise la fantaisie, l'euphorie et indique que notre vie en est dépourvue en ce moment.

NASSE. Elle indique qu'un ennemi nous guette.
Se faire prendre dans une nasse, c'est tomber dans un guet-apens.

NAUFRAGE. Il annonce la fin d'une entreprise. Ce rêve équivaut à un rêve de coucher de soleil.
Tous les rêves qui se passent sur l'eau s'adressent directement au subconscient; ils font une impression très forte sur le rêveur et l'échec annoncé est plus grand.

NAVET. Il est un signe d'espoir, de chance, d'amour.

NAVIGUER. Ce rêve annonce la fin d'une ère de soumission.
Naviguer sans problème, sur des eaux calmes, est un signe de vie heureuse, surtout si le paysage est ensoleillé.
Naviguer vers les chutes annonce des difficultés majeures dans l'existence.
Sur des eaux houleuses et agitées, c'est un signe de difficultés, à la suite d'événements qui contrarient et agitent l'esprit.
Sur un grand bateau, c'est un présage de belle vie.
Naviguer en embarcation légère, c'est l'indice d'une vie monotone, d'un manque de chance.
Une vague qui fait chavirer le bateau représente un événement imprévu qui bouleversera sa vie: il faudra se réadapter.
Échouer sur un récif annonce un changement radical dans la vie. Le contexte du rêve indique s'il s'agit de la vie sentimentale: un divorce; du travail: perte de situation. Ce rêve annonce la chance, la libération seulement à ceux qui se retrouvent au milieu de nombreuses vicissitudes ou qui traversent une période très difficile. Encore là une brisure intérieure marque la personnalité.

NAVIRE. Selon l'énoncé du rêve, le navire symbolise soit la femme, la vie ou une entreprise.
Se trouver sur un navire avec un de nos propres enfants et que cet enfant ait le même âge dans le rêve et dans la réalité, alors ce rêve parle de notre vie et d'un problème relatif à cet enfant. Si c'est un enfant inconnu et qu'il n'a pas le même âge dans la vie et dans le rêve, il représente alors un problème qui nous concerne depuis le nombre d'années égal à l'âge de l'enfant inconnu.
S'y trouver par une belle journée ensoleillée est un signe de réussite en affaires, de bonheur.
Être sur un navire avec une autre personne annonce la réussite par ou avec cette personne, pour ce qu'elle symbolise pour soi.

Voir un bateau s'avancer dans notre direction annonce un renouveau dans notre vie.

Voir un navire s'éloigner et se perdre au loin annonce une désillusion, une perte sentimentale.

Voir une explosion sur un navire laisse prévoir une destruction de sa vie présente par des sentiments impulsifs et oblige recommencer une vie à neuf.

Ce que l'on retrouve sur le bateau symbolise la ou les raison(s) qui amène(nt) ce sentiment impulsif.

NEIGE. Voir de la neige en été, c'est être seul et triste à cause d'un deuil ou d'une rupture.

Voir de la neige en hiver est moins néfaste qu'en été, mais indique que l'on est dépressif et que l'on doit s'entourer d'amitié pour sortir d'un mauvais moment.

Voir une tempête de neige qui fait rage, qui recouvre le paysage et qui bloque les chemins, représente la difficulté que l'on aura pour conquérir un amoureux et signifie que l'on restera seul, dans une période de stagnation.

Les rêves de tempête de neige sont toujours néfastes pour le rêveur.

NÉNUPHAR. Il signifie le bonheur, l'amour évolué.

NÉON. Il signifie le bonheur, un amour inconventionnel et forcé. L'élan intérieur est plutôt intéressé.

NETTOYER, LAVER. Le corps représente l'âme et les habits parlent surtout de ce qui nous habite.

Nettoyer ses habits annonce un renouveau sur le plan de l'amour, des affaires ou des relations.

Laver les habits d'autrui indique que ses projets seront connus publiquement mais annonce quand même la réussite.

L'habit souillé représente une blessure intérieure.

Laver des draps, c'est éliminer ses problèmes conjugaux.

Mettre des draps propres dans un lit signifie qu'un amour ancien revient dans sa vie, et si on est marié, c'est l'annonce d'une période de bonheur conjugal. Étendre des draps sur une corde à linge signifie qu'une séparation est la solution à des différends et annonce parfois un deuil.

Se laver annonce une amélioration de la santé; on oublie les malheurs passés. *V. LAVER.*

NEZ. Symbole sexuel, d'intuition, de prévoyance. Quoiqu'on le dise symbole phallique, il concerne plus précisément les problèmes à résoudre, les situations à cerner.

173

Avoir le nez très long, c'est voir loin dans une affaire; on ne pourra pas nous jouer, ni nous berner.

Se voir sans nez, c'est manquer de discernement en affaires ou en amour; et pour ceux qui ont subi toutes les malchances, ce rêve indique qu'il leur faut surveiller leur santé.

NICHÉE. Toute la vie des gens mariés peut être symbolisée par une nichée.

Voir une nichée en bonne santé annonce la prospérité, de l'avancement et surtout du bonheur.

La nichée détruite annonce de la tristesse causée par les auteurs.

La nichée morte signifie qu'aucun sentiment ne subsiste dans la situation que l'on vit présentement.

NID. Un couple d'oiseaux dans un nid est un signe de bonheur.

Bien rempli d'oeufs, il annonce de nombreux projets en amour.

Le nid vide est un signe de tristesse, de solitude.

Le nid tombé annonce des déboires dans ses amours.

NOCES. Pour un homme, épouser une belle fille annonce un succès financier ou un héritage.

Les autres genres de mariages sont un signe de conflit, d'agitation, de rupture.

NOEUD. Il représente une affaire compliquée.

Défaire un noeud, c'est résoudre un problème, on se défait d'un blocage psychologique.

NOIR. Le noir, couleur du renoncement, équivaut à l'arcade treize du tarot: la mort.

Le noir est très rarement un présage heureux et indique une perte symbolisée par ce qui est noir dans le rêve.

NOIR, NOIRE. Quelle que soit la race, la couleur de la peau en rêve, ne concerne rien de raciste. Elle nous replace devant nos degrés d'évolution. Plus la peau est pâle plus nous sommes près de la lumière. Plus la peau est foncée plus nous devons lutter contre des influences négatives et infernales.

NOISETTE, NOIX. C'est la connaissance de la vérité dans un sens de prophétie.

La noisette représente l'intuition.

NOM. Changer ou porter un nom différent de son nom réel, c'est endosser une nouvelle personnalité et c'est l'annonce d'un grand changement intérieur.

Voir son nom en grosses lettres sur les panneaux lumineux ou en tête d'un journal est un signe de succès, de popularité: on sera très en demande prochainement.

Entendre crier notre nom signifie qu'on nous apellera à l'aide.

Signer son nom, c'est s'impliquer définitivement dans une affaire signifiée dans le contexte du rêve.

NOMBRES. Les nombres ont l'importance de décider si l'énoncé bénéfique ou maléfique du rêve se réalisera.

Ils peuvent apparaître sous la forme d'un nombre précis d'objets.

Cinq roses rouges annoncent une vie heureuse et équilibrée dans un amour passionné; le nombre cinq, c'est la vie équilibrée alors que les roses rouges représentent l'amour passionné.

Voir deux roses rouges amène des soucis, des conflits causés par un amour trop passionné; le nombre deux amène des soucis, des conflits alors que les roses rouges représentent un amour passionné.

S'acheter une robe de dix dollars signifie que l'on paie le prix de l'amour que l'on a choisi et qui influencera toute sa destinée; la robe, c'est un sentiment et le nombre dix représente une décision qui engage toute sa vie.

Lorsque le nombre indique une date *(V. DATE)*, il représente un événement attendu.

Un signifie le positif, le commencement ou l'assurance de la réalisation d'un projet.

Deux signifie la dualité, le passif, les oppositions, les conflits et les soucis qui empêcheront de réussir, d'être heureux.

Trois symbolise la Sainte Trinité, la spiritualité, et apporte dans la vie un moment de chance, de bonheur, enfin l'ébauche d'un projet mais juste le temps de le concevoir, le temps de le perdre.

Quatre signifie la réalisation, la stabilité, et indique qu'on ira jusqu'au bout dans un projet. Il représente le soleil, Dieu, tout ce qu'il y a de plus positif.

Cinq représente l'eau vive, la vie équilibrée, une vie normale, heureuse et les plaisirs qui s'y rattachent. C'est le chiffre de l'homme.

Six représente l'hésitation dans un choix amoureux, la division.

Sept représente le nombre magique des initiés et annonce le succès, la réussite, le triomphe.

Huit représente le nombre de la justice et les conséquences bonnes ou mauvaises de ses pensées, ses paroles, ses actions.

Neuf est le nombre de la poésie, du rêve, s'il apporte l'harmonie, il oblige à la prudence et à la méditation.

Dix implique notre destinée et nous oblige à prendre une option décisive qui influencera toute notre vie.

Onze parle de l'affirmation dans la lutte et annonce une réussite exceptionnelle.

Douze, le nombre du cycle parfait, oblige à la clairvoyance, à prévoir un recyclage. A vivre d'introspection, de retraite.

Treize annonce la fin de quelque chose, la mort, l'échec d'un projet.

Quatorze représente la tempérance et indique que l'on rebâtit lentement sa vie en se basant sur son expérience passée.

NOMBRIL. Il prend sa signification dans l'expression populaire, « trop se regarder le nombril ».

Il représente un intérêt trop marqué pour soi, une tendance à tout percevoir à travers sa propre vision, sans tenir compte des idées, des conceptions des autres.

Le nombril malade indique au rêveur qu'il peut s'attendre à la mort de ses parents.

Le nombril concerne aussi ceux qui sont au centre de nos liens affectifs.

NORD. Tous les pays du Nord parlent de la solitude en amour sauf si on projette de quitter ces pays.

NOTAIRE. Il indique qu'il ne faut pas hésiter à en consulter un dans une affaire car on y gagnerait.

NOYER (arbre). *V. NOISETTE, NOIX.* Arbre doué de la puissance prophétique.

NUAGES. Voir de petits nuages blancs qui montent dans le ciel annonce le retour d'un être cher.

Les petits nuages qui flottent dans un ciel bleu, ensoleillé, sont un signe d'ennui passager et annonce le succès pour bientôt.

Les gros nuages noirs qui assombrissent le ciel annoncent des perturbations importantes, prolongées, de l'insuccès et de la mélancolie. Les nuages rouges, enflammés, annoncent des mauvaises affaires.

Les nuages partant de la terre et montant vers le ciel préviennent du retour des absents.

NUIT. Elle représente le mystère, les énigmes.

Tout ce qui se passe la nuit est très difficile à saisir dans un rêve.

Dans la situation présente, on sera obligé d'attendre car on ne peut savoir ce qui s'en vient car c'est la nuit, à moins de voir une lanterne, un fanal, alors seulement pourra-t-on saisir le sens du rêve.

Toute lumière ou feu vue dans la nuit amènent des sentiments soumis aux influences négatives et durent rarement. Car dans la nuit végète le jour c'est-à-dire la réalisation positive et heureuse.

OCÉAN. Symbole de l'inconscient.

Voir l'océan du rivage annonce un changement heureux dans la vie, si le ciel est beau et ensoleillé; si l'océan n'est pas agité et reflète des rayons d'argent; si le ciel est menaçant, c'est l'annonce de difficultés diverses. Traverser l'océan, si l'eau est calme et le ciel ensoleillé, est un signe de réussite, de vie heureuse. Partir d'un rivage, traverser l'océan pour arriver sur l'autre rivage, c'est la traversée de la vie, c'est-à-dire de la naissance à la mort, le bateau étant la trame continuelle de l'existence.

La mer calme, le temps clément et l'arc-en-ciel au-dessus de l'océan annoncent une paix intérieure retrouvée, un moment de chance.

L'océan agité représente un subconscient agité aussi.

Plonger dans l'océan sans pouvoir refaire surface signifie que l'on ne contrôle pas une situation difficile; réussir à remonter à la surface et à sortir de l'eau annonce la solution d'un problème actuel. Syn. Mer.

ODEUR. Elle représente l'impression que l'on produit sur les autres, ou celle que l'on a de l'entourage.

Une odeur agréable pour les sens représente un cercle d'amis apportant beaucoup de joie.

Une odeur fétide signifie que l'on est entouré de gens aux moeurs relâchées dont la présence nuit à notre respectabilité.

Réaliser que l'on sent mauvais, c'est donner une mauvaise impression de soi et le mériter.

OEIL. La vue d'un oeil indique un besoin d'introspection afin de mieux comprendre un problème, un besoin de voir les choses d'un oeil plus critique ou de réaliser que quelqu'un nous surveille.

OEUF. Symbole universel de germe de vie, de richesse intérieure.
Il annonce le succès, la richesse et la puissance de créativité.

L'oeuf pourri annonce l'insuccès dû à un défaut d'affirmation.

Casser des oeufs est un signe de dépenses.

Voir un petit nombre d'oeufs annonce un plus grand gain que de les voir en grand nombre. *V. NOMBRES.*

OIE. Elle symbolise la bêtise humaine et la lenteur.

Manger de l'oie bien apprêtée signifie que l'on mène une vie large et heureuse et que l'on fait servir son intelligence à exploiter les moins fortunés.

Trancher la tête d'une oie, c'est se défier d'un imbécile.

Entendre des oies criailler annonce que l'on sera méchant à notre endroit.

OIGNON. Les oignons annoncent généralement quelques peines et de la tristesse.

Un seul oignon indique que la santé ne s'améliorera pas.

Manger des oignons annonce le recouvrement de la santé aux malades et aux autres, la réalisation de leur désirs.

Sentir les oignons, c'est repousser ses amis *V. AIL.*

OISEAU. Il représente le domaine aérien, les idées et les messages.

Le petit oiseau qui gazouille et voltige près de soi annonce une tendre romance.

Voir un couple d'oiseaux dans leur nid est un signe de bonheur.

L'oiseau désorienté qui vole en tous sens indique que l'on est perplexe en amour et qu'on ne sait plus quoi penser.

Voir un oiseau effrayé qui vole en tous sens, c'est être angoissé à cause d'une situation sentimentale frustrante; un bon dialogue s'impose.

Voir la mort d'un oiseau annonce la fin d'un amour.

Les vautours et autres rapaces signifient que des gens à manoeuvres insidieuses détruiront la vie, l'équilibre.

OISELER. (Tendre des pièges aux oiseaux). Ce rêve annonce le retour d'un être cher, les retrouvailles d'un amour ou d'un projet perdu.

OLIVIER. Voir un olivier verdâtre, rempli de feuilles et de fruits, annonce la chance, la gloire acquise par la prudence et par un esprit pacifique.

Le voir sans feuilles, sans fruits annonce la fin d'une période de chance, de gloire, tout dépend de son état présent.

OM. Premier son indifférencié qui servit à la formation du monde. Ce mantra universel des hindous signifie seigneur, beauté, lumière. Prononcer ce mot en rêve annonce une période d'évolution ayant une répercussion concrète dans la vie.

Il peut servir d'incantation afin de conjurer un mauvais rêve, à condition de prendre une douche de la tête aux pieds au réveil et de plus, il faut réciter à jeûn ce mantra universel des yogistes pendant vingt minutes.

Ainsi, on réussira à éloigner toute vibration négative qu'un cliché de rêve apporte.

ONGLE. Les ongles longs annoncent la santé, la considération.

Les ongles brisés annoncent une blessure soudaine provenant de ses relations.

Se ronger les ongles est un signe de nervosité, d'anxiété.

Se couper les ongles, c'est couper une relation, couper une activité.

OPÉRATION. Devoir subir une opération chirurgicale signifie qu'une facette de sa vie rend malade, nerveux; un problème que l'on vit détruit ce qui est représenté dans le rêve.

Le coeur représente l'amour pur et simple.

La tête, une conception fausse.

Les reins, la force, la stabilité, la sécurité.

L'annulaire, l'idéal, le travail artistique et parfois les sentiments.

Le pied, l'amour et parfois un problème financier.

Le foie indique que l'on ne digère pas un affront ou une peine.

OR. Il représente la plus grande richesse morale.

Tout ce qui est or est un indice d'une chance mirobolante qui n'est pas nécessairement matérielle. Le lieu et la situation du rêve indiquent dans quel domaine notre part de fortune se manifestera.

ORANGE. Elle symbolise la fécondité, la femme qui aura plusieurs enfants.

Dans un rêve, un homme qui donne une orange à une femme ou à une jeune fille équivaut, dans la réalité, à une demande en mariage.

La couleur orange représente un sentiment passionné, heureux mais plus raisonné que le rouge.

ORCHESTRE. Il signifie la même chose que le mot musique avec en plus un sens plus social ou plus mondain. L'orchestre nous oblige à essayer de collaborer à l'harmonie dans nos relations.

Jouer dans un orchestre représente une aventure galante connue de tous.

Jouer faux et briser le tempo du groupe, c'est devoir réviser sa façon d'agir car on manque de tact et on sème l'animosité autour de soi.

ORCHIDÉE. Symbole d'intégrité, de perfection.

Elle signifie un amour sain et très prometteur.

ORDURE. Marcher sur des ordures, c'est avancer dans la vie d'une façon un peu malhonnête.

OREILLE. L'oreille a le pouvoir de capter les ondes sonores et de procurer l'équilibre. En rêve, elle perçoit l'ordre cosmique.

Se voir gratifié de grandes et longues oreilles est un signe de longévité.

Se faire percer les oreilles annonce une forme de soumission, un engagement, une acceptation; ce rêve peut aussi être relié à la défloraison d'une jeune fille.

Les belles oreilles représentent les exploits galants et l'autorité sur le plan de la vie sexuelle.

Les oreilles difformes annoncent le déshonneur, la calamité, une situation honteuse. Ce rêve est néfaste pour ceux qui ont des problèmes avec la loi mais peut annoncer la réussite dans le travail. Tout dépend du contexte du rêve.

Avoir des fourmis dans les oreilles est un bon présage pour les orateurs et les hommes publics.

Avoir les yeux dans les oreilles indique un danger pour la vue.

OREILLER. Il annonce une importante nouvelle pour bientôt.

ORFÈVRE. Être un orfèvre, c'est ne pas être digne de confiance et en subir les conséquences.

Visiter un orfèvre, c'est avoir besoin de conseils pour ériger sa vie. Attention à ne pas être berné.

Acheter des statues en or est un présage heureux et en bronze, c'est l'annonce qu'une puissance invisible nous défendra.

ORGIE. Elle signifie que notre basse moralité est sur le point de nous faire une réputation douteuse.

ORGUE. Voir un orgue signifie qu'on attend l'amour et qu'il viendra bientôt.

En jouer, c'est sembler avoir une vie compliquée mais y trouver quand même l'amour et l'harmonie; c'est réussir.

ORMES. Voir un orme, c'est un signe de tristesse et de pauvreté; c'est évoquer un triste souvenir qui empêche de réaliser pleinement sa vie et c'est ne plus pouvoir espérer.

ORNIÈRE. Elle représente un manque d'initiation.

ORTEIL. Ce rêve signifie avoir une noble hérédité.

Voir des orteils blessés est un signe d'affliction.

La femme enceinte qui rêve d'accoucher par un orteil mettra au monde un enfant exceptionnel.

OSSEMENT. Tout ce qui devient ossement représente un sentiment triste qui n'a plus de valeur, ou un oubli, une peine.

OUEST. Les pays de l'Ouest annoncent la fin d'un projet. Ils ont le même symbole que le soleil couchant. Ils signifient la vieillesse, un intérêt qui se dément.

OURAGAN. Il annonce un grave bouleversement et parfois est un indice de trouble psychique. *V. TEMPÊTE.*

OURS. Il signifie l'agressivité.

L'ours, c'est l'ennemi peu intelligent mais sauvagement cruel.

L'ours blessé indique que nos adversaires nous en font voir et que notre vengeance sera aussi incontrôlée qu'inconsidérée.

L'ours qui hiberne annonce que l'on tend son ressort pour mieux sauter.

Voir des ours couchés dans son lit annonce une maladie.

L'ours: image négative de la mère.

OUTILS. Tous les instruments qui servent à construire, à produire et non à détruire, sont toujours un signe de succès si on sait les utiliser.

Perdre ou briser ses outils est un signe de malchance.

OVNI. Il parle de projets peu coutumiers, d'avant-garde, ne pouvant être accomplis que par des cerveaux érudits ou géniaux, et qui une fois divulgés, remueront l'opinion publique.

P

PACTE DIABOLIQUE. Rêver d'un marché ou d'une quelconque entente ou convention conclue avec le malin indique que l'on succombera bientôt à une offre, qui bien que contraire à ses principes, sera trop alléchante pour y résister. Le contexte du rêve indique ce qui fera succomber: amour ou argent.

PAGAIE. Pagayer allègrement dans le sens du courant annonce une réussite sans peine.
Voir une pagaie, c'est devoir compter que sur soi-même et sur ses efforts.

PAGE. La page représente une solution à un problème ou annonce une nouvelle attendue.
Blanche, elle indique que tout est encore possible car il n'y a rien de définitif dans une affaire.
Ce qu'il y a d'écrit sur la page est la réponse à ce que l'on attend présentement.

PAILLASSE. Être sur une paillasse, c'est ne pas savoir comment planifier ses économies et ses dépenses. Il faut économiser et être prévoyant.

PAILLE. Voir ou posséder de la paille, c'est mettre de l'argent de côté.
Distribuer de la paille aux animaux annonce une année de vaches maigres, de disette.
Paille sale: santé déficiente.
Le feu de paille représente un amour vite consumé.

PAIN. Rêver à du pain, c'est de la richesse.
Manger du pain annonce la prospérité.
Donner du pain représente la richesse du coeur qui amène la richesse matérielle.
Sortir du four un pain insuffisamment cuit annonce l'accouchement d'un enfant malade ou de graves soucis dans un projet en cours.
Le pain beurré annonce la richesse.
Le pain noir, sec ou moisi annonce des déboires financiers.
Le pain non cuit annonce une maladie, un retard dans les entreprises, une très grande déception.

PAÎTRE. Voir paître des animaux dans les prés, les champs, indique un besoin de se reposer, de prendre soin de sa santé, car on sait que les animaux représentent la santé physique.

PALAIS. Accéder au palais où tout semble calme annonce une période heureuse, harmonieuse et une satisfaction personnelle. Épanouissement.

Visiter un roi indique une protection puissante.

Ne pas atteindre le palais dénote un état de confusion.

PALIER. Il représente un degré d'évolution, de richesse.

S'y arrêter avant de monter signifie une remise en question, une réorganisation, un temps d'arrêt.

L'évolution terrestre est une montée incessante de palier.

PALISSADE. L'escalader, c'est découvrir ce que l'on veut savoir.

Ne pas pouvoir la sauter, c'est qu'on nous cache quelque chose.

La renverser, c'est qu'on ne pourra plus rien nous cacher.

PALMIER. Être dans un pays chaud sous des palmiers, annonce un grand bonheur.

Être avec une personne aimée, sous des palmiers, annonce un voyage ou beaucoup de bonheur.

Voir des palmiers sur le bord de la mer, c'est se souvenir de voyages passés ou bien en préparer un nouveau.

Être dans le désert, sous des palmiers, annonce une grande solitude parce que l'on est peut-être trop orgueilleux.

PANAIS. En général, c'est un signe favorable se rapportant aux biens du rêveur. C'est un signe défavorable à ceux qui sont plus ou moins impliqués dans des actions légales, comme les héritiers, ou à ceux qui sont en instance de divorce. Il leur annonce une perte matérielle.

PANTALON. Symbole d'autorité.

Pour la femme, porter le pantalon indique qu'elle est déterminée à acquérir plus d'autorité.

Voir un pantalon d'homme dans sa chambre, sur une chaise, indique qu'elle doit prendre une décision concernant son mari.

Pour l'homme, ce rêve indique qu'il doit prendre ses responsabilités.

Ranger un pantalon dans un placard, ou en voir un, indique que nos obligations nous pèsent et que nous désirons nous en libérer du moins en partie; c'est laisser tomber des responsabilités.

PANTIN. Pour la femme, ce rêve indique que l'homme aimé n'a pas de suite dans les idées, n'est pas à prendre au sérieux et manque de stabilité.

Pour l'homme, ce rêve indique qu'il manque de volonté.

PANTHÈRE. Une femme se glissera insidieusement dans un de vos projets et deviendra ennemie.

PANTOUFLE. Elle signifie que l'on aime trop l'intimité tendre et douillette de son intérieur.
Si ce rêve se répète souvent, il indique alors un manque d'adaptation sociale. Il faut réagir.

PAON. Il annonce que l'on vivra mieux mais l'on ne doit pas être trop vaniteux.

PAPE. Il représente le trait d'union entre Dieu et les hommes.
Son apparition en rêve signifie une existence heureuse, préservée du courroux céleste, le pardon des fautes commises, et annonce l'heure où l'amour doit arriver dans la vie.
Pour l'homme marié qui rêve au pape, il est son ombre agissante et de plus ce rêve indique que pour lui, c'est le moment de vivre pleinement son amour.

PAPILLON. Il symbolise la légèreté, l'inconstance, le libertinage.
Voir des papillons est un signe de bonheur.
En voir un émerger de sa chrysalide est un signe de renaissance, de développement de la personnalité.

PAQUET. Faire ses paquets, c'est désirer changer de situation, c'est avoir le goût de partir, de faire un voyage.
Recevoir des paquets, c'est être sur le point de recevoir un objet quelconque ou des nouvelles d'une amitié.
Avoir trop de paquets, c'est entreprendre trop de choses en même temps.

PARALYSIE. Ce rêve signifie que le moral est paralysé et non le physique. Malgré sa forte volonté, on n'arrive pas à contrecarrer les plan du destin. Deux tendances s'affrontent en soi et il s'ensuit une angoisse qui apporte une très grande fatigue. Il faut essayer de faire l'unité en soi.
Période de stagnation, d'attente.

PARAPLUIE. Pour une femme, il a un sens sexuel et le tenir à la main annonce une conquête sentimentale.
Pour un homme, le tenir à la main signifie qu'il est craintif et qu'il fuit devant les réalités de la vie, ce qui l'empêche d'être indépendant, autonome.

PARATONNERRE. Ce rêve représente une crainte que l'on a avec raison car on attend le châtiment de ses actes. Mais il n'en sera rien.

PARC. Le parc représente la vie naturelle, le romantisme.

Se promener dans un parc, c'est être à la recherche de l'amour, de l'âme soeur.

PARENTS. Les parents jouent habituellement le même rôle dans le rêve et dans la réalité. On peut ainsi prendre conscience de l'influence bonne ou mauvaise qu'ils ont sur soi et aussi de nos véritables relations avec eux.

PARFUM. Se parfumer, c'est désirer séduire.

Le parfum que l'on n'aime pas indique que l'on répand des ragots à notre sujet.

PARKING. Il représente une période d'arrêt, de motivation.

Se trouver dans un terrain de stationnement et y chercher sa voiture représente une décision à prendre sur le plan sentimental.

PASSERELLE. La passerelle annonce une aide dans un moment difficile.

C'est une vie entre deux vies, c'est-à-dire qu'une certaine forme de vie est terminée et l'on a besoin d'aide pour continuer et changer de vie.

La passerelle en bon état annonce l'aide attendue.

Ne pas la franchir, c'est refuser l'aide et le regretter car on en aurait besoin.

La franchir facilement, c'est réorienter son existence.

Brisée, c'est être dans l'incapacité de changer un état de vie, c'est rester aux prises avec un problème; c'est une période de vie terminée dont on subit les séquelles.

La femme ou l'homme qui veut se séparer, qui se trouve devant un ruisseau à franchir et ne trouve pas de passerelle, n'aura ni la protection, ni le courage nécessaire pour se séparer sans aide, et restera avec le conjoint.

PAUVRE. Se voir pauvre et habillé en haillons est un signe néfaste pour tous, c'est un présage de faillite, de déchéance sauf pour les intellectuels.

PÊCHE. Elle annonce une déception dans la volupté.

PÊCHER. Aller à la pêche, c'est être obligé de prendre une chance dans la vie et parfois signifie que des problèmes sont résolus.

Réussir à prendre de beaux et gros poissons est un signe de chance en toutes choses, amour, affaires.

Pêcher et ne rien prendre, c'est être contrarié dans des projets.

Si l'on pêche autre chose que des poissons, il faut chercher le symbolisme des objets pêchés pour connaître l'interprétation du rêve.

PEIGNER. Se peigner, c'est mettre de l'ordre dans ses idées, dans le domaine financier, au travail ou en amour.
Se peigner à son travail est un indice de succès.
Se peigner dans sa chambre à coucher, au salon, ou assis à la table de cuisine, est un geste qui a trait aux amours.
Être bien coiffé, c'est avoir les idées claires.

PEINDRE. Ce rêve est à interpréter d'après le sujet du tableau.
Peindre, c'est échafauder des projets. Les couleurs utilisées dépeignent les états d'âme. *V. COULEURS, DESSINER.*
Peindre sa chambre en rouge correspond à un amour passionné.
La peindre en bleu foncé parle de la vie mystique dans les relations amoureuses.
La peindre bleu pâle annonce de la tendresse dans les sentiments amoureux.
Une croûte annonce que nos désirs seront trahis.
Dessiner un beau paysage, c'est du bonheur.

PEINE. Pleurer un peu annonce du bonheur.
Pleurer en rêve et sentir encore le besoin de pleurer après le réveil annonce une peine qu'on devra surmonter.

PELLE. Symbole sexuel masculin (rêve fréquent).
Elle représente l'effort pénible pour arriver à se découvrir soi-même.
Pour une femme, se servir d'une pelle et creuser dans le but de découvrir un trésor, du minerai, représente un effort pénible pour se découvrir en passant par l'instrument le plus sûr, l'homme.
Pour un homme, creuser dans la terre représente une expérience sexuelle; y découvrir un trésor, c'est qu'il est lucide et comprend mieux la femme.
Obligation de s'améliorer.

PELLETER. Symbole d'union sexuelle.
La terre représente la femme, la pelle, l'homme.
Voir une pelle représente la dispersion des biens.
Enfoncer une pelle dans la terre annonce la défloraison à une jeune fille, sa première relation sexuelle.

PENDAISON. La pendaison représente un sentiment de culpabilité. Il faut se pardonner à soi-même et agir pour le mieux. Le passé n'a qu'une valeur: l'expérience.
Voir un pendu indique que cette personne est dans une situation sans issue, c'est très négatif pour la personne que l'on voit pendue.

PENDULE. Elle symbolise le temps qui passe.
L'entendre sonner signifie que l'heure du succès ou de l'échec est venue: tout dépend du contexte onirique.

PÉNIS ou PHALLUS. Symbole important de l'énergie vitale. Il a le même sens que le soleil et Dieu. La sexualité dans les rêves, c'est quelque chose d'épanouissant, de créateur.

Avoir une érection suivie d'un orgasme signifie l'épanouissement de la personnalité et la réussite sur le plan de vie, du point de vue évolution ou expression de l'âme, sur le plan du travail ou sur le plan de l'amour, tout dépend de l'aspect qu'il prend dans le rêve, car il représente aussi les éléments vitaux, famille, santé, richesse.

Faire l'amour avec une personne du même sexe que soi et, dans la réalité, n'avoir aucune attirance pour ce genre de relation, c'est essayer de trouver son équilibre, de faire l'unité en soi. Réussir à avoir l'orgasme, c'est réussir à être plus vivant, épanoui, harmonieux.

Faire l'amour avec un enfant inconnu et avoir un orgasme annonce la réussite dans un projet qui apportera beaucoup de satisfaction.

Le pénis normal est un signe de bonne santé, petit, il indique de surveiller ses intérêts, sa santé.

Plus gros que dans la réalité, puissant et en érection, il annonce que le rêveur aura un plus haut niveau de vie. *V. SEXE, TRANS-SEXUEL.*

PENSIONNAIRE (chambreur). Il concerne l'homme qui partage notre vie sexuelle sans nécessairement partager pleinement notre vie en général.

PENTACLE. Il représente la vie équilibrée, l'accomplissement du bonheur total.

L'étoile à cinq branches est la clef de la réussite.

À dix branches, elle est deux fois plus heureuse car elle représente une plus grande ouverture d'esprit.

PERCE-NEIGE. Symbole de l'endurance, du courage et de la fidélité inébranlable. Cette fleur permet toutes les espérances et les consolations. Quel bonheur que de la voir apparaître en rêve.

PERCER. Pour un homme, faire un trou représente un désir sexuel satisfait.

Pour une femme, c'est un signe de grande tentation.

Pour tous, percer un trou dans quelque chose de haut, comme un plafond, annonce des succès. Le symbole de l'endroit et les choses aperçues après avoir fait un trou et être passé à travers annoncent les événements heureux à venir.

PERCHE. Ce poison est un aphrodisiaque et signifie que l'on sera plus que voluptueux, très sensuel dans une relation sentimentale. Elle annonce une conquête importante.

PERDRE. Perdre un objet peut indiquer qu'on le perdra vraiment ou encore ce rêve peut être symbolique; il faut alors chercher la signification de cet objet perdu.

Perdre son chemin indique une vie mal organisée. Il faut se définir d'autres voies, savoir où l'on s'en va. V. *LABYRINTHE.*

PERDRIX. Elle représente la femme ingrate, infidèle et sans conscience, par une trop grande beauté et élégance.

PÈRE. Il symbolise la force active, l'autorité, le chef qui est en soi, alors que la mère est le symbole de l'équilibre, d'une force passive. Voir son père en rêve dénote une joie de vivre plus forte que de voir sa mère.

En comparaison de la mère cosmique (lune), le père cosmique (soleil) est un symbole plus heureux et donne plus d'énergie; l'amour y est plus fort, plus sécurisant, plus épanouissant et plus profond.

Que son père soit vivant ou mort dans la vie réelle, y rêver indique une véritable relation avec lui; selon l'état de vie, la situation où l'on est.

Le père dans le rêve peut signifier l'état d'un sentiment que l'on éprouve pour un homme ou une femme.

Le voir brûlé ou souffrant représente un sentiment dépressif et négatif.

Le voir resplendissant indique qu'un amour nous apporte autant de vitalité que le soleil.

Pour une femme, le père cosmique représente son mari et la mère cosmique son amant.

PÈRE NOËL. Il est un signe de crédulité, de naïveté, de proie facile.

PERLE. Elle symbolise la science du coeur, la connaissance à partir de l'expérience vécue.

Elle a le sens de la découverte de ses possibilités intérieures.

S'acheter un collier de perles, c'est prendre conscience que l'on vit un grand amour. V. *PIERRES PRÉCIEUSES.*

Perles de fantaisie: Simple désir de plaire.

PESTE. Ce rêve indique qu'une personne détruit notre vie, nous empêche d'en jouir pleinement par son comportement égoïste.

PÉTRIFICATION. Elle représente le châtiment des dieux pour l'exagération humaine.

Se voir pétrifier annonce un sentiment de culpabilité.

PEUPLIER. C'est un signe favorable pour tous ceux qui vivent du commerce ou de la construction de bois.

Il signifie la dualité dans l'esprit des êtres humains.

Il peut annoncer la tristesse en souvenir de ses actes passés.

PEUR. Elle annonce la défaite dans des projets, défaite causée par un manque de confiance en soi et un manque de résistance nerveuse.

Il faut connaître le pourquoi de sa peur et s'en guérir.

PHÉNIX. Cet oiseau mythologique qui renaissait de ses propres cendres est un symbole d'immortalité et de grande sagesse.

En rêver signifie que l'on vivra vieux et d'une manière rationnelle après de terribles épreuves.

PHILOSOPHE. Il annonce que l'on sera plus mature et que l'on renoncera aux choses vaines dans la vie.

PHOQUE. Il symbolise la crainte, l'appréhension de la sexualité.

Il représente un refoulement sexuel causé par la timidité et non par la vertu. Il faut essayer de mieux comprendre l'amour et cesser de le fuir.

PHOTO. Accepter de se faire photographier avec quelqu'un, c'est accepter d'oublier cette personne.

Sur la photo, il y a un détail qui se rapporte au présent et qui peut nous éclairer sur une personne ou une situation que nous vivons.

PHOTOGRAPHIER. Photographier annonce un bonheur mais l'on sera obligé de quitter ce bonheur éventuellement.

Se faire photographier avec un ami, un parent, c'est vouloir oublier cette personne.

PHTISIE. Ce rêve indique que l'on a la maladie des voyages. On a besoin de changer d'air.

Être atteint de tuberculose, c'est être fatigué de son entourage, avoir besoin de faire de nouveaux contacts, sinon on fera une dépression.

L'air que l'on respire représente le bien-être dans ses amitiés et lorsque les poumons sont malades, c'est un besoin urgent de changer d'air.

PIANO. Symbole de l'amour.

Jouer mélodieusement du piano signifie que tout va bien en amour.

Jouer sans entendre la musique ou sur un piano défectueux indique une incompréhension en amour, une mauvaise entente entre amoureux.

Le piano fermé représente un manque d'affection.

Fermer le couvercle, c'est refuser d'aimer.

PIE. Elle est un symbole de bavardage.

La voir représente une personne indiscrète qui relate tous nos méfaits à qui veut l'entendre.

PIED. Symbole du pouvoir.

Il symbolise l'homme tourné vers le matériel alors que la tête se rapporte à l'homme évolué et spirituel.

Selon Freud, le pied représente l'homme alors que la chaussure est la femme.

Caresser des pieds représente un sentiment amoureux.

Se laver les pieds est un désir de purification.

Les beaux pieds annoncent une réussite importante.

Les pieds blessés annoncent une défaite sentimentale.

Avoir plusieurs pieds signifie que sa vue diminuera ou que son libre arbitre baissera.

Pour ceux qui ont des problèmes avec la loi, c'est un signe de malchance, d'échec dans les projets en cours et même d'emprisonnement.

Se faire dire que l'on est un pied, c'est être tourné vers le matérialisme et c'est manquer de spiritualité.

Voir avec ses pieds annonce des voyages. Ce rêve peut aussi annoncer une maladie des pieds, tout dépend du contexte du rêve.

PIÉDESTAL, TRÔNE. Voir sur un piédestal un inconnu ou soi-même annonce des procès, des accrochages avec la loi.

Voir un ami, une connaissance, c'est surestimer cette personne.

Voir un roi ou un supérieur annonce une grande protection qui arrive au moment propice.

Être sur un piédestal, c'est être trop orgueilleux et, de ce fait antipathique.

PIERRES PRÉCIEUSES. Elles représentent l'identification de l'âme à une certaine forme de perfection et de philosophie. Dans les rêves comme dans la réalité, les pierres précieuses ont un sens précis et bénéfique. On leur attribue un pouvoir de protection contre le mauvais oeil et parfois même de libération de mauvaises habitudes ou de certaines maladies. Montées sur une bague ou sur un collier, les pierres précieuses donnent la qualité d'une relation sentimentale ou amicale.

Le diamant, reine des pierres, est un symbole d'illumination, de limpidité, de perfection et de maturité. Il donne la faculté de comprendre les autres en partant d'une parfaite connaissance de soi-même. Pour la femme qui reçoit un diamant d'un homme, c'est l'annonce d'un amour exceptionnel. Ceci ne vaut pas pour la bague de fiançailles ordinaire.

Le cristal représente un état d'évolution intéressant. Il permet la voyance, le pouvoir de deviner les autres mais il n'apporte pas la fermeté et la force du diamant. Il représente un état de non-maturité par rapport au diamant. Dire qu'une personne est un cristal s'adresse aux gens assez intelligents et assez évolués pour être capables de remplir les conditions de vie dites conventionnelles. Le cristal transmet les forces bénéfiques célestes.

La perle est une renaissance psychologique qui protège contre tous les maux, même de la folie. La perle représente le degré de maturité qui permet la sublimation de ses instincts, la spiritualisation de la matière et la transfiguration des éléments. C'est un gage brillant d'évolution.

Le corail a le pouvoir d'éloigner la foudre et la propriété d'arrêter les hémorragies.

Le corail orange est un gage d'amour qui apporte le bonheur.

Le corail noir, c'est un renoncement à un amour ou un amour plus ou moins heureux.

Le rubis annonce un amour passionné, fidèle et assuré. Dans l'Antiquité, selon Portal, le rubis était considéré comme l'emblème du bonheur. S'il changeait de couleur, était un sinistre présage et il ne reprenait sa couleur pourprée que lorsque le malheur était passé.

L'émeraude permet tous les espoirs. Verte et translucide, elle est l'emblème de l'espérance, elle a un pouvoir régénérateur et elle est un gage de fertilité et d'amour. Elle est à conseiller aux dames désireuses d'être mère.

La topaze annonce l'amour d'un homme courageux, loyal, pieux et d'une fortune bien acquise.

Le jade, comme l'or, est chargé d'énergie cosmique et il a la propriété de protéger comme un porte-bonheur. Il est le symbole de la fonction royale et rien ne peut faire tourner la chance de celui qui le porte.

Le jais est une pierre noire qui annonce des regrets, car la couleur noire est un symbole de renoncement. Le jais protège contre les maléfices. Au temps où les soldats partaient pour la guerre, les femmes brûlaient du jais pour les garder et se protéger de leur infidélité.

L'améthyste, pierre violette, est un symbole d'humilité et de sagesse et elle est couleur de la spiritualité. On devrait conseiller cette pierre aux alcooliques pour qu'ils ne s'enivrent jamais car, paraît-il, cette pierre a le pouvoir d'empêcher l'enivrement si elle est placée dans un verre de boisson alcoolisée. De plus, elle protège contre la sorcellerie si on y fait graver les figures du soleil et de la lune.

L'opale a un attribut maléfique. Elle a plusieurs reflets de toutes sortes de couleurs.

Le saphir, pierre bleu ciel ou océan, guérit la maladie des yeux et libère de la prison, c'est un talisman contre le mauvais oeil, contre la vengeance, la sorcellerie, il donne la joie et conduit l'esprit vers la lumière. Le saphir porte à la méditation et permet un amour spiritualisé et tendre.

La turquoise bleue est un symbole de victoire et de longévité. Il est bon d'en offrir aux personnes d'âge mûr.

L'agate de différentes couleurs est un signe de respect et de fortune.

L'ambre annonce la chance à la femme et c'est un signe négatif pour l'homme. Il peut également annoncer un mariage.

La bague, l'anneau, le collier représentent tous, parce qu'ils forment un cercle complet, une alliance, un attachement très sérieux et peuvent même annoncer un mariage. La bague, symbole d'amour, sertie de pierres précieuses, donne la qualité de l'amour qui s'en vient, de l'amour à venir.

PIGEON. En général, il annonce des amitiés, des réconciliations. Le pigeon apprivoisé à beau plumage, racé, annonce une union, une liaison avec une femme aux moeurs très honnêtes et qui sera une mère de famille exemplaire.

Le pigeon sauvage, sans port d'attache, libre comme le vent, représente la femme infidèle, volage.

PILON. Symbole sexuel masculin.
Voir un pilon pour un malade lui annonce la guérison.

PIN. La résine du pin est un symbole d'immortalité.
Le pin représente l'amitié, l'amour qui apporte le bonheur.
Voir des pins est un signe de félicité conjugale.

PINSON. Il annonce une période de bonheur; on sera gai comme un pinson.

PIPE. La pipe est quelquefois un symbole sexuel; tout dépend des préoccupations présentes.
Le tabac qui y brûle, la fumée qui s'y dégage et monte vers les cieux, sont des signes d'union avec l'Être Suprême; donc la pipe peut aussi symboliser une communication sacrée avec l'Éternel.

PIQUE-NIQUE. Il annonce une joie passagère, en famille, en amour; tout dépend de ce que l'on y mange.
À ceux qui sont en amour, le pique-nique annonce une rupture.

PIQÛRE. Être piqué, dardé, annonce un coup de foudre.

PISCINE. Elle symbolise l'affection, l'amour. Sur le plan familial, c'est l'amour chez soi, dans sa vie.
Se baigner dans une belle eau claire, une piscine propre, est un

signe de guérison, de bonne santé pour les malades. Il est absolument nécessaire de se baigner nu pour que le bain apporte le renouveau voulu.

Se baigner dans de l'eau chaude annonce la guérison pour les malades, et la maladie pour les gens en santé.

La piscine vide représente un manque affectif, elle annonce la malchance. La piscine vide d'une maison privée indique qu'il n'y a plus d'amour dans le mariage de ceux qui y habitent.

Se baigner habillé ou dans une piscine publique annonce de fâcheux événements.

Nager dans une piscine, c'est devoir lutter dans la vie.

Il est très important de sortir de l'eau avant le réveil pour comprendre vraiment le message du rêve.

PISTOLET. Voir un pistolet braqué sur soi indique que l'on aura à se défendre.

Le pistolet de modèle très ancien représente une agressivité sexuelle.

Se faire tirer et être blessé annonce un ennemi.

PLACARD. Il symbolise la mémoire, les sentiments latents.

Ranger un objet dans un placard, c'est vouloir oublier quelque chose, quelqu'un, symbolisé par l'objet en question.

Ce que l'on découvre dans un placard représente un événement du passé, un souvenir qui surgit.

PLACE PUBLIQUE. Se trouver dans un endroit public indique la confusion, le repliement sur soi-même vis-à-vis un projet, un espoir. Marcher dans la rue représente un moment de confusion, un moment de réflexion, une période difficile ou d'attente, c'est laisser tomber ses occupations.

PLAGE. Se retrouver sur la plage, c'est faire un examen de conscience avant de faire un choix dans la vie.

Si le paysage est désagréable, triste, il faut fermer les yeux et imaginer un paysage agréable, afin de construire positivement sa vie.

PLAGIER. Ce rêve dénote un manque de panache. Il faut être soi-même.

PLAINE. Se promener dans une grande plaine verdoyante, ensoleillée, annonce une très bonne journée.

PLAINTE. Entendre une personne connue se plaindre indique qu'elle implore notre secours.

Entendre une personne inconnue se plaindre indique que l'on a une peine secrète et qu'on aura besoin d'aide.

PLANCHE. Elle signifie que l'on aura l'aide, le secours dont on a besoin.

Détruire une planche, c'est refuser de bons conseils ou un appui.

La planche pourrie est un signe de protection, et de chance inefficace.

PLANCHER. Il a un rapport direct avec la stabilité des finances.

Le plancher luisant de propreté indique que tout va bien, côté financier.

Le plancher sale, troué, qui gondole, représente une inconstance financière et indique que l'on pourrait tirer le diable par la queue pour joindre les deux bouts.

Le plancher s'adresse aussi à notre équilibre psychique. S'il défonce: danger.

PLANER. S'élever dans les airs, en position verticale, annonce toujours une amélioration de la situation.

Voler en position horizontale est un signe d'insuccès, de maladie, de chômage, d'oisiveté.

S'envoler, c'est tomber en amour ou se dégager de ses obsessions.

S'envoler avec des oiseaux représente l'opportunité de faire un voyage ou de se divertir en heureuse compagnie. Si on a commis des méfaits, alors c'est le contraire.

Voler avec des aigles est un signe de liberté, de débrouillardise, d'élévation, de réussite par l'intelligence.

Voler trop haut au point d'avoir le vertige est un signe d'anxiété qui empêche de réussir.

Se retrouver bêtement par terre, c'est accepter facilement une peine, une défaite, c'est-à-dire se retrouver les deux pieds sur terre.

PLANTE. La plante resplendissante de santé signifie la vitalité, l'amitié enrichissante, la stabilité émotionnelle.

La plante frêle qui perd ses feuilles représente une amitié qui se détériore.

Voir pousser une plante sur son corps annonce une maladie ou une opération chirurgicale de la partie du corps où la plante se trouve.

Se faire dérober une plante, c'est se faire enlever quelque chose qui nous est très cher.

PLANTE DÉPURATIVE. (verveine, tomate). En absorber est propice à ceux qui sont endettés. Ils trouveront l'argent nécessaire pour régler leurs ennuis financiers.

PLATANE ou ÉRABLE. Symbole sexuel pour la femme.

Il annonce la pauvreté en général mais c'est un signe favorable pour les constructeurs, les menuisiers, les vendeurs de meubles.

Une belle branche de platane garnie de feuilles vertes annonce la santé, la récupération pour la femme.

Le platane aux branches sans feuilles ou aux feuilles séchées annonce la solitude, la fin d'un amour.

PLATS. Ce qu'ils contiennent représente ce qui nous est offert dans nos affections. Leur état nous fait connaître nos activités heureuses ou malheureuses; leur contenu nous fait comprendre ce à quoi nous pouvons espérer de nos relations.

Brasser une salade indique que notre vie est un drôle de mélange et qu'il faut faire un choix.

Présenter un plat de fruits, c'est offrir de l'amitié, de l'amour.

Les plats vides représentent un moment de solitude; le seul sentiment que l'on éprouve en est un de tristesse.

PLEURER. Ce rêve indique que bientôt on aura l'occasion de rire. Avoir encore le goût de pleurer une bonne partie de la journée après le réveil ou rester avec un sentiment de peine annonce une peine, de graves soucis.

PLOMB. Il représente Saturne, la planète des afflictions, des mutations lentes; donc un état primitif d'évolution.

Il faut analyser l'ensemble du rêve pour savoir s'il s'agit de graves problèmes ou d'un simple ralentissement d'activité.

Se faire dire que l'on a un coeur de plomb: c'est être insensible.

PLONGÉE SOUS-MARINE. Plonger est un acte de décision rapide, une incursion dans l'inconscient. Ce que l'on voit dans les profondeurs, ou ce que l'on rapporte hors de l'eau, représente une prise de conscience vis-à-vis d'un problème présent.

Tuer des pieuvres ou des monstres marins, c'est surmonter des angoisses ou vaincre des ennemis dangereux.

Faire de la chasse sous-marine et tuer des poissons propres à la consommation, c'est détruire ses chances en amour ou en affaires, par un comportement agressif.

Sortir de l'eau avant le réveil, c'est comprendre totalement le message du rêve.

PLUIE. Elle représente l'adversité sentimentale, un risque de rupture.

La pluie chaude qui tombe sur un paysage gai signifie que ses désirs se réaliseront, on aura du bonheur mais tout dépend du paysage.

Une pluie chaude dans un paysage printanier, le bonheur viendra bientôt; dans un paysage d'automne, la joie est pour plus tard.

Voir un beau soleil à travers la pluie annonce un succès immédiat.

La pluie froide qui tombe sur un paysage triste et automnal signifie que le succès ne viendra que tardivement.

Une pluie d'or est un symbole reproducteur identique au sperme qui féconde la femme. Elle annonce des grossesses pour la femme, la richesse pour l'homme et la rencontre d'un amour exceptionnel pour la personne seule.

La pluie suivie d'un arc-en-ciel est un signe de grande chance après une période d'ennui, de pauvreté.

Les pluies fortes, les averses, annoncent en général une période difficile dans la vie, une maladie surviendra, vous empêchant de réussir.

C'est cependant un signe favorable pour le cultivateur.

POCHE. Pour la femme, la poche, c'est elle-même.

Pour l'homme, la poche, c'est la femme.

Pour comprendre le contexte du rêve, il faut analyser le contenu de la poche.

POIGNARD. Poignarder quelqu'un, c'est triompher de ses rivaux. Être poignardé ou voir un poignard rouge de sang annonce une nouvelle blessante ou représente un ennemi acharné.

POIGNET. Avoir les poignets larges, musclés outre mesure, est un signe de réussite grâce à un travail acharné, à l'endurance, c'est réussir par la force du poignet.

POIL. Symbole de virilité s'il se trouve réparti naturellement.

Si le corps n'est pas recouvert de poils, ce rêve est bénéfique.

POING. Se faire envoyer un coup de poing à la figure signifie que l'on nous prépare une surprise désagréable.

Lever le poing au ciel, c'est se révolter contre une situation oppressante ou contre la chance qui n'est pas de son côté.

POIRE. Symbole sexuel.

Elle représente des moments agréables, très heureux, dans un avenir prochain.

POIRIER (arbre). Symbole de deuil s'il est en fleurs.

POIS. Il annonce l'abondance et indique que l'on peut avoir confiance en ses relations.

POISON. Ingurgiter du poison, c'est être victime d'amitiés dangereuses qui cherchent à nous détruire physiquement et psychologiquement.

Essayer d'empoisonner quelqu'un, c'est être porté à détruire la vie de l'entourage par son insatisfaction.

POISSON. Il annonce la chance, la vitalité.

Manger du poisson, c'est recouvrer son équilibre psychologique.

Du poisson mort flottant sur l'eau annonce une maladie, un échec dans un projet en cours.

La femme enceinte qui rêve qu'elle accouchera d'un poisson aura un enfant chétif.

Voir des poissons bien vivants dans l'eau est un signe de chance en toutes choses.

Être avalé par un gros poisson a la même signification que le mot monstre.

POITRINE. Avoir une belle poitrine est un signe de bonheur en amour pour la femme et lui annonce une naissance, si elle est mariée.

Avoir une poitrine velue signifie que la femme sera obligée de prendre des responsabilités masculines.

Avoir les seins tombants annonce la pauvreté ou une peine à propos d'un enfant ou de relations sentimentales.

Être blessé au sein indique que l'on tombera amoureux.

Avoir plusieurs seins est un signe de débauche pour la femme et annonce la prospérité à l'homme.

POIVRE. Il indique qu'il faut mettre du piquant dans ses contacts.

POLICIER. Il symbolise le rêveur en face de sa conscience, de sa moralité.

Se cacher du policier, c'est manquer volontiers à ses principes.

Être fouillé, arrêté par un policier, c'est s'autocensurer.

POLISSAGE. Polir des pierres ou des métaux, c'est sortir d'une période trouble et affligeante, riche d'une meilleure compréhension de la vie.

Les outils qui servent à polir ont la même signification.

POMME. Elle symbolise la tentation amoureuse, les coups de foudre.

Manger une pomme avec une personne du sexe opposé, c'est aimer et être aimé.

Croquer dans une pomme annonce une idylle amoureuse.

La pomme rouge est un signe d'amour passionné.

La pomme verte représente un amour impossible pour le moment.

La pomme pourrie annonce une union trouble.

La pomme tombée de l'arbre annonce peu de succès en amour.

La pomme véreuse signifie qu'une mésentente ronge son union.

Une mise au point est nécessaire.

POMME DE TERRE. Elle représente un amour sans grand emballement.

POMMIER. Le pommier en fleurs annonce un amour prometteur. Le pommier avec des fruits mûrs représente un amour épanouissant.

POMPIER. Voir un pompier éteindre un beau feu qui recouvre une maison, si ce feu n'est pas destructeur, c'est la fin d'un amour passionné.
Voir un pompier éteindre un feu rouge qui détruit une maison, c'est préserver son équilibre en éliminant de la vie des sentiments nuisibles.
Le feu rouge, c'est comme le soleil rouge, c'est-à-dire un sentiment qui n'apporte aucun épanouissement, mais comporte toutes sortes de problèmes.

PONT. Il représente ce qui peut nous sauver dans une période difficile.
Son état indique la qualité de la protection que nous aurons.
Le pont brisé représente une aide plus ou moins efficace.
S'il n'y a pas de pont là où il est censé s'en trouver un, c'est un avertissement de ne pas compter sur certains changements souhaités car ils sont irréalisables pour l'heure. De plus, ce rêve indique que l'on n'obtiendra pas l'aide ou la protection nécessaire pour apporter les changements escomptés.

PONT-LEVIS. En voir un baissé annonce un appui dans une période difficile.
Levé, il indique que l'on désire opérer quelques changements mais que seul le travail avec nos guides peut nous aider pour le moment.

PORC ou COCHON. C'est un signe d'argent gagné un peu malhonnêtement.
Manger de la viande de porc crue annonce un échec dans les projets en cours.

PORT. Se trouver dans un port, c'est remettre l'orientation de sa vie en question en envisageant un nouveau départ.
Arriver dans un port en bateau ou dans une barque annonce la fin d'une entreprise; elle sera heureuse ou malheureuse dépendant de ce qui nous entoure sur le rivage.
Arriver dans un port par voie de terre et prendre le bateau annonce un nouveau départ dans la vie.
Arriver dans un port et accoster sa chaloupe sur le terrain d'une per-

sonne amie, c'est décider de faire sa vie avec cette personne, elle sera la stabilité dans la vie.

Embarquer dans un bateau, c'est prendre une option définitive, importante dans sa vie. *V. BATEAU, NAVIRE.*

PORTE. Elle représente une période transitoire, c'est passer d'une situation à une autre.

Ouvrir une porte, en franchir le seuil, annonce un changement radical de sa situation. Ce que l'on trouvera de l'autre côté de la porte indique si ce changement sera bon ou mauvais.

Une porte coincée, barricadée, qui ne peut s'ouvrir, représente une vie stagnante, dont la transformation est impossible.

Verrouiller une porte, c'est craindre un changement de vie, on se cramponne au passé. S'il fait nuit, la crainte est justifiée.

PORTEFEUILLE. En avoir un rempli de dollars, c'est posséder toutes les énergies et toute la chance pour réaliser ses projets.

S'il est vide, attention car les finances et les énergies sont à la baisse. Avec de la monnaie, il annonce des soucis et peu de chance.

PORTRAIT. Voir le portrait d'un ami, brisé ou décroché, annonce une maladie grave pour lui et même un danger de mort.

La photo, le portrait dans le rêve, peut donner un sens à un événement présent d'après un souvenir du passé qu'elle fait ressurgir.

Ce qui est sur la photo peut représenter un événement que l'on vit en ce moment.

POSTICHE. Elle représente la fourberie et la trahison de la personne aimée.

POTENCE. Elle représente un sentiment de culpabilité en rapport avec le passé; on a mal aimé ou on s'est mal conduit.

Être pendu annonce la guérison aux malades et la liberté aux prisonniers.

Voir monter une potence représente une fausse conception, de faux amis.

POULE. Elle représente la femme belle et soumise aux conventions.

Pour la femme, rêver d'une poule indique qu'elle doit améliorer, perfectionner sa personnalité.

Si elle est avec un coq, ce rêve représente un couple très orthodoxe.

Voir des oeufs dans un nid est un signe de prospérité.

POULET. Symbole érotique.

Il signifie l'amour, les billets doux.

Le poulet cru annonce une peine sentimentale.

Bien cuit, c'est beaucoup d'amour.

POUPÉE. Elle représente ce qui est artificiel.

La poupée brisée, déchiquetée, signifie que nos illusions se dissiperont.

Se voir sur la plage, à la mer, avec une poupée à la main, indique au rêveur une relation amoureuse peu profonde et oblige le rêveur à remettre sa vie en question.

POURSUITE. Être poursuivi par quelqu'un, c'est fuir quelque chose ou subir une domination.

Poursuivre quelqu'un d'inconnu sans pouvoir l'attraper, c'est ne pas arriver à se comprendre soi-même.

Être poursuivi par quelqu'un de connu sans pouvoir s'en sauver, s'en défaire, indique un conflit avec cette personne qui nous assujetti.

POUX. Avoir des poux sur soi indique que l'on sera délivré de ses soucis.

En avoir trop au point d'en être incommodé est un signe de malheur, d'affaires embrouillées.

S'épouiller annonce la fin de ses tracas et de ses difficultés.

POUSSIN. Voir une poule avec ses poussins est un signe de fécondité.

Un seul poussin est un signe de tendresse.

Plus il y a de poussins, plus la chance est grande.

PRAIRIE. Être seul et heureux, marcher dans la prairie, admirer la nature par un soleil resplendissant, annonce une journée de bonheur.

Traverser une prairie accidentée sur un chariot attelé, en compagnie d'une personne du sexe opposé, indique qu'il faut se défaire d'une relation qui mine le moral.

PRÉDICTION ou ORACLE. Les prédictions ou les oracles faits par des gouvernements, des personnages importants, son père, sa mère, des prophètes, des astrologues, des interprètes de rêves, des morts ou des animaux, sont toujours à prendre avec beaucoup de considération et de sérieux.

PRIÈRE. Elle indique que l'on a besoin d'aide et qu'il faut s'en remettre à la bonté divine.

Voir quelqu'un nous prier de lui faire aumône annonce une infortune, une déception.

PRINCE. Il symbolise l'homme qui apporte l'amour et la lucidité. C'est l'archétype du romantisme et de l'amour.

PRINCESSE. Rêver d'une princesse ou d'une belle au bois dormant, c'est ne pas être conscient de son état de passivité, vis-à-vis de ses conceptions de l'amour, c'est attendre trop de l'amour: besoin de s'éveiller à une nouvelle philosophie amoureuse.

PRINTEMPS. Il annonce une période de renouveau, une amélioration, une guérison ou une joie prochaine.

PRISME. Regarder à travers un prisme représente un besoin de voir plus clairement dans une situation.

PRISON. La prison, c'est un état intérieur.
Elle signifie que l'on est contraint à coexister avec des gens qui entravent ses activités, son libre arbitre. Un détachement est nécessaire.
Être en prison indique parfois que sa santé se détériorera.

PROCESSION. Elle annonce qu'un souhait sera exaucé et est un gage de longévité, de succès.

PROFESSION. Être forcer à exercer un autre métier que le sien est un signe de succès, si l'on réussit dans cet autre métier.
Bien s'en tirer dans son propre métier est un signe de succès également.
Entendre une personne inconnue nous parler de son travail à elle concerne notre travail à nous.
La femme qui se voit investie des fonctions réservées aux hommes réussira dans un métier habituellement réservé à la gent masculine.
Quand on rêve de son travail, il faut essayer de se souvenir de ce qui s'y passe car le contexte du rêve renseigne sur un événement à venir dans ce domaine.
Se voir porter l'uniforme propre à tel emploi est un gage de succès assuré dans ses entreprises tant pour une femme que pour un homme. *V. UNIFORME.*

PROFIL. Il indique que quelqu'un nous fait des cachotteries, qu'un seul côté de leur personnalité nous est connu. Cette personne n'ose pas dire ce qu'elle pense.

PROSTITUÉE. Elle annonce de la joie, du plaisir et elle peut aussi signifier quelques fantasmes sexuels.

PRUNE. Elle signifie un manque de tact, de raffinement car on blesse et froisse les gens même si on est chaleureux, amoureux.
Manger ou voir des prunes représente un amour qui manque de raffinement.

PUITS. Symbole de l'inconscient.

Pour que ce rêve soit bénéfique, il faut qu'il y ait de la belle eau claire dans le puits. Il est important de descendre au fond du puits pour voir ce qu'il contient et ensuite en sortir afin de bien prendre conscience d'un problème ou de ce que l'on a à découvrir.

Tomber dans un puits à sec, sale ou plein d'eau boueuse ou noirâtre et ne pas en sortir, annonce une maladie, des moments pénibles ou des difficultés. On n'arrive pas à comprendre un problème ou à se sortir d'une mauvaise situation. On croupit dans ses erreurs.

Dans tous les rêves d'eau ou de profondeur, il est important d'en sortir avant le réveil pour bien comprendre le message du rêve.

PUTAIN. Elle promet à l'homme des joies mais annonce des problèmes légaux pour sa maison.

PYRAMIDE. La pyramide classique, formée d'une base carrée (symbole de réalisation), de quatre faces triangulaires (symbole de haute spiritualité) qui sont orientées vers le ciel (symbole d'ascension, d'évolution) servait de demeure pour l'éternité aux cadavres des rois momifiés (symbole du contact avec l'Éternel).

L'homme connnaîtra du succès dans ses entreprises, les échecs ne marqueront plus sa vie puisqu'il sera dans un lieu ne devant jamais se détériorer, réservé aux rois et après la mort, c'est-à-dire la fin d'une chose, il aura les pouvoirs de monter au ciel et en redescendre, c'est-à-dire qu'il aura accès à la connaissance, au pouvoir et au succès.

QUAI. Être sur le quai d'une gare ou d'un port, c'est espérer, attendre un changement dans la vie, soit dans le travail ou soit en amour.
Être sur le quai et voir arriver un navire annonce une nouvelle d'un ami cher, qui vient vers soi.
Être sur le quai et voir partir un bateau sans y monter signifie un refus, annonce la solitude, une déception amoureuse.
Embarquer sur un bateau, c'est faire un choix dans la vie soit du côté travail, soit du côté amour. Si l'on est accompagné d'une personne aimée du sexe opposé, c'est l'annonce d'un amour qui marquera sa vie.
Débarquer sur un quai annonce la fin d'une liaison; si en plus, on ancre son bateau au quai d'un jardin appartenant à une personne amie, cela indique le début d'un attachement, l'oubli du passé.
Les changements par l'eau impliquent des changements majeurs qui marquent profondément le subconscient. *V. AUTOBUS, AVION, TRAIN.*

QUARANTE. Ce nombre signifie une étape transitoire, des moments de préparation, l'attente de réponses, du feu vert.

QUARTZ. Donne la clairvoyance, l'intuition.

QUENOUILLE. Elle symbolise le commencement d'une vie amoureuse et elle est l'emblème de l'organe sexuel.
Être piqué par une quenouille indique que l'on est ou sera amoureux.

QUÊTER. Symbole de la malchance due à une attitude négative.
Donner à la quête annonce une chance pour bientôt.

QUEUE. Le symbole de la queue se rapproche de celui du serpent.

R

RABOT. Il signifie que l'on souhaite un commerce un peu plus agréable avec une personne de son entourage et indique que sa propre attitude est trop critique.

RACINE. Elle représente une difficulté à savoir d'où viennent les problèmes. Il faut recommencer l'analyse à zéro pour pouvoir s'enraciner à nouveau.

RADIO. En rêver, c'est apprendre des nouvelles concernant sa vie intime.

Faire des émissions de radio, c'est être en amour, essayer de conquérir quelqu'un.

Coanimer une émission, c'est être vraiment en amour et cet amour est mutuel.

Faire une émission de lignes ouvertes et ne pas trouver d'interlocuteur, c'est essayer d'avoir une explication avec quelqu'un mais échouer.

RADIOGRAPHIER. Ce rêve représente un besoin de s'analyser afin de savoir ce qui ne va pas et afin de connaître les moyens de s'en sortir.

RAGOÛT de PATTES de COCHON. En manger avec appétit est un signe d'aisance et c'est jouir de la vie.

Refuser d'en manger, c'est refuser d'utiliser des moyens immoraux pour réussir.

Le ragoût qui n'est pas bon indique qu'il y a des coquins sans valeur parmi ses amis ou ses subordonnés.

RAIL. Il a le même symbole que le mot chemin.

Les rails droits, en bon ordre, signifient une réussite facile. On sait où se diriger dans la vie.

Les rails brisés, tordus, annoncent des difficultés au travail, aucune chance d'avancement.

Voir une gare de triage où les rails sont enchevêtrées représente une situation complexe, presque inexplicable.

RAISIN. Il représente une sentimentalité heureuse, sans problème, s'il est frais.

RAME. Être dans une barque, ramer et avancer aisément indique que l'on aura l'emploi désiré ou qu'on réalisera un idéal.

La rame qui se brise annonce un échec dû à un événement indépendant de sa volonté.

RAMPE. Sentir un besoin indispensable de s'appuyer à une rampe pour monter un escalier, c'est avoir besoin d'être conseillé par quelqu'un.

RAPETISSER. Se voir rapetisser annonce une perte d'autorité, de prestige, une baisse en affaires.

RAT. Il représente un rival, un malfaiteur, quelqu'un qui en veut à notre santé, à notre réputation ou à nos biens.

RAVIN. Tomber au fond d'un ravin et remonter annonce une expérience enrichissante. Et si on ne se blesse pas, c'est expliquer ses erreurs, on progressera vers une belle croissance personnelle.

RÉCIF. Être sur un bateau qui échoue sur un récif annonce un événement imprévu qui bouleversera la vie psychique du rêveur.

RÉCONCILIATION. Penser à se réconcilier avec quelqu'un, c'est ne plus être ennuyé par cette personne. On y gagnerait à reprendre contact.

RÉFRIGÉRATEUR. Symbole de l'affectivité.
Il signifie que l'on éprouve de la difficulté à exprimer ses sentiments.
Le voir vide indique qu'il n'y a plus d'amour à la maison.
Le voir plein indique qu'il y a encore de l'espoir à condition de dialoguer.

REFROIDISSEMENT. Voir une personne connue prendre froid indique qu'elle n'a plus les mêmes sentiments vis-à-vis de soi.

RÈGLES (menstrues). Elles indiquent qu'une peine sentimentale ou familiale affecte l'équilibre nerveux.

REIN. Il représente la force de caractère, la richesse et la puissance intérieures, les qualités qui amènent un état financier très sécurisant. Donner un rein, c'est employer son dynamisme à soutenir les plus faibles.

REINE. Ce rêve indique à l'homme qu'il place trop haut son idéal de femme et peut-être qu'il ne le mérite même pas au fond. Il doit se réajuster et savoir à quoi il peut s'attendre, ce qu'il est, et exiger pour sa valeur.

RENARD. Il a la même signification que le loup mais en plus rusé. *V. LOUP.*
Même si le renard est doux, agréable, il annonce un amour malheureux.

REPAS. Pour celui qui avait faim avant de se coucher, c'est un rêve de compensation.

Voir des assiettes vides ou ne rien se faire offrir à manger, c'est manquer d'affection ou de sensualité.

REQUIN. Avoir à se battre avec un requin, c'est avoir un ennemi sans scrupule.

Le voir mort: victoire sur une personne dangereuse.

Le voir seulement apparaître dénote des désirs de richesse peu importe les moyens pour y parvenir.

RESTAURANT. Il représente la vie sentimentale, d'une façon plus sociale qu'intime.

Être dans un restaurant indique que l'on peut connaître ce qui s'en vient dans ses amitiés, ses amours.

Bien manger, si on est accompagné et que cette personne mange aussi, est un signe de joie en amour.

Se faire offrir de l'eau glacée signifie un amour passionné de la part de celui qui nous l'offre et son désir de nous voir le lui rendre.

Être seul à manger, ne pas manger ou n'avoir rien à manger, signifie que l'amour n'est pas sur le point d'entrer dans sa vie.

RÉSURRECTION. Voir des personnes que l'on connaît, mortes puis ressuscitées, annonce des troubles d'argent et de succession, des procès.

Voir quelqu'un mort, ressuscité et mort à nouveau, annonce son décès réel.

Mourir soi-même en rêve et ressusciter annonce un changement intérieur, une chance à venir, une victoire sur un rival.

RETOUR SUR DES ÉVÉNEMENTS PASSÉS. Ce rêve signifie que l'on sera dans une situation analogue à celle que l'on a vécue dans le passé.

RÉVEIL. Se réveiller, c'est devoir résoudre des problèmes que l'on a négligés ou dont on n'était pas conscient.

Se réveiller dans une église annonce une guérison.

Réveiller une autre personne, c'est désirer un dialogue profond avec cette personne.

RÉVEILLE-MATIN. Ce rêve signifie que l'on est inconscient d'un problème réel; un événement imprévu nous révélera la prise de conscience de ce problème.

RIDEAU. Les rideaux qui enjolivent la maison symbolisent la chance obtenue par les relations, les affiliations.

De riches draperies de velours représentent une existence facilitée par d'influentes amitiés.

Des murs ornés de tentures jaunies, élimées, signalent que certaines de ses amitiés sont usées et qu'il est temps de passer outre.

RIRE. Ce rêve représente une situation triste, une période de soucis dont on réalisera tout le comique et le ridicule, avec le recul du temps.

RIVIÈRE. Comme tous les cours d'eau, la rivière représente le chemin de la vie, l'énergie.

Naviguer par un beau temps, sur une belle rivière, annonce la réussite dans ses projets et est un signe de belle vie.

L'eau agitée et tumultueuse d'une rivière indique que l'on subira la rancune de son entourage.

Une rivière à sec ou presque annonce la maladie, la solitude et indique que l'on a besoin de repos, que ses chances sont plus minces mais pour un temps seulement. Tout reviendra à la normale et l'on pourra continuer de vivre en toute liberté.

Être emporté par les flots d'une rivière, c'est être incapable d'accepter une épreuve, un événement. Il faut réagir, demander de l'aide, car seul on ne pourra s'en sortir.

Voir des égouts qui se déversent dans une rivière et la polluent représente des troubles qui affectent son existence. Pour conjurer le sort, il faut refermer les yeux, retourner à la source de l'eau pure d'où émergent la renaissance et la vie. Cela aura pour effet d'éloigner les être méprisables et de rapprocher les êtres estimables.

ROBE. En général, elle représente un sentiment ou un comportement.

Porter une robe sale ou tachée, c'est devoir mettre de l'ordre dans ses sentiments.

Porter une robe annonce une conquête amicale et amoureuse pour la femme, tout dépend de la couleur de la robe. *V. COULEUR.*

Pour l'homme, porter une robe annonce un danger qui le guette et qui est en rapport avec une femme ou indique une tendance à l'homosexualité.

ROCHE ou PIERRE. Lancer des roches, c'est faire des ragots.

Être frappé de pierres, c'est qu'on médit de nous, qu'on nous calomnie et qu'on a la défaveur du public.

ROCHER. Voir quelqu'un sur un rocher, on réalise que cette personne s'est débarrassée de tous ses soucis.

Être sur un rocher: triompher.

Voir un rocher ou être en bas d'un rocher annonce une peine, une tribulation qui donnera de la fermeté dans l'épreuve. L'essentiel c'est de grimper sur le rocher.

ROI. Il représente quelqu'un d'important pour soi.
Rêver être roi annonce aux malheureux, aux infortunés, une action d'éclat qui redorera leurs blason; aux malades, l'aggravation de leurs maux; aux poètes, aux penseurs, que leur talent sera reconnu.
Assister à l'enterrement d'un roi annonce un héritage.
Voir un roi sur son trône est un signe de protection.
Être le sujet d'attention d'un roi, c'est accéder à une haute situation.
Visiter un roi est un signe de chance.
Voir un roi annonce une puissante alliance, une réussite.

ROQUET. Tous les petits chiens de luxe annoncent de voluptueuses rencontres mondaines et sont un signe de bonheur plutôt passager.

ROSE. Elle représente la couleur du Christ, l'amour.
Rêver d'une rose d'or est un indice d'une vie spirituelle intense.
La rose bleue représente un amour inconciliable avec la réalité.
La rose blanche, l'amitié ou un sentiment platonique, parfois le détachement.
La rose rose, une pensée douce, la tendresse, la sentimentalité.
La rose rouge, un amour passionné; elle représente, pour une mère, l'amour profond qu'elle a pour ses enfants.
Les roses fanées, un sentiment qui s'effrite.
Une seule rose, un grand amour.
Trois roses, un bonheur passager.
Cinq roses, un grand amour équilibré.
Six roses, l'hésitation dans le choix d'un amour. V. *NOMBRES*.
Porter une couronne de roses, c'est prendre plaisir à dévoiler un grand amour.

ROSIER. Il a la même signification que la rose.
Rempli de fleurs écloses et situé à droite d'un chemin, il représente l'amour d'une personne libre, mais à gauche du chemin, il représente une personne qui n'est pas libre.

ROSSIGNOL. Il représente un amour idéalisé et fatal, une aventure galante, neptunienne et irréaliste.
Tuer ou chasser un rossignol, c'est laisser choir un sentiment et se préserver de bien des problèmes.
S'il prédit parfois le mariage, il n'annonce aucun succès au point de vue travail. V. *HIRONDELLE*.

ROUGE. Le rouge clair représente une passion vive, saine et enri-chissante.

Le rouge foncé, pourpre, l'agressivité, une passion destructive ou maladive.

La combinaison du rouge et du noir, la cruauté.

RUBIS. *V. PIERRES PRÉCIEUSES.*

RUELLE. Elle représente les activités ou l'amour dont on ne veut pas parler au grand jour ou encore l'amour que l'on porte à une per-sonne qui n'est pas libre. Enfin, la ruelle concerne le côté caché de notre vie.

RUINE. Elle annonce une perte de force, dans un projet.

S

SABBAT. Il annonce une période de stagnation, d'arrêt, de mal-chance.
On a besoin de refaire ses forces et de méditer.

SABLE. Il symbolise l'éphémère, le temps maître et vainqueur.
Tout ce que l'on écrira sur le sable sera oublié, n'aura pas de suite.
Voir quelque chose d'écrit sur le sable annonce un événement, un amour passager qui s'envolera en coup de vent.
La tempête de sable annonce du trouble, la ruine.

SABOT. Le sabot représente un besoin de vivre d'une façon sim-ple, campagnarde. C'est parfois manquer de manières et de raffine-ment dans ses relations.

SABRE. Prendre un sabre dans ses mains, c'est être décidé à passer à l'action, prendre les grands moyens pour arriver à quelque chose.

SAC À MAIN. Il représente la femme et ce qu'il contient représente ses capacités, son pouvoir de réalisation.
Oublier ou perdre son sac à main, c'est souffrir d'un complexe d'in-fériorité suite à une aventure galante malheureuse, c'est se sentir perdue.
Retrouver son sac, on regagnera confiance en soi, en sa féminité.
Pour un homme, tenir un sac à main annonce une conquête senti-mentale.

SAISON. La saison dans laquelle se passe le rêve est annonciatrice de la sorte d'événement qui se produira, et parfois du moment où il se produira.
Elle peut parfois signifier un état intérieur.
Le printemps, c'est l'éveil de l'amour et la renaissance.
L'été, c'est un signe de grande chaleur humaine, d'amour.
L'automne, c'est un sentiment qui se refroidit.
L'hiver, c'est la mort du sentiment, le temps de la solitude.

SAGE-FEMME. Pour les gens qui sont dans une mauvaise situa-tion financière ou sociale, la sage-femme annonce la richesse ou une libération.
Pour ceux qui travaillent dans le but de laisser une oeuvre pos-thume, c'est un rêve fort bénéfique.
Pour les malades, la sage-femme n'annonce aucune récupération.
Pour les gens qui ont une situation enviable, elle leur annonce le

déshonneur, un échec dans les projets en cours.

Parfois, elle annonce un déboire sentimental; tout dépend de sa situation présente.

SALADE. Elle indique qu'il faut clarifier la nature de ses relations avec l'entourage, qu'il faut mettre de l'ordre dans ses idées, dans ses projets.

SALAISON. *V. CONSERVE.*

SALTIMBANQUE. Il indique un besoin de voyager, de faire des choses farfelues, de se distraire, de se payer des fantaisies.

SANG. Il représente l'énergie. *V. HÉMORRAGIE.*

Voir du sang jaillir de son corps indique toujours une perte d'énergie nerveuse, physique, souvent causée par une peine, des remords. Il faut établir d'où coule le sang et quelle secrète blessure de l'âme nous morfond afin de pouvoir prendre les mesures nécessaires pour vivre heureux.

SANGLIER. Être poursuivi par un sanglier indique que des gens ou nos pulsions inconscientes, aveugles et agressives, nous assaillent, nous empêchent de travailler et nous donnent mauvais caractère. Il faut chercher ce qui ne va pas en nous ou autour de nous. À ceux qui mijotent un projet important, le sanglier annonce la malchance ou une perte dans un projet en cours, causée par l'amour, les affaires ou la loi. À nous de juger s'il y a un rapport direct avec nos motivations.

Le sanglier, c'est une personne dangereuse en soi ou autour de soi. S'il nous agresse ou nous blesse, c'est une personne de l'extérieur qui nous empêche de réussir.

SANGLOT. Il annonce une solution laborieuse et indique que l'on rigolera bientôt, surtout si longtemps après le réveil on ne sent pas le besoin de pleurer.

SANGSUE. Aux malades, la sangsue annonce la guérison; aux gens en bonne santé, elle indique qu'une personne calme et enjouée démasquera leurs sentiments.

SAPHIR. Bleu, il signifie un amour tendre, très spiritualisé. *V. PIERRE PRÉCIEUSES.*

SATYRE. Il représente une obsession sexuelle.

SAUCE. La sauce est un indice de grande sexualité.

En manger représente un désir de passer outre aux conventions et signifie que l'on sera peut-être trompé par la personne aimée.

En voir: vous avez le goût d'un flirt.

SAULE PLEUREUR. Il est un indice de tristesse causée par un excès de romantisme, un retour sur le passé.

SAUMON. Il signifie la régénération.
Pêcher du saumon est un signe de chance dans sa profession.

SAUT. Sursauter, c'est faire une prise de conscience, c'est se libérer d'une certaine philosophie. Ce rêve amène un changement brusque.
Voir sauter un inconnu, c'est un rêve qui est en rapport avec soi-même.

SAUTERELLE ou CRIQUET. Ce rêve n'apporte pas le résultat escompté de ses efforts.
Voir une sauterelle, c'est être un peu léger, pas trop sérieux.
Voir une nuée de sauterelles qui s'abattent sur les récoltes, obscurcissent le pays, est un présage de malheur dans ses affaires. Il faut être vigilant.

SAUVAGE, SAUVAGESSE. Ce rêve indique que l'on aura affaire à des personnes très agressives.
Être entouré de sauvages bienveillants, c'est avoir à apprendre beaucoup sur son propre instinct.

SAUVETAGE. Ce rêve indique que l'on a besoin d'aide.
Aider une personne inconnue, c'est s'aider soi-même.

SAVON. Il indique la nécessité d'agir avec ordre et économie et qu'il ne faut pas faire confiance aux gens avec qui on fait affaire car ce sont des fripouilles.

SAXOPHONE. À cause de sa forme, il représente aussi bien le membre viril que le sexe féminin.
Les sons du saxophone représentent une profonde exaltation de l'âme, les notes d'un amour gai, évolué et enchanteur.

SCARABÉE. Il équivaut, en rêve, au soleil levant. Il signifie le bonheur, la satisfaction de soi et une forme d'éveil de la conscience.
En or, il indique que l'on sera excessivement chanceux.
Noir, c'est un indice moins heureux.
En voir trois, c'est l'annonce d'une chance passagère. *V. NOMBRES.*
Le maltraiter, c'est détruire sa chance.

SCORPION. Symbole négatif de haine, de violence et de destruction.
En rêver indique que notre atmosphère ambiante est chargée d'un venin de vengeance. Il faut prendre garde.

Voir le scorpion s'éloigner annonce une meilleure vie; on connaîtra la paix.

En tuer un, c'est un signe de victoire et c'est retrouver l'harmonie intérieure.

SCULPTER. Ce rêve annonce le succès pour les éducateurs, les parents, les précepteurs, les professeurs. Ils récolteront le succès de leurs efforts auprès des enfants.

Réussir à sculpter avec ses amis, des formes humaines, est un rêve heureux.

SEAU. Il représente la femme.

Plein d'eau propre, il apporte la prospérité, l'amour.

Vide, il signifie une privation, une période de stagnation sur le plan des sentiments.

Le vider, c'est vouloir se débarrasser d'un sentiment.

Rempli d'eau souillée, il indique que l'on n'a pas l'amour que l'on désire et présage de graves conflits sentimentaux.

SEIN. Les seins beaux, jeunes, fermes et robustes, annoncent un mariage ou un grand amour.

Les seins enflés outre mesure annoncent la naissance d'un enfant ou la réussite dans un projet.

Se voir avec plusieurs seins est un signe de débauche pour la femme.

SEL. Symbole de la sagesse et de la connaissance.

En manger indique que l'on saura quels traits de son caractère, quelles habitudes sont néfastes. Ainsi en pleine connaissance de cause, on pourra choisir judicieusement ses amis, options, ses croyances.

SEMENCE. Ce rêve est favorable à ceux qui cherchent l'amour.

Si une personne gravement malade vit près de soi, rêver de semence annonce une mortalité.

SENTIER. Le sentier parsemé de fleurs représente une vie à l'abri des regards, un amour secret, l'amour d'une personne qui n'est pas libre, des activités que l'on veut garder pour soi.

SERPENT. Symbole sexuel, symbole de la libido.

Il représente une force positive ou négative selon l'aspect qu'il prend dans le rêve.

Suivre un serpent, c'est être guidé par ses intuitions.

La couleur du serpent révèle la qualité de ses relations sentimentales, sexuelles.

Rouge, il signifie une violente passion amoureuse.

Vert, il représente l'instinct naturel, la belle sexualité normale, la forte vitalité.

Noir et mat, il annonce un danger pour soi-même, et signifie que l'on est trop pessimiste en amour, ce qui porte malchance.

Noir et brillant, il indique qu'en plus d'être négatif en amour, l'être aimé ne nous convient pas.

Rose ou bleu pâle, il signifie la tendresse, le raffinement.

Brun, il représente l'amour tranquille et chaleureux.

Rouge et noir, il représente la cruauté et la violence de la personne aimée.

Rouge et jaune, il représente la passion intuitive, la compréhension.

Jaune et noir, il indique qu'il faut se méfier de la personne aimée car elle est hypocrite; il faut être clairvoyant.

Voir plusieurs serpents représente une vie sexuelle désordonnée.

Pour la femme: rêver de serpents avec effroi indique qu'elle est traumatisée sexuellement, qu'elle craint l'homme ou la sexualité et qu'il faudra prendre conscience d'un refoulement sexuel.

Être piquée par un serpent signifie qu'elle tombera en amour.

La femme amoureuse, voyant en rêve un serpent niché dans un sein féminin, sera malade.

Pour l'homme: être piqué ou être la victime d'un serpent indique qu'il sera terrassé par ses rivaux.

L'homme amoureux, voyant en rêve un serpent niché dans un sein féminin, sera trompé.

SERRURE. La clé représente le pénis et la serrure, la femme.

Avoir la clé en main et réussir à ouvrir une porte, c'est pulvériser les obstacles et arriver à ses fins.

Une porte dont la serrure est mise signifie que l'on se bute à un obstacle sentimental ou d'affaires; tout dépend du contexte du rêve.

SEXE. Pour une femme, changer de sexe indique qu'elle devra prendre les responsabilités habituellement réservées aux hommes.

Si elle est célibataire, elle se mariera.

Si elle désire être mère, elle aura un fils.

Si elle est mariée, il y a un danger de veuvage.

Pour l'homme pauvre, ce rêve lui apporte honneur et protection.

SILO. Il représente ce qui est à sa portée en ce moment, sur le plan sentimental.

Plein, il annonce l'amour, la sécurité sentimentale.

Vide, c'est un signe de solitude, de désappointement.

Pour l'agriculteur, ce rêve peut prendre la signification de son travail. *V. ARMOIRE.*

SINGE. Il signifie que son esprit de créativité est fort limité et indique qu'il faut cesser de calquer ses actes sur ceux du voisin.
Rire d'un singe, c'est se rendre ridicule.
Le singe avec une guenon: conformisme matrimonial.

SIRÈNE. Pour un homme, elle représente la séduction fatale.
Pour une femme, elle signifie qu'elle n'est peut-être pas très franche, très honnête en amour.

SIROP D'ÉRABLE. En rêver en saison annonce un amour printanier, une fièvre amoureuse momentanée.

SOC. Il annonce un échec dans un projet en cours ou une dissipation de ses biens. *V. CHARRUE.*

SOCLE. *V. PIÉDESTAL.*

SOIE. La soie représente un goût de luxe, de coquetterie, de fantaisie.

SOIF. Avoir soif, c'est avoir un besoin d'amour ou d'amitié.

SOLDAT. Voir un soldat inconnu, c'est avoir à assumer un devoir envers sa famille, la collectivité. *V. UNIFORME.*
Voir des soldats représente de l'agressivité, c'est un symbole de réussite.
Être le tire-au-flanc du régiment, c'est ne pas se préoccuper des autres.
En général, rêver de soldat, c'est être estimé de ses patrons.

SOLEIL. Il représente la force énergétique la plus puissante et témoigne de la vivacité, de la conscience.
Assister au lever du soleil, c'est le prélude d'un nouveau succès, d'un nouveau cercle d'amis, d'un nouvel amour.
Le voir à son zénith faire feu de tous ses rayons est un signe de vitalité, de réussite.
Rêver d'éclipse ou de coucher de soleil annonce la fin d'un amour ou d'un projet et c'est manquer de vitalité.
Le soleil rouge représente un amour insatisfait, un homme qui n'apporte pas beaucoup de satisfaction et parfois un homme trop âgé dans la vie d'une femme. Il annonce des soucis au sujet de ses enfants et il indique que les problèmes amoureux que l'on vit seront vus et connus de tous.
Être un soleil annonce un poste honorifique et d'autorité.
Un des plus beaux rêves pour une femme est de voir un beau soleil jaune, car il lui annonce l'amour d'un homme merveilleux.

SOLITUDE. Elle signifie que sa vie n'est que longue solitude, mais ce n'est qu'une période temporaire qu'il faut traverser.

SOMMEIL. Il représente une quiétude trompeuse et indique que l'on jouera sur notre imprévoyance pour nous perdre.

SONNETTE. Rêver que quelqu'un sonne à sa porte, c'est que quelqu'un a besoin de soi.
Sonner et s'apercevoir que la sonnette ne fonctionne pas ou que l'on n'a pas de réponse indique qu'il est inutile d'espérer quoi que ce soit des autres et qu'il ne faut compter que sur soi. *V. HEURTOIR.*

SORCIÈRE. Elle représente le côté hideux, maléfique de la femme et parfois la mère qui exerce une influence trop grande sur son enfant.
Pour l'homme, elle représente toujours un sentiment inconscient de son hostilité envers une femme trop possessive.

SOUFFLER. Souffler dans un instrument autre que la clarinette et la musette annonce des procès, des déboires. *V. CLARINETTE, MUSETTE.*

SOUFFRANCE. Les souffrances physiques représentent les blessures morales.
Voir une personne inconnue souffrir physiquement ou sentimentalement, c'est souffrir soi-même. Ce rêve conseille de prendre garde à ne pas engager sa vie avec des malfaiteurs, des personnes subversives.
Voir souffrir une personne connue signifie qu'elle veut nous manifester ses préoccupations.

SOUFRE. En voir est de mauvais augure, c'est l'annonce d'une maladie ou des difficultés.

SOUPE. Manger de la soupe annonce la guérison d'une maladie, la disparition d'une obsession. On se sent toujours bien après ce rêve.

SOURCE. Symbole de vitalité, de connaissance et de fécondité.
S'abreuver à une source d'eau limpide annonce l'amour.
S'y baigner est un signe de santé.
L'eau souillée et boueuse d'une source annonce un attachement déséquilibrant.
Voir une source desséchée annonce une période d'attente au point de vue sentimental.

SOURCILS. Voir des sourcils forts et épais, c'est un signe de santé et de bonheur.
Voir des sourcils clairsemés annonce des soucis, des deuils.

SOURIS. En général, la souris représente un moment dépressif intense.

Quelquefois, une petite souris représente une femme dont un homme est fortement épris.

Un grand nombre de souris représente une peine secrète et signifie un moral miné.

SPHÈRE. La sphère est un signe de perfection, de totalité et d'équilibre.

La sphère a la même signification que le cercle.

Se trouver dans une sphère signifie qu'un cycle est terminé, qu'un temps est révolu et annonce la plénitude, la connaissance et parfois un veuvage, selon le contexte du rêve.

SPHINX. Il symbolise l'impénétrable, l'énigmatique.

Voir un sphinx, c'est chercher une réponse à l'inéluctable.

Se voir avec une tête de sphinx, c'est être une énigme pour ses amis.

SQUELETTE. Il indique que ses sentiments pour la personne (que le squelette représente) sont inexistants ou presque.

Voir un squelette bouger annonce une maladie grave ou la mort prochaine d'une personne chère.

STATUE. Être transformé en statue d'or annonce la richesse au pauvre et pour l'homme de condition aisée, cela indique qu'il sera épié et aura des ennemis.

Être transformé en statue de fer est un signe de misère sans merci.

Fabriquer une statue d'une personne d'un autre sexe que le sien, c'est aider à former la personnalité des autres en amour.

Être sur un piédestal représente un idéal élevé, annonce la réussite.

Voir une statue sur un piédestal, c'est avoir un idéal élevé, c'est réussir.

Voir la statue de quelqu'un sur un piédestal signifie que l'admiration que l'on porte à cette personne n'est pas toujours justifiée.

En rêver annonce à tous ceux qui modèlent des statues la renommée, la gloire. *V. DESSINER, GRAVER.*

SUD. Se trouver dans un pays du Sud est un signe d'amour. Ce rêve se rapporte toujours aux sentiments.

SUICIDE. Se suicider, c'est avoir une vie limitée, diminuée par ses instincts destructeurs, c'est mourir intérieurement. Il ne faut compter que sur soi-même, sa force, sa volonté, son travail, pour traverser cette période dépressive. Même si sa vitalité est momentanément très diminuée, il faut s'efforcer d'agir, car sinon, dans la situation présente, on n'aboutira nulle part.

T

TABERNACLE. Il représente la sécurité dans ses croyances, sa philosophie; on le considère comme étant l'essentiel de la vie.

TABLE. Elle représente la stabilité de la vie.
L'aspect de la table à dîner représente la qualité de son mariage.
Une table bien dressée, remplie de fruits et de nourriture, indique qu'il y a abondance d'amour et de compréhension dans son foyer, surtout si l'on est invité à manger.
Manger à cette table d'abondance, c'est accepter l'amour.
Une table sur laquelle il n'y a rien à manger signifie un manque de dialogue et d'amour.
Une table à dîner, renversée, annonce l'éclatement du mariage, une séparation, un divorce.
La table de travail se rapporte directement à sa profession. Les écrits que l'on y verra, l'attitude des personnages qui entourent le rêveur, enfin tous les détails sont importants pour connaître la signification de ce rêve.

TABLEAU. Voir quelque chose d'écrit sur un tableau noir annonce une nouvelle pour bientôt.
Le sujet d'un tableau, d'une peinture donne le sens de ce que l'on doit comprendre.

TABLIER. Mettre un tablier, c'est se protéger des soucis anodins de tous les jours.

TABOURET. Il représente un besoin de détente, de se détacher de quelque chose ou de quelqu'un.

TAFFETAS. Il représente un désir de séduire, d'être admiré, de plaire.

TAILLIS. Il représente une vie sentimentale frustrée. On ne saisit pas toutes les données d'une situation et on manque de lucidité.
Sortir d'un taillis, c'est prendre une décision, épouser un nouveau style de vie. *V. JARDIN.*

TALON. Il signifie que l'on se croit invulnérable comme Achille, mais attention, l'on trouvera le défaut de sa cuirasse.
Être mordu au talon, c'est être attendu par un ennemi et c'est se faire prendre au dépourvu.

TAMBOUR. Il annonce un événement surprenant auquel on réagira fortement.

TANK. Le voir vide ou se vider annonce un échec, une affaire malencontreuse.

Rempli à bord, il annonce le succès dans ses entreprises.

TAPIS. Il annonce le succès, selon sa qualité, son état.

Être bien confortable sur un tapis volant et s'envoler annonce une réussite miraculeuse qui va au-delà de toutes ses espérances.

Le tapis sale, taché, représente un amour sans valeur que l'on rejettera bientôt.

Le tapis rouge signifie un amour passionné; le beige, un amour tendre, le noir le renoncement à l'amour.

TATOUAGE. C'est un signe d'allégeance à un groupe, à une foi.

Les tatouages d'animaux, dont le rêveur se verra paré, lui conféreront, outre les vertus et les forces réelles et proverbiales de ces animaux, une immunisation magique contre leurs propriétés maléfiques.

TAUPE. En rêver avertit de ne parler à personne de ses projets et indique qu'il faut prendre garde aux projets aventureux, car ils peuvent être la cause de perte d'argent.

Aux amoureux, ce rêve indique qu'on leur montrera un attachement intéressé.

Sur le plan de l'esprit, elle oriente l'homme vers des aspirations surnaturelles, profondes qui lui font accepter la mort de la matière; de ce fait, elle le guérit de ses passions et des ses instincts troubles.

TAUREAU. Symbole puissant de la sexualité.

Le contrôler, c'est contrôler ses passions, ses instincts.

Le taureau calme, en accord avec soi, annonce une puissante protection.

Le taureau est aussi l'annonce, si vous êtes en commerce, de bonnes ou mauvaises spéculations, tout dépend s'il vient vers vous ou s'il s'éloigne.

TAXE. L'argent en rêve représente l'énergie dans la réalité.

Être obligé de payer des taxes, c'est apporter du bonheur aux autres, mais indique que l'on abuse un peu de nos forces.

TAXI. Il indique qu'il y a des gens prêts à nous aider et que leur recours est attendu au bon moment.

TÉLÉPATHIE. Faire une conversation à distance, c'est une façon de capter la vérité, c'est une façon de se situer vis-à-vis d'une amitié, d'un sentiment, c'est une lettre qu'il faut lire, la télépathie, par les rêves.

TÉLÉPHONE. Téléphoner et avoir une réponse, c'est avoir l'aide et l'amour désiré.

Téléphoner sans recevoir de réponse, c'est vivre un amour non partagé, c'est ne pas être aimé.

Recevoir un appel téléphonique signifie que l'on a besoin de notre aide, que l'on désire notre amour.

TÉLÉVISION. Ce que l'on voit à l'écran, variété, information, publicité, indique ce qui se projette dans son proche avenir. Il est important de se souvenir de ce que l'on visionne et d'en saisir le sens.

TEMPÊTE. Elle annonce toujours un bouleversement majeur dans la vie.

Voir une tempête, tout en étant à l'abri, c'est éviter la catastrophe par sa prévoyance.

Être au beau milieu d'une tempête ou devoir se débattre contre elle annonce une période préjudiciable d'âpres luttes contre l'adversité.

TENNIS. Pour la femme, jouer au tennis représente une amitié féminine perturbée par la présence d'un homme.

Pour l'homme, jouer un tennis, annonce des conflits, des disputes et des procès. Il ne faut pas détruire la stabilité de son mariage avec une femme de moeurs légères.

TENTE. Dresser une tente annonce un moment transitoire intérieur et signifie que l'on a le goût du changement, de l'aventure.

Pour les riches, elle peut annoncer une certaine insécurité matérielle.

TERRASSE. Ce rêve se rapporte à la vie naturelle, affective.

TERRE. Posséder ou s'établir sur une terre fertile, couverte d'arbres, c'est vivre dans la joie, l'abondance et le succès.

Posséder ou s'établir sur une terre infertile, aride et couverte de pierres, annonce des embûches, des erreurs de parcours qui retarderont la concrétisation de ses aspirations.

Y trouver des fleurs annonce un amour.

La terre sans gazon et sans fleurs est un signe de solitude momentanée.

Baiser le sol annonce une humiliation.

Le tremblement de terre annonce un grand bouleversement dans notre vie, un événement qui nous assaille dans ce qui nous est de plus cher.

TESTAMENT. Il indique que l'on doit le faire ou le défaire afin de se libérer d'une obsession.

TÊTE. Se voir sans tête ou avec une tête différente, c'est envisager la vie d'un angle différent, c'est prendre un nouvel essor.

Porter sa tête ou la tête d'un autre dans ses mains annonce le succès, la promptitude dans l'exécution.

Avoir une grosse tête annonce la réussite, le succès, les honneurs aux pauvres et la défaveur aux riches.

Avoir plusieurs têtes est un signe de succès, de victoire sur le destin difficile pour les pauvres, les infortunés et indique le contraire aux riches, aux favorisés.

Avoir en main une tête d'animal, c'est pouvoir identifier son comportement à celui de cette bête.

Porter en main la tête d'un lion, d'un éléphant ou d'un animal royal, annonce la chance et promet un poste important.

La tête d'un animal combatif indique que notre courage nous conduira à la réussite ou à l'échec, tout dépend du contexte du rêve.

La tête d'un animal domestique, comme celle d'un âne, annonce la soumission, l'esclavage.

Se voir avec une tête d'oiseau annonce l'amour ou un voyage, tout dépend de la sorte d'oiseau, s'il a un symbole d'amour ou de migration.

TÊTE DE MORT. En voir une en chair et en os ou en image sur un pavillon annonce des ennemis implacables et dangereux.

THÉÂTRE. Les personnages, le décor, enfin tout ce qui se passe sur la scène, se rapporte à sa situation, à un événement que l'on vivra bientôt.

La pièce gaie annonce un bon moment à venir.

Triste, elle annonce une période difficile.

Le théâtre rempli à craquer parle de la confusion ou de l'échec de sa vie dans le sens indiqué par la pièce qui s'y jour. *V. ACTEUR, CINÉMA*.

THERMOMÈTRE. Il indique que la motivation et l'optimisme sont indiqués pour conserver sa vitalité psychique.

Si le thermomètre indique que l'on est fiévreux, cela peut indiquer une fièvre réelle, mais en général c'est que l'on est trop amoureux.

TICKET. Prendre un ticket représente ce qui est indispensable pour faire un changement intérieur, pour participer à la vie en société, pour continuer à s'affirmer dans la vie, pour progresser.

Le perdre, c'est ne pas être à la hauteur de la situation, ne pas avoir les qualités ou l'état d'esprit pour s'adapter socialement.

TIGRE. Symbole d'agressivité de la part de personnes qui ne font pas partie de notre cercle social et qui nous conduiront à l'échec par leur ruse et leur finesse.

Il peut aussi parler de son comportement trop agressif envers les autres, lequel finira par se tourner contre soi. Il faut réagir et se servir de son bon sens. *V. LÉOPARD.*

Tuer un tigre: échec d'un ennemi, victoire.

Le contrôler: contrôle de votre instinct.

TILLEUL. En boire est un signe de détente, de joie avec ses amis.

TIRELIRE. Mettre de l'argent dans sa tirelire, c'est récupérer.

Brisée, elle indique qu'il faut refaire ses forces.

TIRER. Se faire tirer dessus indique que quelqu'un veut nous démolir psychologiquement. Si l'on en meurt, il réussira.

TISANE. La tisane indique de prendre beaucoup de calme, de se retirer à la campagne, d'essayer de refaire son harmonie intérieure.

TISSER. Tisser avec goût et adresse signifie que l'on sera plus fortuné, que l'on acquerra plus de savoir.

Rater son ouvrage est un signe de malchance.

TOIT. Tout ce qui se passe sous le toit indique ce qui se passe dans sa tête.

Se trouver sur le toit annonce le succès.

S'y trouver et regarder la ville annonce qu'un amour qui marquera sa vie commence à germer, on trouvera une grande stabilité amoureuse.

Les toiles d'araignée qui envahissent le toit sont un indice d'anxiété, de dépression.

La foudre qui frappe le toit annonce un danger d'accident à la tête.

L'eau qui s'infiltre à l'intérieur du toit indique que l'on est trop perméable et que l'on contrôle mal ses émotions

TOMATE. Symbole d'amour, de fécondité, de joie par l'amour familial.

TOMBE. Être à l'intérieur d'une tombe, c'est apporter un grand changement dans sa vie, c'est mourir à quelque chose.

Y voir une personne connue représente un sentiment dont il faut se détacher.

Voir cette personne morte, ressuscitée et morte à nouveau, annonce sa mort réelle.

Tous les morts que l'on voit dans une tombe représente un sentiment néfaste.

Quitter la tombe avant le réveil, c'est aller vers une nouvelle vie, c'est l'annonce d'une période assez difficile, mais ce rêve est très bénéfique car c'est comprendre mieux sa vie.

TONDRE. Couper les cheveux à quelqu'un signifie que l'on aura gain de cause dans ses affaires, dans ses problèmes et dans un procès.

Se faire couper les cheveux par un barbier est de bon augure. On fera des associations bien assorties, des transactions financières judicieuses et prudentes.

Se faire tondre par autrui annonce un conflit ou des problèmes judiciaires où l'on ne récoltera qu'humiliations, injures ou pertes d'argent.

TONNEAU. Il représente la femme.

Vide, il est un signe d'espérance.

Plein, il annonce la prospérité, l'allégresse sensuelle par la femme et une conquête, la satisfaction des sens pour l'homme.

TONNELLE. Elle représente un moment délicieux où l'on aura le goût et la chance d'aimer.

TONNERRE. Il annonce un événement imprévisible, souvent même le dénigrement à son travail.

Le coup de tonnerre suivi d'un éclair indique que l'on aura le coup de foudre, on tombera en amour.

TOPAZE. Rêver se parer d'une bague ornée d'une topaze annonce à la femme une liaison avec un homme courageux, loyal, pieux et fortuné. *V. PIERRES PRÉCIEUSES.*

TORCHE. La torche sert à voir l'obscurité qui est en soi.

Une torche enflammée indique que l'on découvrira quelque chose de mystérieux.

La torche qui s'éteint indique que l'on n'arrive pas à saisir un problème psychologique présent.

TORCHON. Le torchon annonce des disputes, des conflits.

L'avoir à la main, c'est être décidé à régler un conflit.

Brûlé, il annonce une séparation.

TORÉADOR. Voir un toréador dominer facilement le taureau, c'est contrôler ses passions, ses instincts. C'est une victoire sur soi-même.

Le voir blessé indique que nos instincts mal contrôlés nous conduisent à des blessures d'amour-propre.

TORRENT. Il représente des patrons, des supérieurs, des juges qui seront impitoyables dans des événements à venir. Il sera préférable de ne pas se buter contre l'adversaire car on sera vaincu.

Réussir à franchir les torrents à la nage, en s'accrochant à une planche, une barque, indique que l'on se tirera d'affaires grâce à une protection.

TORTUE. Symbole de stabilité et de lenteur.

En voir une, c'est réaliser lentement mais sûrement ses projets.

Être assis sur le dos d'une tortue est un signe de longévité.

Arrêter la marche d'une tortue, obligation de s'élever dans ses projets.

TORTURE. Être torturé par un inconnu, c'est être obsédé par un problème en ce moment.

Être torturé par une personne connue, c'est devoir reconnaître son véritable ennemi.

Torturer, c'est se comporter comme un tyran.

TOUPIE. Elle représente les travaux menés à bonne fin.

Jouer avec une toupie indique qu'un imbroglio en amour ou dans le travail ne nous oppressera pas trop longtemps, bien qu'il exige un certain savoir-faire.

TOUR. Symbole phallique.

Être armé et gardien d'une tour, c'est tenir plus à son indépendance sexuelle qu'à sa vie.

Grimper dans la tour, c'est comprendre mieux l'amour et acquérir plus de sagesse et de spiritualité. *V. CHÂTEAU.*

TOURBILLON. Sur terre, il représente l'inspiration après un moment d'agitation.

Sur mer, s'il est vers le haut, il signifie l'inspiration, la découverte, et vers le bas, un moment d'angoisse extrême.

TOURTERELLE. Elle annonce le bonheur, la félicité conjugale.

TRACTEUR. Symbole sexuel.

Il représente les forces instinctives et il annonce la concrétisation de ses projets, de ses idéaux. *V. CHEVAL.*

TRAIN. Le train est l'image de la vie collective, sociale, du destin dans lequel nous sommes impliqués. Il parle de l'évolution qui se fait difficilement et nous renseigne sur nos possibilités à prendre de nouvelles directions intérieures.

Arriver en retard et manquer le train, c'est ne pouvoir prendre une nouvelle orientation, soit par incapacité, soit par négligence, c'est manquer de confiance dans un projet ou en soi-même.

Arriver à la dernière minute indique que l'on a failli manquer une bonne occasion.

Se trouver dans un wagon de deuxième classe alors que l'on a un billet de première signifie que l'on souffre d'un complexe d'infériorité, on minimise ses qualités, son potentiel.

Se trouver dans un wagon de première classe alors que l'on a un billet de deuxième signifie que l'on souffre d'un complexe de supériorité.

On s'attribue trop de dons, de qualités, les gens sauront se faire une idée juste de ce que l'on est véritablement dans la réalité.

Avoir de la difficulté à grimper dans un train bondé, c'est être complexé, replié sur soi-même, on arrive difficilement à s'intégrer socialement.

Être menacé d'être écrasé par un train, c'est être écrasé par la vie, c'est accepter difficilement ses exigences et ses frustrations. On subit des tendances suicidaires.

Voir un train en écraser un autre représente une blessure, le refoulement que l'on subit vis-à-vis d'un échec dû à deux motivations opposées.

Voir une longue queue de trains immobilisés en gare, c'est être dans un état de stagnation car on se pose trop de questions par rapport à sa situation.

TRANSSEXUEL. La femme qui se verra affublée d'un pénis sera inévitablement astreinte à des tâches dures et normalement réservées aux hommes.

Il y aura pour elle risque de veuvage et de défection du conjoint.

L'homme qui se verra avec des attributs féminins désirera alléger le fardeau de ses responsabilités.

TRAVAIL. Il a un rapport direct avec la durée de la vie.

Avoir terminé une oeuvre, c'est cesser de vivre irrévocablement, cela annonce sa fin, à moins d'être obsédé par un travail, avoir hâte de le finir alors c'est un rêve anodin.

Un arrêt de travail temporaire, non définitif, annonce une maladie sérieuse mais passagère.

Il ne faut pas oublier que l'on peut rêver de son travail simplement parce qu'il est obsédant.

TRAVERSÉE. Elle annonce une période où le destin ne sera plus jamais le même, une période de peine, une coupure avec le passé, un moment transitoire.

Traverser un bois, une rivière, c'est passer d'un état d'âme, d'un état de vie à un autre.

TRÈFLE. Symbole de chance.

Trouver un trèfle à quatre feuilles est un signe de bonne fortune.

Le trèfle vert pâle, vert tendre, indique que la chance se manifestera incessamment.

Le trèfle vert foncé indique que la chance viendra tardivement.

TREMBLEMENT DE TERRE. Il annonce un événement bouleversant qui nous troublera au plus profond de nous-même.

Ce que la terre engloutit représente ce qui disparaîtra de sa vie, à la suite d'un choc.

Pour ceux qui ont des dettes ou ceux qui se proposent un voyage, ce rêve est fort prometteur.

TRÉPIED (siège). Symbole de chance pure.

TRÉSOR. Il indique que l'on découvrira des richesses intérieures qui nous ouvriront la porte du succès.

Aller à la chasse aux trésors, fouiller les bateaux échoués au fond de l'océan est un rêve bénéfique, c'est mettre à jour des ressources morales ignorées.

Fouiner dans la terre, y déterrer un trésor composé de bijoux, annonce de nouvelles possibilités par le biais de l'amour ou des affaires.

TRESSER SES CHEVEUX. Ce rêve annonce un grand amour ou un succès matériel; tout dépend de l'endroit où se déroule la scène du rêve. *V. MAISON.*

TRIANGLE. Symbole de l'amour qui entrera bientôt dans sa vie.

Voir un triangle la pointe vers le haut représente la flamme; la pointe vers le bas, l'élément eau.

Le triangle isocèle représente l'or.

Le triangle est le reflet d'une disposition d'âme qui a atteint la sagesse, l'harmonie et le sens des proportions. *V. PYRAMIDE.*

TRIBUNAL. En général, il annonce un souci.

Gagner son procès, c'est recouvrer la santé.

Le perdre annonce la maladie. La condamnation reçue nous renseigne sur les faiblesses dont il faut tenir compte concernant notre santé ou notre équilibre.

Être juge et donner une sentence annonce un gain, car on répondra soi-même à ses préoccupations présentes.

Se voir devant un tribunal, c'est se sentir coupable de quelque chose.

TROMPETTE. Elle annonce la liberté.

Souffler dans une trompette, c'est retrouver l'aisance, l'honorabilité, mais aussi que nos secrets seront connus.

Pour les malades, ce rêve indique que leur santé se détériorera.

TRÔNE. Voir un trône, c'est être ambitieux.

S'asseoir sur un trône, c'est avoir un esprit présomptueux.

Voir un roi sur un trône annonce une protection.

TROU. Sortir du trou, c'est un signe de guérison.

Voir un trou signifie que l'on peut tomber malade. Attention!

Voir quelqu'un tomber dans un trou annonce un état dépressif.

TROUPEAU. Le troupeau de bêtes grasses et en santé est un signe de richesse, de prospérité assurée.

Le troupeau de bêtes malades et chétives est un signe de pauvreté, de faillite.

Un troupeau calme et paisible est un indice de succès en affaires.

TRUIE. Symbole de grande fécondité et de grande abondance.

TRUITE. Elle représente l'amour ou la chance en amour.

Manger de la truite est un signe de santé.

TUER (assommer ses ennemis). C'est un heureux présage, il annonce une issue rapide comblant ses désirs et représente parfois une victoire sur soi-même.

TUILE. Elle représente une amélioration dans la vie de tous les jours, dans la vie domestique.

La tuile prise dans un sens figuré annonce une mauvaise surprise pour bientôt.

U

UNIFORME. Porter l'uniforme, c'est afficher une certaine soumission aux conventions sociales, une résignation à l'autorité.
L'uniforme qui ne nous sied pas indique une inadaptation sociale ou familiale.
L'uniforme trop petit signifie que l'entourage et l'autorité nous étouffent.
Enlever un uniforme, c'est faire fi des normes préalablement établies, c'est avoir un esprit révolté.

UNIVERSITÉ. Elle indique que ses connaissances ne sont pas à point; l'on doit parfaire son instruction. *V. ÉCOLE.*

URINE. Avoir le besoin d'uriner, c'est avoir besoin d'oublier un amour.
Uriner signifie qu'une situation oppressante sera résolue ou indique simplement un rappel de soulagement viscéral.
Boire de l'urine annonce la guérison aux malades.

URNE (votation). Elle signifie que ses désirs seront exaucés si on les formule.

USURIER. Il indique que l'on est obsédé par des questions d'argent et que son aspiration la plus chère est de devenir riche.

VACANCES. Elles peuvent être un rêve de compensation; on est acculé au pied du mur par la fatigue, il faut se reposer et se distraire. Pour ceux qui se proposent de partir en vacances, la scène de ce rêve leur indiquera un bon ou un mauvais moment en perspective.

VACCIN. Le corps physique parle de l'âme et le vaccin indique contre quoi on doit se protéger dans la vie.
Se faire vacciner les pieds annonce un danger et indique qu'il faut prendre des précautions au sujet de ses intérêts financiers car il y a un risque d'échec dans les projets en cours.
Se faire vacciner contre le cancer signifie qu'une idée fixe peut nous détruire comme un cancer.

VACHE. Traire une vache annonce une entreprise très lucrative.
Voir paître une vache grasse est un signe d'abondance.
En voir plusieurs annonce une plus large abondance.
Voir des vaches avec leurs veaux représente une entreprise très lucrative.
Les vaches maigres, malades ou mourantes, sont un signe de pauvreté, de misère et de ruine.

VAGUES. Événement imprévu chanceux ou malchanceux; être porté doucement sur une vague: une chance, une protection dans l'adversité.

VAINCRE. Tout ce que l'on arrive à vaincre dans un rêve indique ce que l'on contrôle dans la réalité.
Bien tenir la barre d'un navire, c'est réussir à garder le même état de vie, si l'on risque d'être submergé par les vagues, on aura une véritable lutte intérieure.

VAISSELLE. Laver la vaiselle, c'est régler des problèmes familiaux.
En casser annonce une rupture, la fin d'une amitié.
Voir une pile d'assiettes sur la table annonce des périodes de perte d'argent due à une séparation ou à un divorce.

VALISE. Se voir une valise à la main représente un désir de voyager ou un changement intérieur.
Défaire sa valise, ranger ses vêtements, indique que le changement désiré est accompli et que l'on est satisfait de la façon dont on vit. V. *BATEAU, TRAIN, VOYAGE.*

VALLÉE. Se promener dans une vallée et y être heureux annonce de la satisfaction.

Se promener dans une vallée et y être malheureux annonce une situation de servitude, de contrainte et indique que ses actions malhonnêtes passées seront découvertes. *V. MONTAGNE.*

VAMPIRE. Être un vampire, c'est ne pouvoir survivre qu'en prenant l'énergie de l'entourage. Ce rêve dénote une autodestruction qui déteint finalement sur son milieu et dont on subit les conséquences. Il faut s'aimer d'abord pour ensuite pouvoir aimer les autres.

Tuer un vampire, c'est retrouver la paix intérieure en même temps que ses énergies, grâce à une philosophie de tolérance et de compréhension de soi-même et des autres.

VASE. Comme le lit, il représente un aspect stable de la vie du rêveur, il parle aussi des métiers pour lesquels on l'utilise.

Le vase en or est un signe de chance.

En bronze, il annonce des déboires passagers, des luttes quotidiennes.

En cuivre, il signifie le bonheur, le succès.

Les grands vases annoncent la prospérité.

Les petits annoncent une vie monotone.

Les vases contenant de belles plantes ou de belles fleurs sont un signe de santé, de succès, d'amour.

Les vases contenant des plantes ou des fleurs flétries annoncent la fin d'un amour ou une peine qu'on oubliera difficilement.

VAUTOUR. Il est indice de danger.

Il indique que dans sa profession, des malfaiteurs rôdent autour de soi. Pour les gens d'affaires, il indique qu'ils feront affaire avec des usuriers, des gens rapaces.

Tuer un vautour, c'est réussir à se débarrasser d'une subordination.

VEAU. Voir un seul veau symbolise une personne douce, sans volonté, résignée.

Voir un veau avec une vache annonce la prospérité.

Le voir téter à la mamelle représente un besoin d'affection maternelle et de tendresse.

Le voir gambader dans les champs, c'est manquer de maturité, on agit avec immaturité et insouciance.

Le veau qui est conduit à l'abattoir indique que l'on est dénudé de défense et on échouera dans un projet.

VEAU D'OR. Cajoler, aimer, adorer un veau d'or, c'est être tenté d'adorer la richesse, c'est avoir des désirs matériels et sensuels.

Bref, c'est avoir le goût du pouvoir.

Le détruire représente un détachement, un désir de spiritualisation.

VEILLER. Veiller dans sa chambre annonce la réussite dans ses projets.

VELOURS. Toutes les étoffes de belle et bonne qualité sont un indice de réussite, soit par ses relations, soit par son intériorité riche et épanouie.

Avoir des draperies de velours, c'est être dans les hautes sphères de la société à cause de ses amis.

Être habillé de velours représente un sentiment pour une personne riche et signifie avoir sa protection.

La femme qui porte une robe de velours de couleur gaie et uniforme est amoureuse d'un homme riche, ce qui aura une répercussion dans sa vie sociale.

VENDANGE. En général, la vigne représente l'épouse, la fertilité et elle est un signe de prospérité, de productivité, de chance en tous points.

Cueillir du raisin pour en manger annonce une vie épanouissante, libre et remplie d'amour, et amène un résultat rapide dans les affaires escomptées.

Vendanger en hiver signifie que des affaires lucratives seront retardées.

VENT. Le vent qui chante la douceur de vivre réchauffe le corps, et l'environnement représente l'inspiration, l'abondance d'idées, une atmosphère heureuse.

Le vent qui siffle dans la tempête, qui se déchaîne dans un ouragan, annonce que l'on est tourmenté, assailli par d'énormes difficultés qui détruisent sa raison de vivre.

La bise est un signe de peine, de solitude sentimentale.

La brise représente les amitiés favorables.

Les tourbillons, les vents de tempête, annoncent des déplacements, des périls.

Les vents hostiles représentent les personnes hostiles, des malentendus.

VENTILATEUR. Placé dans une fenêtre, il signifie l'amitié ou la relation qui apporte l'inspiration, le contact vivifiant, épanouissant d'une personne éclairée.

Le voir ailleurs, dans toute autre pièce, c'est être génial et créateur.

VENTRE. Il représente une source de besoins insatiables.

Le gros ventre est un heureux présage de chance.

Le petit ventre qui crie famine est un signe de solitude, de pauvreté.

Se voir, se sentir à l'intérieur d'un ventre, est un signe d'immaturité émotive, de régression et de troubles affectifs. C'est un symbole de retour au sein maternel.

VER. Parce qu'il pénètre dans la terre, notre mère féconde, il est un indice de sexualité. En général, les sortes de vers nous indiquent qui sont nos ennemis.

Les petits vers annoncent des ennemis moins puissants que les gros.

Les petits vers rongeurs indiquent qu'une amitié ou une situation se désagrège.

Les vers que l'on trouve dans l'eau du robinet indiquent que l'on doit se défaire d'une affection, le plus tôt possible.

Dans une pomme, ils représentent un amour qui se détruit.

Dans la soupe, la santé se détériore.

Les excréter, c'est constater les manoeuvres de ses ennemis.

En avaler, c'est conjurer ses ennemis.

VERGLAS. Glisser du verglas, c'est être imprévoyant, imprudent. On n'a pas de règles de conduite dans la vie.

VERRE. À cause de sa forme, il symbolise les êtres chers.

Le verre rempli d'eau est un signe de bonne santé et d'affection.

Boire de l'eau glacée annonce une violente passion.

Boire du vin seul, c'est être seul à aimer; à deux c'est un signe de joie, d'entente en amour.

Boire dans un récipient en or annonce la sécurité, un bénéfice par l'amour.

Un verre cassé sur lequel on se pique indique que l'on tombera en amour; quand on s'y coupe, il indique que cet amour sera suivi de conflits.

Casser un verre annonce une rupture en amour.

VERRUE. Elle indique qu'il serait bon de surveiller sa conduite, ses faiblesses, ses vices cachés, car il peut y avoir une faille dans son comportement, sa respectabilité. Il ne faut pas oublier que les ragots circulent rapidement et facilement.

VERT. Pour être bénéfique, le vert doit être pâle.

Pâle, il apporte la vitalité, l'espérance, l'affection saine, le renouveau désiré.

La signification du vert foncé s'apparente à celle du noir.

VESTE. Elle symbolise l'amour, la chaleur des sentiments, une protection douce mais non la stabilité sentimentale.

Mettre une veste annonce un amour qui viendra réchauffer sa solitude.

La veste propre et de couleur gaie annonce un soupirant.

Usée, elle indique qu'il serait bon d'abandonner un sentiment néfaste.

VÊTEMENT. Les vêtements que l'on porte en rêve parlent de son comportement ou de son adaptation à la société.

Être bien vêtu, d'une manière conventionnelle, c'est être bien adapté socialement, c'est ne souffrir d'aucun complexe et c'est vivre à l'aise.

Être mal habillé représente un sentiment d'infériorité, de pauvreté et concerne des affaires embrouillées. Pour l'intellectuel, ce rêve lui est propice.

Se voir revêtu d'habits rigides, c'est ne pas jouir de son libre arbitre, ce qui entraîne les ennuis, les soucis.

Les habits de couleurs diverses annoncent des complications.

Le vêtement trop grand représente un complexe d'infériorité, une mésadaptation.

Porter des vêtements qui clochent, c'est se jouer la comédie et la jouer aux autres.

Être vêtu de hardes est un signe de pauvreté, d'affaires embrouillées.

Un adulte habillé en vêtements d'enfants: infantilisme.

VEUF, VEUVE. Se voir veuve ou veuf, c'est souffrir de la solitude comme si on l'était réellement.

Pour la ou le célibataire, rêver d'un ou d'une veuve, c'est l'annonce d'un mariage, d'une liaison.

VIANDE. Toutes les viandes bien apprêtées et bien cuites annoncent la satisfaction des gens.

En manger avec appétit signifie que l'on est ou que l'on sera amoureux et représente toujours un état d'esprit épanoui et heureux.

En manger avec dégoût représente un refoulement sexuel ou indique qu'il faut se forcer à apprécier, à aimer les personnes de son entourage, même si l'on n'est pas attiré vers eux.

Refuser des mets composés de viande indique qu'un moment dépressif nous empêche de goûter aux bonnes choses de la vie.

La viande avariée indique qu'il ne faut pas se laisser empoisonner la vie par un amour contrariant et négatif.

La viande crue annonce une grande peine. *V. BOUCHER.*

VIEILLARD. L'homme ou la femme que l'on voit sous les traits d'un vieillard, et qui dégage de la bonté, de la mansuétude, représente le sage. Ses conseils sont toujours un bon appui. Il sera un guide spirituel.

Voir un vieillard sous un aspect différent peut représenter l'homme de sa vie qui n'est plus rien pour soi, que l'on n'aime pas et que l'on rend malheureux.

VIEILLIR. Vieillir n'annonce rien de gai dans les rêves comme dans la vie.
Se voir ridé et vieux alors que l'on est encore jeune annonce la mésentente, un sentiment malheureux, un risque de séparation.

VIGNE. Elle représente la prospérité, la fécondité.
Elle indique qu'il y aura un bref délai à prévoir pour réaliser le sujet du rêve.
Les beaux raisins sont un signe de chance, de réussite.
Pour la femme désireuse d'être mère, elle promet une naissance.

VILLE. Son symbole se rapproche de celui de la mère, elle représente l'amour, la protection.
Se voir dans une ville inconnue, si le contexte du rêve est heureux, annonce un apport épanouissant et nouveau dans la vie.
Ex: Être veuve, se trouver avec sa soeur dans une ville fourmillante d'activités annonce un remariage, à condition que sa soeur (symbole personnel) soit mariée et heureuse.
Une ville déserte annonce la solitude.
Marcher dans les rues de la ville et ne rien rencontrer de joyeux et prometteur annonce une période de confusion, de repliement sur soi.

VIN. Il symbolise la compréhension de la vie, des mystères et par conséquent des autres à partir de soi. Il est aussi un symbole de vie comme le sang, mais avec un sens plus spirituel.
Boire du vin avec une personne du sexe opposé apporte la bonne entente avec son amoureux ou avec une autre personne que l'on découvrira et aimera davantage.
En boire en joyeuse compagnie, c'est s'épanouir au sein de la société.

VINAIGRE. Il annonce une contrariété, un moment déplaisant.

VINGT ET UN. Ce nombre représente la maturité, le libre arbitre, l'individu autonome nageant entre la matière et l'esprit, le chef.

VIOL. Il signifie un phantasme sexuel ou indique que l'on subit l'amour d'une personne vers laquelle on n'est pas attiré.

VIOLET. Couleur de la température, du renoncement aux choses matérielles, couleur spirituelle, il évoque l'idée de l'équilibre entre l'esprit et la matière. Il représente le rationalisme de ses amitiés, de ses choix.

Le violet annonce parfois l'amour, mais un amour très mystique et surnaturel.

VIOLETTE. En voir en saison annonce l'amour.

VIOLON. symbole sexuel féminin.
Jouer du violon, c'est être amoureux.

VIPÈRE. Elle représente une personne dangereuse à cause de ses médisances.
Apercevoir une vipère annonce un danger imminent.
Se faire mordre par une vipère, c'est ne pas pouvoir échapper à un danger venant d'un ennemi.
Tuer une vipère annonce le gain, la sécurité.

VISAGE. Il représente le reflet de l'âme, du confort intérieur.
Beau et rajeuni, il annonce le bonheur.
Fade, soucieux et vieilli, il annonce un souci, une contrariété, une peine d'amour.
Le visage variolé annonce des soucis amoureux, une peine difficile à oublier.
Balafré, plein de cicatrices, il signifie qu'on oublie ses peines, ses blessures et indique qu'on sera moins sensible à l'avenir.
Se maquiller, se farder le visage, est un rêve propice pour les comédiens et annonce aux autres qu'ils commettront des forfaits et en subiront les conséquences.
Rêver à un parent décédé, le voir plus jeune qu'en réalité, indique qu'il viendra nous protéger dans une période difficile. Si son visage est vieux, il annonce la tristesse, une difficulté qu'il ne peut nous éviter.

VISITE. Visiter quelqu'un, c'est appeler à l'aide, c'est vivre une période trouble.
Recevoir une visite est un signe d'amitié et de protection.

VITRIOL. Utiliser du vitriol, en asperger le sol, les champs, annonce des temps difficiles. Tout ce qui est artificiel en soi sera détruit, il ne restera que le moi pur, l'essence de soi et à partir de ce moi surgira une vie nouvelle, une nouvelle philosophie.
En boire, c'est avoir une personne dangereuse dans ses relations.

VOILE. Être paré d'un voile est un signe de naïveté, de pudibonderie.
Porter un voile annonce un deuil, un renoncement, une peine.

VOILIER. Il représente la femme intelligente et intuitive. Pour l'homme, voguer et avoir le vent dans les voiles, c'est être inspiré par une femme. Le mat indique le père, le mari.

VOISIN. Le voisin est une personne symbolique, c'est toujours l'ombre du rêveur, la partie de sa vie dont il est très peu conscient. Il vient lui parler d'une situation présente, d'un problème présent ou peut simplement représenter son véritable voisin.

VOIX. Entendre des voix en rêve, c'est un avertissement.
On entend des voix dans un moment critique ou transitoire de sa vie. Il est important de se souvenir des mots entendus parce qu'ils répondent à un besoin immédiat, soit sur le plan de l'évolution personnelle, soit sur des événements qui arriveront à des personnes que l'on doit protéger.
Ce rêve peut aussi être en relation avec les affaires, tout dépend du contexte du rêve.

VOLCAN. Il représente une émotion longtemps retenue, un sentiment amoureux caché.
Le volcan en éruption annonce une passion violente qui sera la cause d'un conflit, d'un drame et qui démolira tout autour de soi. Le volcan éteint représente un sentiment latent.

VOLER. Dans le sens de dérober, c'est de mauvais augure puisque c'est aller contre nos intérêts que de s'approprier des opportunités ne nous revenant pas de droit.
Un jour nous en subirons les fâcheuses conséquences.
Se faire voler, c'est se faire enlever un sentiment que l'on n'a pas pour quelqu'un, c'est-à-dire qu'une personne ne peut voler un sentiment que l'on n'a pas pour elle, on ne se fera pas prendre ce que l'on ne peut pas donner.

VOLETS. Ouvrir les volets, c'est s'ouvrir vers la société, vers l'amour, la joie, l'amitié, vers les contacts humains.
Les fermer, c'est un repliement sur soi-même, c'est un moment dépressif.

VOLEUR. Le voleur, le cambrioleur, le pilleur de banque et le bandit ont à peu de chose près tous la même signification.
Il représente une personne de l'entourage qui, par son comportement, ses idées mine notre énergie. Il est important d'analyser le symbolisme de ce qui nous est dérobé.
Être voleur, c'est ne pas être aimé, c'est s'accaparer ce qui ne nous revient pas.

VOMIR. Vomir, c'est être pris de dégout.
Le contexte du rêve indique pour quoi ou pour qui l'on est pris de dégoût.
Vomir représente parfois un affront, une injure qui nous oblige à

rejeter une personne amie qui, jusqu'à ce moment-là, ne nous avait jamais déçu.

Pour le riche, vomir parle de perte d'argent.

Pour le pauvre c'est l'annonce de gains.

Voir un inconnu vomir annonce la solution d'un problème que l'on a depuis longtemps.

Vomir du sang noir annonce une maladie prochaine aux gens en santé et la guérison aux malades.

Vomir indique rarement une difficulté d'assimilation, des problèmes de digestion, mais cela reste quand même possible. Il faut donc savoir bien s'alimenter.

VOYAGE. Il représente le désir d'avoir une activité, une nouvelle philosophie de la vie, un nouvel amour. Il signifie un changement plus intérieur qu'extérieur. Le contexte du rêve indique qu'il se fera ou ne se fera pas. *V. BATEAU, GARE, PORT, TRAIN.*

W

WAGON. Le wagon de marchandises représente les biens que l'on a en collectivité, dans une compagnie ou dans le mariage.
Le wagon-restaurant représente un désir de partir en voyage, de changer d'atmosphère, de décor; on en a tellement besoin.
Le wagon-lit représente une escapade, un désir de changer de milieu sur le plan sentimental.
Wagon-voyageur, *V. TRAIN.*

WALKIE-TALKIE. *V. TÉLÉPHONE.*

XYLOPHONE. En entendre jouer annonce un amour qui n'est pas de tout repos, où tout est toujours à recommencer.

Y

YACHT. Il représente un désir de changer de décor et non de changer de destinée.

Il faut planifier des vacances car on en a besoin.

YANTRA (forme géométrique). Il représente un instrument des puissances divines. *V. CARRÉ, CERCLE, SPHÈRE, TRIANGLE.*

YEUX. Ils sont un signe de vitalité et d'intelligence. Les yeux représentent les deux sources de lumière d'amour: l'oeil droit, le soleil (père) et l'oeil gauche, la lune (mère).

Avoir mal aux yeux indique que l'on ne voit pas juste dans une situation, qu'il faut éclaircir. Ce rêve annonce parfois la maladie d'un être cher ou d'un enfant.

Se faire arracher les yeux annonce une mortalité dans la famille.

Avoir les yeux fixés ailleurs que dans leur cavité naturelle annonce une blessure à l'endroit où les yeux sont attachés.

Les yeux concernent aussi les affaires.

Voir clairement est un signe de réussite en affaires.

Voir trouble annonce un arrêt de travail ou un amour malheureux.

Voir avec ses pieds signifie que l'on voyagera beaucoup ou que l'on aura une nouvelle philosophie.

YOGOURT. symbole sexuel mâle.

La femme qui en mange ou nage dans du yogourt tombera en amour.

Z

ZÈBRE. Il représente un esprit volage et étourdi.
S'il est agité, il annonce que l'on sera victime de ses passions.
Attelé, il signifie qu'en amour comme en amitié, on nous flatte pour nous exploiter.

ZÉNITH. Tout ce qui est au zénith est au plus haut degré et réalisable.
Le regarder, c'est désirer la gloire, c'est avoir des ambitions très justifiées.
S'il fait nuit, ce sont des ambitions mystiques car les choses sont difficiles à atteindre la nuit; on ne peut prévenir ce qui s'en vient parce qu'on ne peut analyser le rêve.

ZÉRO. Il n'a de valeur que dans la mesure où il est précédé d'un autre nombre. Il annonce alors beaucoup de chance parce qu'il parle d'un cycle qui ne connaît pas plus de fin comme le cercle.

ZIBELINE. Elle représente un désir d'amour éritique fort, de luxe. Équivaut à la même motivation pour les deux sexes.

ZIRCON. Il indique que l'on croit avoir tout saisi de l'amour et signifie que l'on manque encore un peu de stabilité, de profondeur et d'intuition afin de parvenir à la perfection.

ZODIAQUE. Symbole du temps.
Il parle des transformations intérieures à travers les saisons de la vie.
Il annonce aussi un événement.

ZOO. Il signifie qu'il est bon de s'approcher des animaux, d'étudier leur comportement car on a beaucoup à apprendre d'eux.

ZOUAVE. Il signifie que l'on a un comportement fanfaron et que l'on est d'une malice consommée.

Bibliographie

Adler, Alfred, *Le sens de la Vie*, 1950, Payot.

Chevalier, Jean et Gheerdrant, Alain, *Le dictionnaire des symboles*, Belgique, Seghers, Paris, Jupiter, 1973.

De Becker, Raymonde, *Interprétez vos rêves*, Paris, Psycho-Poche, 1969.

D'Éphèse, Artémidore, *La clef des songes*, Filipacchi, 1974.

Du Marais, Marie, *La clef de tous vos rêves*, Belgique, P.I.C., Savoir et connaître, 1967.

Eliade, Mircea, *Aspect du mythe*, Idées, Gallimard, 1975.

Freud, E., *Le rêve et son interprétation*, Idées, Gallimard, 1925.

Jung, C.G., *L'homme et ses symboles*, 1979.

Teillard, Ania, *Ce que disent les rêves*, Stock, 1970.

Achevé d'imprimer
en juin 1989
MARQUIS
Montmagny, Canada